Zhipei Diwei Lanyong Xingwei De
Fanlongduanfa Tiaozheng

南开大学法学院
学术文存

支配地位滥用行为的反垄断法调整

许光耀◇著

人民出版社

序　言

　　与我以往的作品相比,本书的写作难度要大一些,因而持续时间也更长,而且随着国内反垄断司法与执法实践的发展,生活中出现的一些新型现象似乎对反垄断法的传统理论提出了某些挑战,因此思考过程中所经历的反复也更频繁一些,尤其是在著名的"三Q大战"发生后,许多好不容易接近定型的部分不得不推倒重来,情绪之沮丧是很容易想象的。完成后算一算字数就更失望了:由于写作的艰苦,我预期中的书稿要比它现在的样子厚得多。我很想再把它拉长一些,但最终不得不接受现实:这些文字差不多穷尽了我在这一领域的全部心得,我确实没有更多的话要说了。以往的作品定稿时虽然多少都有些遗憾,但总体说来心情是十分喜悦的,而这一次好像挫败感比成就感还要多,也算是一番奇特的人生体验。

　　那么就只能寄希望于写作的质量了。本书的基本企图是对各种支配地位滥用行为的分析方法进行系统的梳理,并能够为实务操作提供有价值的帮助。反垄断法的运用既需要进行法律分析,也需要进行经济学分析,前者的功能在于识别当事人行为的类型,如是构成搭售行为还是价格歧视行为;后者则体现为对行为效果的考察,搭售行为的效果不同于价格歧视行为,而且即便同属搭售行为,在不同市场经济条件下产生的效果也会有很大差异。这种经济学分析是传统法学教育所不熟悉的,因此,在相当长的时期里,人们普遍认为这一法律部门具有原则性、抽象性的特点,适用过程中经常感到十分模糊、不确定。但这一说法在今天不再是正确的了。经过长期的发展,无论是美国反托拉斯法还是欧盟竞争法都形成了确定的违法性认定标准,并且对各种垄断行为类型配制出了细致的分析方法甚至要件,与其他法律部门一样具有明确性,真正的区别在于,其他法律部门的规则一般具有普适性,比如当事人达成意思表示一致即构成合同,不履行合同义务即应承担违约责任,构成要件与法律后果基本上放之四海而皆准,个案的特殊性不会造成本质的差异。而垄断行为的合性法则应在个案中判断,因此不能泛泛地说搭售行为、价格歧视行为、纵向价格限制等是不是违法——是不是违法应取决于其在个案中产生的效果。所有垄断行为的合法性状况均取决于其正负效果的比较,而在不同市场条件下,同一行为类型实际产生的两种效果可能存在差异,因此个案中需要结合具体的市场条件判明实际发生的是哪些效果并进行权衡。权衡的方法与标准是明确的,能否把握取决于对反垄断法的了解。当事人及其顾问们应当尽快适应这种思维方式,而学术研究则应在阐明基本分析标准、方法与考察因素的同时,全面考察每种行为类型可能产生的各种效果,并结合案例与法律条文演示其权衡的方法,以便为实务提供指导。希望本书能够大致完成这一任务。

但作为作者,我尤其希望本书在两个方面的努力能够引起读者的注意,并进而能够得到一些评价,因为这些思考结论如果能够成立,将会产生比较广泛的宏观牵涉,影响到对许多其他问题的理解,甚至影响到反垄断立法及理论体系的结构,因此格外需要建立在牢固的基础上。肯定的评价可以增进我对这些结论的确信,批评的意见有助于我进行反思，发现我所没有能力注意到的缺陷，因而都是我欢迎而且十分感激的。

一是本书试图突破一些传统的认识，加深对于反垄断法原理的领悟。这尤其体现在对"支配地位"的理解上。传统反垄断法一般将支配地位定义为"能够有利可图地提高价格的地位"，更准确地说，即"能够通过提高价格的方式增加利润的地位"，这一定义只能反映拥有支配地位的结果，而要想把握事物的本质，必须向上游追溯其成因。经营者提高价格本当造成消费者大量流失，并由此导致利润下降，之所以出现相反的结果是由于消费者别无选择。因此我决定立足在这一环节，将支配地位定义为"让消费者别无选择的地位"，然后再进一步往上游追问导致消费者别无选择的原因：（1）通常情况下，消费者拥有需求转向的自由，但如果其他经营者无力提供足够的产出来满足这些需求，则消费者只能接受涨价行为人的条件，除非放弃自己的需求；（2）少数情况下，消费者受制于转向成本，其需求并无转向的自由，这同样使其别无选择。这两种情况下支配地位的认定标准是一致的，但操作方法与考察因素各有特点：前者的考察以市场份额为中心，但本质上是在考察其他经营者有无增加产出的能力；后者则以转向成本为决定性因素，要想拥有支配地位，必须能够阻止消费者的需求发生转向。自20世纪90年代以来，经济学上就注意到在软件、互联网等产业中市场份额的说明力下降，市场力量主要来自于所谓网络效果与锁定效果，但始终没有能够澄清其背后的道理，希望本书的这些理解能够提供比较圆满的解释：这两种效果无非是转换成本的两种表现方式，它们阻碍着消费者的需求转向其他经营者，后者有无扩大产出的能力就不重要了；另外，这些产业的成本主要发生在研发领域，进入生产环节之后的边际成本不高，各经营者的产出能力一般没有局限，行为人的市场份额巨大不再意味着其他人缺乏产出能力，因此要想获得支配地位必须能够阻止消费者的需求发生转向，拥有巨大的市场份额通常不再是拥有支配地位的原因，而只是拥有支配地位所带来的结果。

二是《反垄断法》所列的垄断行为类型很可能存在遗漏。该法第 17 条(2)禁止支配企业的掠夺性定价行为，这一方面要求以当事人拥有支配地位为前提，另一方面，掠夺性定价行为本身却主要是非支配企业获得支配地位的手段。而之所以需要从事掠夺性定价，是为了阻止受排斥者扩大产出，这意味着行为人在掠夺期间并无"有利可图地提高价格的地位"；而在掠夺成功后其价格又提升回来，不再低于成本。这使得第 17 条的两个组成部分之间发生不可调和的内在冲突，因此在《反垄断法》进行修订时，似乎有必要增加一种行为类型，大致相当于美国《谢尔曼法》第 2 条所说的"企图垄断"行为，本书将其表述为"那些并不是依靠产品的优越性，而是单纯凭借排斥性行为而获得支配地位的行为"。掠夺性定价是其典型体现，在一定程度上，支配企业的拒绝交易行为如果将在下游市场上消除竞争性的价格形成机制，也可以划归这种行为类型：它在下游市场获得支配地位并非由于其产品优越，而是由于拒绝交易行为阻止了任何有效竞争者进入下游市场的可能性；拒绝行为是否构成对上游支配地位的滥用，取决于行为人在下游的市场力量是否完全来自拒绝行为的排斥性。在同等程度上，或许对搭售行为也可以这样看。

本书的写作过程中，再次体会到进行原理挖掘的重要性，对问题的认识不能局限于该问题所在的环节，而应以更上位的道理为依托；在面对新型的问题时，不宜被其枝节或外表上的复杂性所迷惑，进而创制出诸如平台市场、轴辐协议等概念去追逐这种复杂性,而应首先回归原理,把那些耳熟能详的入门知识反复背诵,渐渐体味其中原本最为基础却从未被认识到的朴素含义,大部分最前沿的难题就迎刃而解了。比如界定相关市场以"需求替代性"为标准,而在双边市场交易模式下,一笔交易的过程需要依次满足两种不同的需求,因此需要界定两个相关市场,而不是一个平台市场。这时可以发现,双边市场与平台市场完全是两回事。新的现象所挑战的可能并不是反垄断法的传统理论,而是我们对这些理论的认识与运用能力。另一方面,对原理的体会又必须针对具体的问题,依托实际的素材,最终拿出具体的解决方案并辅以充分的论证,而不能停留在高大空泛的概念层面指点乾坤——那些写作也许更能投合一定级别的发表,但真正有价值的探索一般不在那里。

本书的写作与出版得到司法部国家法治与法学理论研究项目以及人民出版社的资助与支持,在此表达衷心的感谢。接下来还要完善我的所谓"中国反垄断法理论体系建设丛书三部曲"中的第三本书,是关于经营者集中的。书稿已经完成,但有许多部分的解决方案仍不理想,还需要仔细斟酌。

目　　录

第一章　支配地位滥用行为的
一般反垄断分析方法

　　所有非法垄断行为的最终目的,是通过提高价格的方式来实现利润最大化,但在其提高价格时,消费者会转而购买竞争性的商品,因此必须能够阻止消费者的这种转向,方能拥有提高价格的能力。本书中将这种能力称作"市场力量",其英文对应词汇为"market power"。形成这种能力的主要途径有三种:(1)一家经营者拥有支配市场的力量,其所面对的竞争压力不足以阻止其通过提高价格的方式来增加利润;(2)若干家经营者达成垄断协议,消除彼此间的竞争,而外围竞争者的力量不足以阻止其提高价格;(3)若干家经营者进行合并,或通过彼此控制形成同一个竞争实体,从而消除彼此间的竞争并共同形成能够摆脱他人竞争压力的力量。这三种形成市场力量的方式成为反垄断法的三类主要调整对象,反垄断法的任务就是阻止经营者利用这种力量来提高价格。

　　相对于垄断协议的调整方法来说,对于支配地位滥用行为进行反垄断法分析时,宏观上似乎更容易找到清晰的思路,比如我国《反垄断法》第 17 条第 1 款规定:"禁止具有市场支配地位的经营者从事下列滥用市场支配地位的行为:(一)以不公平的高价销售商品或者以不公平的低价购买商品;(二)没有正当理由,以低于成本的价格销售商品;(三)没有正当理由,拒绝与交易相对人进行交易;(四)没有正当理由,限定交易相对人只能与其进行交易或者只能与其指定的经营者进行交易;(五)没有正当理由搭售商品,或者在交易时附加其他不合理的交易条件;(六)没有正当理由,对条件相同的交易相对人在交易价格等交易条件上实行差别待遇;(七)国务院反垄断执法机构认定的其他滥用市场支配地位的行为。"从条文的内容可以看出,支配地位滥用行为的基本分析方法为:首先须认定当事人拥有支配地位,支配企业从事这些行为时构成垄断行为,如果不能提出合理的抗辩,则认定其非法。这比垄断协议的分析思路简单一些,免去了"协议"的认定过程,而"垄断"的证明也不需要绕行很多曲折道路。① 众所周知,在涉及垄断协议的反垄断法分析中,"协议"的证明与"垄断"的证明都是十分困难的环节,尤其是如何将纵向协议认定为垄断协议,欧美反垄断法上一直没有能够作出透彻说明,因而就更困难了。

但实际操作中,支配地位滥用行为的反垄断法分析并不更容易,无论是相关市场的界定、支配地位的认定,还是竞争效果与抗辩理由的分析,都有许多技术性难题,特别是随着软件产业(包括建立在软件基础上的互联网产业)的发展,在上述这些方面又出现了许多新的问题,使得反垄断法研究遭遇到前所未有的挑战,经常感到传统理论与规则似乎无法提供有力的说明和解决方案。由于这些产业的历史不长,人们对其内在规律未及达成透彻的领悟,甚至这些产业的特点本身也尚未充分展示出来,因而这些挑战在最近十余年来一直是世界反垄断法研究中的世界性难题。总体说来,各国学者的探索均未取得实质性进展,各种定性与设想之间无

---

① 关于垄断协议的反垄断法分析方法,请参见拙著《垄断协议的反垄断法调整》。

法形成合理的联系并与反垄断法理论体系相融合,这时大家才发现,虽然反垄断法已经有了一百多年的历史,但人们对于其本质的了解程度仍然是十分有限的,关于许多基本问题的表达仍然是不透彻的,而表达的隔膜归根结底是由于认识不清晰,因此在面对各种新问题时,注意力往往首先被引向表面、枝节性的细节,而偏离了通往本质的轨道;往往热衷于复杂的技术性手段,而不是诉诸反垄断法的原理。

国内反垄断法研究历史不长,实施经验也没有完成充分的积累,但由于我国经济的迅速发展,所面对的新兴问题一点也不比其他国家少,有时反而比其他国家面对的挑战更大,因而无论是反垄断法学术研究,还是反垄断立法及司法、执法实践中,所承受的压力就可想而知了。不过从另一方面来看,这也为我国反垄断法研究提供了难得的契机——中国经济已经实现了巨大的超越,中国反垄断法学研究也应当这样,而现实生活中也的确提供了这样的机会,比如对于软件(包括以软件为基础的互联网产业)中的网络效果、锁定效果的作用方式与意义,以及互联网产业中双边市场条件下相关市场的界定方法、支配地位的认定方法、竞争效果的考察方法等,人们虽然作出过种种理论分析,但一直缺乏典型的实证研究材料,而我国发生的奇虎诉腾讯案①(又以"3Q大战"而著称)则雪中送炭,成为难得的载体,立即引起了国内外反垄断法学界的广泛关注,本书的写作也是如此。事实上,关于这一案例的研究已经成为本书许多讨论的基本依托点,以至于在完成这一案件的分析之后,本书中原本已经定型的许多内容不得不推倒重写,这虽然

---

①　参见中华人民共和国最高人民法院民事判决书(2013)民三庭终字第4号。

影响了本书的进度，但却大大加深了对相关反垄断法原理的认识，并且最终发现，这些产业中目前所呈现的所有新问题都能够被传统反垄断法理论所容纳，真正受到挑战的只是对反垄断法理论的理解深度与运用能力，而非反垄断法理论本身；在面对新的问题时，解决之道很可能并不是标新立异，而是反过身来更深入地挖掘原理，更进一步地返璞归真。

因此本书的基本目标是在就支配地位滥用行为的调整方法进行系统梳理的基础上，重点讨论对软件与互联网产业中各种特殊问题的解决方法，并借这些问题的讨论反过来加深对于原理的认识。反垄断法一百多年的发展史上，人们对于原理的认识发生过不止一次的否定性推进，比如有效竞争理论对完全竞争理论的否定，芝加哥学派对哈佛学派的否定，后芝加哥学派对芝加哥学派的部分否定，每一次否定都加深了人们对反垄断法的理解深度。①本书并不企图也没有能力否定什么，但试图在透彻程度上有所贡献，从而实现竞争经济学与反垄断法的有机融合，而软件与互联网产业的特点则为这一努力提供了重要的契机，因为这一产业的许多特点在外观上与传统理论相冲突，需要对原理进行更深层的挖掘才能找到合理的解释。

本书的写作仍然需要从支配地位滥用行为的一般调整方法说起，因为国内的相关基础研究还不够充分，甚至时常出现常识性的误解，但随着讨论的深入，越来越需要把重心放在软件与互联网产业的特殊性上。不仅需要探索如何运用反垄断法原理来解决这些特殊问题，更重要的是，关于这些特殊问题的讨论将反过来加深对

① 本书中对于这些经济学理论的了解，主要来自于陈秀山：《现代竞争理论与竞争政策》，商务印书馆 1997 年版。

于反垄断法原理的体会,从同样的素材中揭示出人们以往没有发现的含义。从美国《谢尔曼法》算起,反垄断法已经拥有120多年的历史,但对于原理的认识仍然有进一步提升的空间。

第一节　反垄断法的"垄断"行为

一、"垄断"一词的含义

顾名思义,反垄断法当然是对"垄断行为"予以"反对"的法律,但在不同国家,以及不同学科中,"垄断"一词有着不同的含义,如果不加区别地在同一语境中使用,会引起极大的混乱。实际上,这种混乱已经成为我国反垄断法研究中普遍性的干扰因素,妨碍着人们对这一法律部门的常识性问题达成清晰的认识,对于反垄断法知识的普及更是严重的障碍。要对反垄断法理论进行精确的阐述,必须首先澄清这些含义之间的差异,以及我国《反垄断法》意义上的"垄断"一词究竟应作怎样的理解——然后就可以发现,我国《反垄断法》并不反对"垄断行为",它反对的只是"非法的垄断行为",但该法第3条与其他各部分的规定又相互抵触。

1. 经济学采用"垄断"一词,是指相关市场只有一家经营者,而不存在任何竞争者的状态。为了论证竞争的重要性,法国经济学家古诺(Cournot)根据市场主体数量上的差异,将市场分为四种类型,即原子型市场、有较多竞争者的市场、寡头市场以及垄断市场,并重点对两极进行比较。原子型市场主体众多,并且每一主体的市场力量微不足道,在这样的市场上,没有人拥有提高价格的能力,因而各经营者只能努力扩大产出来增加利润,提高价格只会导致消费者流失从而导致利润损失。这时市场上呈现出一种"完全竞争"(perfect competition)的局面,不会发生限制竞争的行为。① 在当时的经济学看来,这是一种理想的状态。

另一极"垄断市场"则相反,相关市场只有一家经营者,不存在竞争者。这个唯一的经营者应当拥有决定价格的能力,消费者对此不得不接受,因为没有其他人提供这种商品,唯一的制约就是消费者的承受能力。如果有过多的消费者承受不了这样的价格而不得不放弃需求,则垄断者仍然会得不偿失,因而其提高价格的空间也不是无限的。这后一市场类型称作"垄断市场",其英文表达是"monopolistic market",而这个唯一的经营者则称为"垄断者",英文表达为"monopolist",其所处的市场地位称作"垄断"即"monopoly",其所拥有的"能够提高价格的力量"称为"垄断力"即"monopoly power"。经过这样的比较可以发现,原子型市场比垄断市场更为可取,因此在很长时期里,反垄断法理论主张要尽可能使市场的结构趋近于这种完全的竞争。到了熊彼特时代人们才发现,这种完全竞争模式排除创新的因素,甚至排除竞争本身,因为所有这些因素与手段都会使行为人获得更多的消费者需求,规模增大,同时导致众多原子死亡,从而破坏原子型的市场结构。因此这种市场结构不仅不是需要维护的,而且是完全不可取的。②

要进行纯粹的经济学分析,需要对分析对象进行提纯以避免枝节因素的干扰。因此上述经济学分析采用"垄断者",即市场上只有它一家经营者的情形作为分析对象。通过对这种市场的分析可以发现,在不存在竞争压力的情况下,经营者倾向于,并且也有能力通过提高价格的方式来实现利润最大化。因此"垄断者"的

---

① 参见陈秀山:《现代竞争理论与竞争政策》,商务印书馆 1997 年版,第 36 页。

② 参见陈秀山:《现代竞争理论与竞争政策》,商务印书馆 1997 年版,第 51—55 页。

本质不在于市场上只有它一家经营者,而在于它拥有"有利可图
地提高价格的能力",①但在现实生活中,拥有这种能力的并不仅
限于垄断者,许多市场存在"一家独大"的情形,如果其市场力量
足以支持其提高价格,则与"垄断者"的本质是一样的,因此针对
"垄断者"的分析结果同样适用于这些"独大"的经营者,市场上虽
然还存在若干竞争者,但后者的存在不足以阻止前者通过提高价
格的方式来实现利润最大化,只是提高的幅度可能会比垄断者稍
小一些。在欧盟法与中国法,这种"独大"的经营者称为"支配企
业",经济学关于"垄断者"的分析结论,在反垄断法的真正适用对
象其实是支配企业——包括但不限于垄断者,实际上,真正的"垄
断型"市场是极为罕见的。欧盟则干脆摆脱"垄断者"这个概念,
免得还要多费口舌来解释垄断者与支配地位的关系。在欧盟法,
"垄断者"并无特殊的地位,非垄断者也可以拥有支配地位;而从
本书后面的讨论可以看出,即便是垄断者,如果不能满足其他一些
条件,也未必拥有支配地位。②

---

① 参见美国司法部与联邦贸易委员会于 1995 年 4 月 6 日联合发布的《知识
产权许可的反托拉斯指南》(Antitrust Guidelines for the Licensing of Intel-
lectual Property Issued by the U. S. Department of Justice and the Federal
Trade Commission. April 6,1995.)。

② "垄断者"未必拥有"垄断力",因为经营者还要受到潜在竞争的压力,如
果市场进入壁垒不高,潜在竞争者能够很快进入市场,则即便是市场内
唯一的经营者也不敢提高价格;在买方拥有对抗力量时,同样缺乏提高
价格的能力。美国反托拉斯法产生时,人们还没有这么多的认识,直观
地认为"垄断者"是消费者需求获得满足的唯一来源,因此应该能有力提
高价格,遂将这种能力称为"垄断力",以后随着经济分析的引入,可以发
现这样表达是不准确的,但由于约定俗成已久,也便没有更改,但在使用
这一术语时,应关注的是其实质含义,而不是其作为相关市场上"唯一的
经营者"的身份。

2. 美国《谢尔曼法》第 1 条针对的是限制竞争的"合同、托拉斯等形式的联合,以及共谋",①但以后的司法实践却很少采用这三个术语,而将其统称为"通谋"(collusion),相当于我国《反垄断法》所说的"垄断协议"。该法第 2 条所调整的行为,在国内反垄断法研究中通常被译为"垄断",这是许多混乱产生的根源,而如果仔细体会一下原文,这些混乱原本是可以避免的。

《谢尔曼法》第 2 条的原文为:"Monopolizing trade a felony; penalty Every person who shall monopolize, or attempt to monopolize, or combine or conspire with any other person or persons, to monopolize any part of the trade or commerce among the several states, or with foreign nations, shall be deemed guilty of a felony, and, on conviction thereof, shall be punished by fine not exceeding $100,000,000 if a corporation, or, if any other person, $1,000,000, or by imprisonment not exceeding three years, or by both said punishments, in the discretion of the court."

在国内反垄断法研究中,该条经常被翻译为:"任何人垄断或企图垄断,或与他人联合、共谋垄断州际的或与外国间的商业和贸易,将构成重罪。一经认定,如果参与人是公司,将处以 1 亿美元以下罚金;如果参与人是个人,将处以 100 万美元以下罚金,或三年以下监禁。法院也可酌情并处这两种处罚。"

从原文可以看出,《谢尔曼法》第 2 条所要禁止的,是 monopolize、attempt to monopolize,以及 combine or conspire to monopolize。与名词 monopoly 不同,monopolize 是动词,《谢尔曼法》并没有禁止

---

① Every contract, combination in the form of trust or otherwise, or conspiracy, in restraint of trade or commerce among the several states, or with foreign nations, is declared to be illegal.

monopoly。如果更换成欧盟竞争法的术语,这两个术语的区别是一目了然的,名词 monopoly 相当于欧盟竞争法的"支配地位",而动词 monopolize 则相当于后者的"滥用支配地位"。欧盟竞争法不反对支配地位的合法获得,而是禁止其滥用。其实在美国法,这两个术语的差异也十分清楚,名词垄断即 monopoly,是指拥有类似于垄断者那样的力量的状态,即有能力通过提高价格来增加利润的地位,这一地位的存在本身不受《谢尔曼法》第 2 条禁止,后者禁止的是 monopolize,即利用这种垄断地位从事某些行为,因此其准确的翻译应当是"滥用垄断地位"的行为。① 此外,美国不存在"反垄断法",而将这一法律部门称作"反托拉斯法",《谢尔曼法》第 1 条禁止"通谋",第 2 条禁止"垄断地位的滥用",而通谋则不是"垄断地位的滥用",因此"垄断"一词只能涵盖第 2 条的调整对象,而不能涵盖《谢尔曼法》的全部领域。

　　中文里经常把 monopoly 和 monopolize 都译成"垄断",就抹煞了二者间原本显而易见的区别,更麻烦的是,我国又将这一法律部门称为"反垄断法",同一个措辞在三种意义上同时使用,就产生了"反垄断法并不反对垄断(monopoly),而是反对垄断(monopolize)",并且"中国反垄断法不仅反对垄断(monopolize),而且反对

---

① 笔者曾作过很多尝试,想把 monopoly 与 monopolize 的中译区分开来,比如曾将后者译作"垄断化"、"从事垄断行为"等,均缺乏术语所应有的清晰度与口感,因而本书中决定将其译作"垄断力的滥用"或"垄断力滥用行为",以便与我国及欧盟的同类术语相对应。《谢尔曼法》第 2 条还禁止"企图垄断行为"与"联合或共谋滥用",后者大致相当于"共同支配地位滥用行为",《反垄断法》第三章的规定完全可以涵盖,其第 19 条还对共同支配地位的推定作了详细规定。而对"企图垄断"行为,我国《反垄断法》中没有规定,本书后文掠夺性定价一章的讨论中,建议在修订相关立法时将这种行为纳入该法的调整范围。

垄断协议(monopoly agreement)"等纠缠不清的伪问题,不仅阻碍一般公众对反垄断法达成正确认识,而且在专业人员之间也经常存在一些原本完全没有必要的争议。

在美国法,monopolize 的前提是当事人拥有 monopoly power,所谓垄断力就是"垄断者所拥有的那种能力",也就是能够通过提高价格来增加利润的能力,但实际上拥有这种能力的不限于垄断者,因此美国法用到"垄断力"一词时,是着眼于它的本质——提高价格的能力,而不是着眼于"垄断者"三个字的字面含义,即"该市场只有一家经营者"的状态。因此"monopoly power"一词更恰当的译法可能是"类似于垄断者那样的能力",或者"像垄断者那样能够通过提高价格的方式来增加利润的地位",如果市场上有若干家经营者,但其中一家鹤立鸡群,竞争者的存在不足以阻止其提高价格,它便拥有"垄断力",尽管它不是一个"垄断者"。

美国反托拉斯法是世界反垄断法的起源,因而是各国的主要研究对象。由于我国早期的反垄断法译作没有将 monopoly 与 monopolize 区分开来,依托这些译作所从事的研究大都没有意识到中文的"垄断"一词实际上指称着两种不同的东西。许多研究中,将针对 monopolize 讨论误解成是对 monopoly 而发,从而产生许多误解——不仅一般公众没有意识到其中的差异,许多相对专业的讨论中也存在同样的混淆,以致许多经济学家屡屡批评反垄断法是反对大企业的,是对效率的损害,甚至由此否定反垄断法存在的必要性与合理性。事实上,从美国《谢尔曼法》起,受到禁止的只是"垄断地位滥用行为",而不是垄断地位的存在本身,因此反垄断法并不是反对大企业,虽然它所反对的行为基本上都是大企业从事的,但反对的原因在于这些行为的非法性;垄断地位的认定也须满足若干个条件,并不是每个大企业都有"提高价格还能增加利润的能力",甚至"垄断者"也未必有。反垄断法深受竞争经济学的影响,但反过来,竞争经济学研究中如果不关注反垄断法的实践,不了解法律的规则与思维,也无法达成有价值的认识。这两个学科的研究应当更紧密地结合起来,本书的基本目标之一就是充当这一结合的桥梁。

3. 我国《反垄断法》对"垄断"的理解。在我国《反垄断法》,"垄断"一词有着与美国法不同的含义,这就使得局面更加复杂了。该法第 3 条规定:"本法规定的垄断行为包括:(一)经营者达成垄断协议;(二)经营者滥用市场支配地位;(三)具有或者可能具有排除、限制竞争效果的经营者集中。"这里的"垄断"既不同于 monopoly,也不同于 monopolize,前者相当于支配地位,这种地位本身并不在反垄断法禁止之列,后者则构成"支配地位滥用行为",只是第 3 条所规定的三种"垄断行为"中的一种,而不包括"垄断协议"与"经营者集中"。因此无论是美国法关于"垄断"的理解,还是其关于"垄断力滥用行为"的理解,都不能直接套用到中国反垄断法。

根据《反垄断法》第 3 条,"垄断行为"一词是《反垄断法》所管辖的所有行为的总称。① 必须为"垄断"的认定提供一个大致清晰的标准,这需要追溯反垄断法的原理。反垄断法的目的是防止经营者利用市场力量提高价格,因而凡属"有可能给当事人带来提高价格能力"的行为,反垄断法都要进行审查,这包括垄断协议,即经营者之间通过消除彼此间的竞争而获得这种能力;也包括支配企业从事的排除限制竞争行为,其目的是通过对竞争者的排斥

---

① 该条规定遗漏了第五章所调整的行政垄断行为,是其立法技术上的重大缺陷。

长期维持自己提高价格的能力;经营者集中行为可以短时间内改变市场的结构与当事人的市场力量,因而有可能给集中当事人带来原本不存在的支配力量,或人为地使其已有的支配地位能够长期维持下去,也有可能导致相关市场更容易出现垄断协议行为,因而也需要依据反垄断法进行审查。

这些行为的共同特点是对竞争造成排除与限制,而排除、限制的能力并非来自于产品与服务的价格、质量等效率因素,而是当事人运用市场力量的结果,并由此给当事人带来提高价格的能力,或使其原有的"提高价格的能力"得以维持,因此反垄断法才需要进行审查。这些理解应当成为中国《反垄断法》"垄断行为"的核心含义,①其两个组成成分不可或缺。排除、限制竞争是构成垄断行为的前提,但如果这种排除与限制不足以给当事人带来提高价格的能力,则不必视为垄断行为,反垄断法无须管辖,因此"垄断"一词在中国法的完整含义是"对竞争产生排除、限制,从而有可能给当事人带来提高价格的能力"。提高价格意味着产出减少,因而垄断行为又可以定义为"对竞争产生排除限制,从而有可能导致社会总产出减少的行为"。反垄断法必须管辖而且只管辖垄断行为,因此垄断行为的认定是反垄断案件审理过程中的第一个步骤。

另一方面,有时对竞争施加排除、限制又是实现某些效率所必需的,而实现效率又将导致社会总产出增加。如果最终的净效果是产出增加,则该行为应认定为合法,否则反倒会与反垄断法的目的相违背。反垄断法的最终目标并不是片面地维护竞争本身,而是通过维护竞争来维护效率,从而最终维护消费者的利益。在传

---

① 支配企业提高价格本身并不是排除限制竞争的,这可以算作这一定义的唯一例外。后文将在相关部分进行更深入的分析。

统产业中,效率主要体现为"产出最大化",通常情况下,是竞争促进经营者降低价格从而增加产出,进一步的竞争则需要降低成本,从而又导致研发与创新进程加速。但在一些情况下,对竞争施加一定的限制才是有利于增进效率的,这时应当容忍这些限制,只要它们没有超出实施效率所必需的限度。因此中国法的"垄断行为"一词是中性的,它只意味着当事人有导致社会总产出减少的"可能性",需要依据反垄断法进行审查而不能放任不管,但其最终效果并不必然会减少社会总产出,因此合法与非法取决于正负效果比较后的净效果,只有最终真正导致社会总产出减少的垄断行为才受到禁止。从欧美反垄断法的实践来看,大多数垄断行为最终是合法的。正负效果的比较是反垄断案件审理过程中的第二个步骤。

　　根据这样的认识来回顾《反垄断法》第 3 条,可以发现其划分不同垄断行为类型的标准是不统一的。(1)第一类垄断行为是"垄断协议"。《反垄断法》第 13 条、14 条对垄断协议予以"禁止",但当事人可以根据第 15 条所规定的豁免条件进行抗辩,抗辩成功者不受禁止,因此"垄断协议"在非法性的判断上是一个中性的概念,并不必然是非法的。① (2)第二类垄断行为是非法的。《反垄断法》第 17 条规定:"禁止具有市场支配地位的经营者从事下列滥用市场支配地位的行为:(一)以不公平的高价销售商品或者以不公平的低价购买商品;(二)没有正当理由,以低于成本的价格销售商品;(三)没有正当理由,拒绝与交易相对人进行交易;(四)没有正当理由,限定交易相对人只能与其进行交易或者只能

---

① 　或者理解为推定其非法,但允许当事人以符合豁免条件来抗辩。在未进
　　入抗辩环节前,尚不能认定其非法,因此在价值判断上是中性的。

与其指定的经营者进行交易；（五）没有正当理由搭售商品，或者在交易时附加其他不合理的交易条件；（六）没有正当理由，对条件相同的交易相对人在交易价格等交易条件上实行差别待遇；（七）国务院反垄断执法机构认定的其他滥用市场支配地位的行为。"构成支配地位滥用行为者，要么是"不公平"的，要么是"没有正当理由"，均属抗辩失败者，因此都是非法的。（3）第三类是"可能排除、限制竞争"的集中行为，如果经审查后认为其积极效果大于消极效果，则可以批准，因此这种行为在非法性判断上也是中性的。

因此，《反垄断法》第3条第2项所说的"经营者滥用市场支配地位"应改为"占有支配地位的经营者所从事的排斥、限制竞争的行为"，以使三种垄断行为具有同质性，即价值上的中性。拥有支配地位本身就意味着拥有提高价格的能力，如果利用这种地位从事进一步的排除、限制，将有可能妨碍新的竞争压力来源的形成，人为地延续其支配地位，因此需要纳入反垄断法的审查范围，至于是否应当认定其非法，则要看当事人能否提出"正当理由"予以抗辩。此外，《反垄断法》第1条也需要修改。该条规定："为了预防和制止垄断行为，保护市场公平竞争，提高经济运行效率，维护消费者利益和社会公共利益，促进社会主义市场经济健康发展，制定本法。"反垄断法要预防和禁止的只是非法的垄断行为。

垄断行为有可能给当事人带来提高价格的能力，本书中将这种能力称作"市场力量"。为加深对于支配地位滥用行为的认识，需要首先考察市场力量的形成原因与条件。归根结底，当事人能够提高价格是因为消费者别无选择，但不同情况下，导致消费者别无选择的原因不同，因此市场力量的来源也不同。

二、市场力量及其形成条件与方式

(一)市场力量及其形成条件

泛泛说来,任何经营者,不管其多么弱小,均有一定的市场力量,不过这样的力量并无讨论的价值,因此本书中像美国许多作者一样,将这一措辞用作特定的术语,概括地说,"市场力量(market power)是指企业能够通过减少产出,将其产品价格提高到竞争性水平以上,从而增加利润的能力。"①提高价格是人人会做的,但经营者追求的是利润最大化,而提高价格通常会导致消费者流失,只有当提高价格所增加的利润超过部分消费者流失所带走的利润时,才存在市场力量。对于所有能够给当事人带来这种力量的行为,反垄断法均视为垄断行为而进行审查;而对于不可能造成这种力量的行为,反垄断法不必过问。由于价格提高会导致社会总产出减少,因而也可将其称作"有可能导致社会总产出减少"的力量。

由于消费者倾向于选择物美价廉的商品,在某个经营者涨价时,消费者会转而购买其他人的替代性商品来满足自己的同一需求。这些商品可能不如涨价行为人的商品优越,在竞争性条件下,消费者更愿意购买行为人的商品,但在其价格提高时,消费者的意愿也会发生变化。提高价格可以提高利润率,从而有使行为人的利润增加的趋势,但消费者流失又会导致利润流失。只有在提高价格所增加的利润大于消费者流失所带走的利润时,涨价行为才

---

① [美]赫伯特·霍温坎普:《联邦反托拉斯政策——竞争法律及其实践》,许光耀、江山、王晨译,法律出版社 2009 年版,第 83 页。许多著述将 market power 译作"市场势力",这可能更具有充当术语所需要的特定化,但本书觉得"势力"二字不太悦耳,因此采用"市场力量"这一表述,尽管其"特定化"效果弱于"市场势力"。

是理性的,或者说,只有在这时,当事人才拥有通过提高价格的方式来增加利润的能力。这是"市场力量"一词的完整含义,但为简洁起见,本书也常将其简称为"提高价格的能力",后文中若无进一步说明,说到"提高价格"时,一般均作这种理解。如果没有这种力量,经营者提高价格会导致利润减少,也就不会从事这种行为,即使出于误判而从事了这种行为,竞争过程本身会使其付出代价,不需要反垄断法来过问。

但消费者的需求要向其他经营者的商品转向,必须满足一个基本前提,即其他经营者能够生产足够多的商品来满足这种转向需求,否则消费者即别无选择,只能接受行为人的涨价,或者放弃需求。因此市场力量的本质是一种"让消费者别无选择的力量",而导致其别无选择的最主要原因,在于其他经营者无力充分增加产出,无法大量满足消费者的转向需求。这需要具备四个基本条件:①

1. 在相关市场总生产能力中,涨价行为人须占有极大的比重。

只有如此,在其提高价格时才会有大量的消费者出现转向需求;也只有如此,其他经营者才存在"无力扩大产出"的可能性。假设行为人只拥有 10% 的市场份额,其竞争者们总共拥有 90% 的份额,当其提高价格时,其他经营者只要略微增加产出即可满足全部消费者的转向需求,消费者将一去不复返;如果情况相反,则在

---

① 这里的分析思路参照 2009 年欧盟委员会《关于对支配企业的排斥性行为适用〈欧共体条约〉第 82 条的执法重点指南》第三章,第 9—18 段。但该指南(以下简称《欧盟支配地位滥用行为指南》)第三章所分析的是支配地位的认定方法,而本书则认为这一套标准适用于所有的垄断行为,垄断协议的当事人合计起来同样必须满足这些条件,才能达到其"通过提高价格的方式来增加利润"的目的。因此本书没有把这部分内容放在"支配地位的认定"部分,而是放在总论部分,旨在揭示不同垄断行为类型之间的共性,试图更好地反映反垄断法的原理。

其提高价格时,其他经营者所增加的产出只能满足少量消费者的转向需求,其所带来的利润不足以阻止行为人的涨价行为。

上面举例中采用市场份额数据来反映生产能力的对比关系,这本身是不精确的。要考察生产能力的对比关系,应将行为人的产能与相关市场上的总产能进行对比,但由于各经营者的产能不易调查,而且经常会有各种偶然性,为简便起见,反垄断法一般采用市场份额数据来反映这种关系。市场份额是行为人的销售额与相关市场总销售额的对比关系,它并不直接就是产能的对比,而且一般说来每个经营者都会闲置一部分产能以应付不时之需,销售额只能反映其实际投入利用的产能,而不能包括这些闲置的部分,但这些闲置的产能却是其他经营者提高价格的阻碍。在对方提高价格时,这些产能正好派上用场,使得相关市场总产出增加,消费者就不会别无选择,哪怕对方当下的市场份额无比巨大。因此严格说来,这种替换是不准确的。

但市场份额只是考察当事人市场力量的第一个步骤。究竟能否提高价格取决于其他人是否能够增加产出,而市场份额的考察只是前提性步骤:市场份额较小的经营者必定没有支配地位,因为这时其他经营者不可能缺少扩大产出的能力,市场份额的考察主要是起到一种筛选的作用,将中小企业排除出进一步考察的范围。但市场份额庞大并不必然拥有支配地位,即使拥有百分之百的份额,也就是美国法所说的"垄断者",如果其他人能够增加产出,消费者仍然不会是别无选择的。相关市场增加产出的来源主要有两个,一是现有竞争者扩大产能,二是潜在竞争者进入市场。

2. 现有竞争者没有能力增加产能。

所谓现有竞争者,是已经在相关市场上从事经营活动,并与行为人存在竞争关系的经营者。它们是相关市场产出增加的直接来源。通常情况下,经营者不会保留过多的闲置产能,因为维持这些产能需要成本;在消费者出现转向需求时,这些现有竞争者能否及时、充分地扩大产出,往往取决于它们能否及时、充分地扩大产能,这主要考察其是否拥有扩大产能所需要的财力、技术水平等要素。

3. 潜在竞争者无力充分、及时地进入市场。

所谓潜在竞争者,是指目前并未在相关市场从事经营活动,但在行为人价格上涨时能够较快地进入相关市场的经营者,而其进入的后果同样是增加相关市场的总产出量,消费者便不会别无选择。一般说来,资本会向利润高的地方流动,潜在竞争者能否进入市场主要取决于进入壁垒的高低。

4. 买方没有对抗力量。

支配地位的存在不仅取决于支配者与其竞争者力量的对比,也取决于供需双方的力量对比。如果购买商力量分散,规模有限,则面对供应商的涨价行为一般没有对抗的砝码;但如果购买力量也比较集中,则购买力强大的购买商不会接受供应商的涨价,它只需要减少自己从对方的购买量,将这些需求转向对方的竞争者,便足以使对方受到损失;不仅如此,它还可以为这些竞争者提供财力或技术支持,帮助其尽快扩大产出,从而对该供应商造成进一步的削弱。强大的买方甚至可以亲自进入该供应商所在的上游市场从事经营,由于有自己的需求作为支撑,它在上游市场的发展是有保障的,不愁商品卖不出去。在这些情况下,供应商即使拥有很高的市场份额也并未必具有支配市场的能力,它的力量被购买商的力量抵消了。①

不过这时对卖方力量的评价不能一概而论。力量强大的买方

---

① 参考《欧盟支配地位滥用行为指南》第9—18段。

对它拥有对抗能力,而其他买方则不能,因此这时卖方虽然不敢对强大的买方为所欲为,但面对其他买方时,仍然可以拥有支配地位。不仅如此,对力量强大的买方来说,最符合其自身利益的方式是一方面压低卖方对自己的价格,另一方面强迫卖方对其他买方采用高价格,从而进一步增强自身在买方市场的地位。卖方无论是迫于压力还是出于增加自身利润的考虑,都有可能这样做。①因此,该卖方受到强大买方欺负的事实,并不妨碍它在其他买方面前成为支配企业,这使得支配地位的认定在有些情况下呈现出一定的相对性。在软件等新经济产业中,"相对支配地位"这一概念是解决许多难题的关键锁钥。对相对支配地位这一概念赋予含义,探明其认定标准与方法,是本书的写作过程中最艰难的环节。

本质上,买方的这几类对抗情形完全可以被前述第二、三两个条件吸收。买方能否转向其他卖方,归根结底取决于后者是否能够大量增加产能;买方能否亲自进入相关市场,则取决于该市场进入壁垒的高低。如果只是包括这些情形,没有必要将"买方的对抗力量"单独列为一项独立的条件。

但有些情况下,买卖双方在其他方面互有需求,相互依赖,则一方提出过分的要求时,对方可以直接提高自己商品的要价以对抗,并不需要通过上述需求转向或进入市场等方式,这类对抗情形是前述第二、三两个条件所无法容纳的。

(二)形成或维持市场力量的方式

经营者必须同时符合上述四个条件,才能拥有市场力量,否则消费者流失所带走的利润将超过涨价所增加的利润,使其净利润减少。但反垄断法并不反对市场力量本身,而是反对市场力量的

---

① 后文在讨论《反不正当竞争法》草案第 6 条时,还要再回到这一点。

非法获得,以及对市场力量的非法利用:前一项反对所针对的主要是垄断协议,①协议的当事人原本是对方提高价格的阻碍,通过限制彼此间的竞争而均获得提高价格的能力;后一项反对所针对的主要是支配地位滥用行为,这类行为旨在对现有竞争者与潜在竞争者进行排斥,以阻止其扩大产出或进入市场,从而长期维持自己提高价格的能力。当然,这一划分只是粗略的,以便于讨论内容的组织,并不妨碍其间有交叉。

1. 垄断协议是形成市场力量的高效方式。竞争者之间相互成为对方提高价格的障碍,因而它们很容易产生协调的意愿,通过达成协议来消除彼此间的竞争,从而使这种障碍降低以至消除,最终使当事人共同拥有提高价格的能力。但协议当事人加起来必须拥有前述的"市场力量",才能真正消除其提高价格的障碍,这首先要求当事人合计起来须拥有比较大的市场份额,否则的话,协议以外的现有竞争者不可能缺乏扩大产出的能力,因而不可能满足"市场力量"的条件,也就不必认定为"垄断协议"。比如欧盟委员会《关于无关紧要的协议的通告》规定,②除含有核心限制外,对横向协议来说,如果所有当事人的总市场份额低于 10%,或对纵向

---

① 也包括美国《谢尔曼法》上所说的"企图垄断行为",其主要表现方式是掠夺性定价。我国《反垄断法》没有将"企图垄断"作为垄断行为的类型,但其第 17 条第 2 项禁止支配企业从事掠夺性定价行为,但没有意识到,掠夺性定价行为通常是通过排斥竞争的方式获得支配地位的手段,而不是对现有的支配地位加以滥用——从事这种行为时,当事人并没有支配地位。

② 参见欧盟委员会 2014 年《关于不会产生〈欧共体条约〉第 101 条(1)意义上的显著竞争限制的无关紧要的协议的委员会通告》第 8 条,正文里简称为《关于无关紧要的协议的通告》。该通告的详细译文请参见《欧盟非重要协议通告》,李倩译,金美蓉校,载韩伟主编:《美欧反垄断新规选编》,法律出版社 2016 年版。

协议来说,如果任何一方当事人的市场份额均不高于 15%,则不视为垄断协议。

2. 对于经营者的单方行为,须证明其拥有支配地位,反垄断法才予以管辖。美国《谢尔曼法》第 2 条既禁止"垄断力滥用行为",也禁止"企图获得垄断力的行为",后者是指非支配企业通过对竞争的限制来获得支配地位。但其他国家大都采用欧盟的做法,对非支配企业的单方行为不予管辖,因为在它们看来,非支配企业单凭对竞争者进行排斥,并不足以给自己带来支配地位。①

所谓支配企业,即某个经营者仅凭一己之力即可满足市场力量的上述全部要件,这种地位本身就是"拥有提高价格的能力"的地位,这与垄断协议有所不同。垄断协议的当事人合计起来同样必须拥有市场力量方能提高价格,但这种地位是人为地拼凑起来的,即,当事人之间原本应当构成对方提高价格的阻碍,但通过达成垄断协议消除了彼此间的竞争,从而消除了这种阻碍,因此反垄断法重点盯防其市场力量形成的过程;而单方支配地位的获得则可能是出于合法的原因,比如商品受消费者欢迎,或者享有知识产权的保护等,反垄断法并不反对这种地位的存在,但支配企业已经拥有提高价格的能力,表明市场已经不存在有效的竞争压力,其所从事的排斥性行为则将抑制新的竞争苗头,从而将其支配地位长期维持下去,因此,反垄断法对支配地位企业的盯防重点是其市场力量的利用方式,看它是否利用这种力量对竞争者进行排斥以扫除对其市场力量的挑战因素,从而使其市场力量长期延续。说垄

---

① 这可能有些过于绝对。经营者如果在多个市场经营,用来自其中一个市场的利润作为补贴,以亏损价格进入另一个市场,将后一市场上的竞争者消除后再提高价格,这也应受反垄断法调整。具体分析请见本书"掠夺性定价行为"一章。

断协议"限制"竞争,主要是指其限制该协议各当事人相互间的竞争;而"排除竞争"一词主要是指支配企业对竞争者的压制,旨在阻止对方扩大产出,对潜在竞争者来说,是阻止其进入市场。

　　垄断协议并不必然受禁止,正如支配企业从事排斥性行为时并不必然非法一样。二者的合法性认定标准是相同的,即取决于行为正负效果的比较。但由于这是形成市场力量的两种不同方式,两者的调整方法在细节上也存在很多差异,特别是,每种具体垄断行为类型所产生的消极效果与积极效果互不相同,因此,支配地位滥用行为的调整方法也有不同于垄断协议的地方。这一调整方法的形成经过了比较漫长的过程,无论是美国的《谢尔曼法》第2条还是《欧盟运行条约》第102条都过于简陋,因此人们经常感到反垄断法具有高度的原则性与抽象性,标准与方法比较模糊,但经过长期发展以后,其实体内容已经通过大量的判例或配套立法予以填充,对各种问题的处理方法、各种行为类型的分析套路都已形成了比较充实的规则,上述印象就不再是正确的了。以下依托对这两个法律体系相关规则与实践的考察,阐明反垄断法对支配地位滥用行为的一般分析方法。

第二节　美国法对支配地位滥用
行为的一般分析方法

　　美国法关于支配地位滥用行为的基本法律依据是《谢尔曼法》第2条,该条的实施历史可大致分成三个阶段,这里试图通过对这三个阶段的考察,梳理一下美国法对支配地位滥用行为的一般分析方法。

一、第一阶段

开始于 1904 年的美国政府诉北方证券公司案,①结束于 1920 年美国政府诉美国钢铁公司案。② 在前一案件的判决中,联邦最高法院认为,企业拥有垄断力(market power)本身并不构成第 2 条意义上的"monopolize",后者还要求行为人实施了"限制竞争的行为"来维持其市场地位。这表明,反垄断法从一开始所反对的就是"利用垄断力来排除、限制竞争的行为",而不是垄断状态,后者只是适用《谢尔曼法》第 2 条的前提,而不是充分条件;换成我国与欧盟的表达方式,所反对的是支配地位滥用行为,而不是支配地位本身。

在该案判决中,联邦最高法院认为,"把两个相互竞争的铁路的股票放到一个控股公司手中,是一种限制贸易的联合";③另一方面,这两个公司通过转让控制权形成了托拉斯组织,进而获得了垄断力,并运用这种力量影响了市场价格。这样,由于当事人之间发生了"联合"行为,因而可以适用《谢尔曼法》第 1 条;又因为它们联合后运用垄断力从事了限制竞争的行为,又可以构成第 2 条的"monopolize"。法院最后根据第 1 条对该案进行了判决,没有对第 2 条作进一步阐述,但这是美国判例法上首次提到"monopolize"这个词。④ 这距《谢尔曼法》的颁布已经有十余年了。

---

① United States v.Northern Securities Co.参见理查德·波斯纳:《反托拉斯法》,中信出版社 2003 年版。

② United States v.United States Steel Corp.,251 U.S.417,440-441,451(1920).

③ United States v.Northern Securities Co..参见理查德·波斯纳:《反托拉斯法》,中信出版社 2003 年版。

④ William E.Kovacic,Failed Expectations:The Troubled Past and Uncertain Future of the Sherman Act as a Tool for Deconcentration,*Iowa Law Review*,July,1989.

1911 年标准石油公司诉美国政府案中,①联邦最高法院对第 2 条作出了明确解释。1906 年,美国政府指控新泽西标准石油公司通过收购竞争对手的资产、订立托拉斯协议等形式,控制了美国 90%以上的石油市场,违反《谢尔曼法》第 1 条和第 2 条。② 1909 年,联邦地区法院判定该公司及其附属公司从事了非法的限制贸易行为,并在州际和国际的石油交易中取得非法的垄断地位。标准石油公司提起上诉,联邦最高法院于 1911 年作出判决,对地区法院的判决予以支持。

在该案中,联邦最高法院首先认定,由于该公司在全国原油运输、炼油和炼油产品市场拥有 80%以上的份额,在精炼油市场控制了将近 90%的份额,并于 1882 年组建了石油托拉斯组织,因而它在石油市场拥有"垄断力";其次,该公司实施了多种限制竞争行为,明显具有打击、排斥竞争者的"意图",因而构成《谢尔曼法》第 2 条意义上的"monopolize"。

由此可见,"垄断力滥用行为"的构成要件有三个:(1)行为人须具有垄断力。(2)行为人从事了排除限制竞争的行为以取得垄断力,或维持其原已拥有的垄断力。(3)这种行为具有取得或维持垄断力的意图,即所谓"特定的意图"。第三个要件表明,反垄断法所反对的不仅不是"拥有垄断力"本身,而且也并不必然反对"具有垄断力的企业从事排除、限制竞争"的行为,它反对的是"利用垄断力去维持垄断力"。竞争的本质就是相互排斥,如果是由于自己产品的优越性、管理的高效等原因造成对竞争者的排斥,并

---

① Standard Oil Co.v.United States,221 U.S.1,55,61–61,75(1911).

② 郑鹏程:《论"本身违法"与"合理法则"——缘起、适用范围、发展趋势与性质探究》,载王艳林主编:《竞争法评论》,中国政法大学出版社 2005 年版。

不受禁止。

对于"意图"要件,首席大法官怀特(Chief Justice White)认为要从当事人的行为中进行推断,因为当事人自然不会主动承认这一点。他指出,"该主观意图存在于企业所有行为及其整体政策之中",本案中,"被告所进行的许多收购和合并未受到抵抗,这可以初步说明,其意图是维持其对石油产业的支配,这种支配不是由于正常的产业发展方式获得的,而是通过新的联合手段进行的,这种联合的目的是将其他人从贸易中排挤出去,从而使这个联合能进行持久的控制。"①当事人从事正常的商业活动也可能导致其获得垄断力,这时垄断力的获得只是一个附带的结果,当事人的目的是正当的,不具有"获取或维持垄断地位"的"意图";但如果这种力量是由某种非正常的行为所导致的,则要对当事人的动机进行考察,而判定动机的依据则是当事人的行为方式。"企业的反竞争的商业行为不仅仅是企业违法事实的证明,而且还是企业'滥用垄断力'的主观意图的证明。"②可以将这句话解释得更透彻一些,即当事人的行为必须对竞争产生排除限制,这本身就是垄断力滥用行为的事实要件或称客观要件;主观要件即"取得或维持垄断力的意图"也要根据当事人的行为来进行推断,因此主、客观要件都要根据当事人的行为方式来进行证明。

此后,这种三要件分析法大致确定下来,并为许多判例所沿用,主要有:

---

① Standard Oil Co. v. United States, 221 U.S. 1, 55, 61-61, 75 (1911).

② 参见曹士兵:《反垄断法研究》,法律出版社 1996 年版。

1. 1918 年美国政府诉新泽西联合制鞋机器公司案①

该案中,被告新泽西联合制鞋设备公司由七家制鞋商合并而成,然后它又购买了 50 家持有辅助性制鞋设备专利的公司,因此成了美国最大的制鞋设备供应商。该公司按照这一行业的习惯做法,并不将其生产的设备向制鞋生产商出售,而是将其出租。1918年,美国司法部指控其行为构成"垄断力滥用行为"。

联邦最高法院认为,被告的垄断力是通过"正常的发展方式"获得的,上述合并有助于扩大规模,并不必然具有滥用垄断力的主观意图;另一方面,它的专利权的行使方式是合法的,它只对其产品进行出租,这并不妨碍消费者去购买其他经营者的设备,因此并未对竞争造成限制。美国政府未能证明"特定的意图"和"从事了限制竞争行为"两个要件,因而败诉。

2. 1920 年美国政府诉美国钢铁公司案②

该案也以美国政府败诉而告终。被告美国钢铁公司成立于1901 年,由 180 家独立的公司合并而成。最高法院认为,当事人在进行合并时,没有采用任何掠夺性的行为,其垄断力是合法获得的,之后它也没有利用这一力量来实施限制竞争的行为。针对该公司拥有较大规模这一事实,法院指出,"法律(即《谢尔曼法》第2 条)并不认为,单纯拥有规模或单纯拥有(并未实施的)市场力量就能构成'垄断力滥用行为'。我们重申,要认定构成这种滥用行为,必须有公开的限制竞争行为。"③这再次重申了前述的三个要件,并着重强调第 2 条所禁止的是拥有垄断力的企业所从事的

① 参见高菲:《美国反托拉斯法及其域外适用制度》,中山大学出版社 1993年版,第 94—95 页。
② United States v.United States Steel Corp.,251 U.S.417,440-441,451(1920).
③ United States v.United States Steel Corp.,251 U.S.417,440-441,451(1920).

"公开的限制竞争行为",而不是拥有垄断力的状态。

3.1921 年美国政府诉美国罐头公司案①

该案开始于 1916 年,原告在初审中败诉后,又于 1921 年提起上诉,结果被上诉法院驳回。上诉法院指出,"对于企业,国会不愿意仅仅因其拥有规模和市场力量就对其进行规制或控制",然后进一步指出,"垄断力滥用行为"包括两种行为,一种是行为人通过限制贸易的手段非法获得垄断力,另一种是行为人通过合法手段获得垄断力后,滥用垄断力以保持或扩大其垄断力。与前两个判例相比,本案对于"垄断力滥用行为"的类型进行了细分,加深了人们对这种行为的认识。不过严格说来,"通过限制贸易的手段非法获得垄断力"属于《谢尔曼法》第 2 条中所说的"企图垄断行为"(attempt to monopolize),而不是"垄断力滥用行为"(monopolize)。目前美国学界大多认为,非支配企业很难单凭对竞争施加限制而获得支配地位,②并认为"企图垄断"这一概念事实上也并没有发挥太大作用。欧盟及其他国家的反垄断法则只禁止对支配地位的滥用,而未将"通过非法手段获得支配地位"纳入管辖范围,原因也是一样的。本书认为上述判断并不是绝对准确的,掠夺性定价行为便主要是获得支配地位的手段,而不是既有支配地位的利用方式。在从事掠夺性定价行为时,行为人并无支配地位,而如果将其视为支配地位滥用行为,则须首先证明行为人拥有支配地位,这二者正相抵触。

在这一阶段,"垄断力滥用行为"的三要件缺一不可。在前述几个判例中,美国政府未能对三个要素全部予以证明,因而败诉。

①　United States v.American Can Co.,230F.859,901-902(D.Md.1916).
②　在后文"掠夺性定价"一章里,将阐明这一看法的局限性。

一般说来,证明被告具有垄断力,以及证明其实施了限制竞争行为,相对说来都比较容易,而且如果连这两点都无法证明,则至少说明被告的行为尚未严重地妨碍竞争。但证明"意图"往往难度较大,虽然可以"从企业所从事的与产业发展的正常方法相背离的行为中,寻找从事垄断的特定意图",①但在许多比较模糊的情况下,"意图"因素仍不容易证明,因而到了第二个阶段,"意图"的证明方法有了新的发展。这一阶段始于1945年的美国政府诉美国铝公司案,终结于1966年的美国政府诉格林耐尔案。

二、第二阶段

(一)"垄断地位—行为"分析法——1945年美国政府诉美国铝公司案②

美国铝公司(Alcoa)是1888年9月18日依宾夕法尼亚州法律成立的公司,主要生产和销售铝锭。1895年又开始生产铝制品。后来,Alcoa通过和专利权人订立合同,取得了制定铝制品工序的专利权的独占许可。至1909年,Alcoa已排除了所有竞争者,垄断纯铝产品制造及其制造工序。后来该公司又与外国铝制品生产商订立了四个卡特尔合同,一方面限制Alcoa的铝产品的出口,另一方面限制外国铝制品生产商向美国的进口,其中还伴有价格固定协议。由于这些卡特尔及其他限制性行为,美国政府于1912年对它提起诉讼,最后双方达成和解。1940年,美国政府再次指控美国铝公司垄断了州际和外国的商业,构成了《谢尔曼法》第2条的"垄断力滥用行为",要求将其解散,但在初审中败诉,上诉

---

① United States v.United States Steel Corp.,251 U.S.417,440-441,451(1920).
② United States v. Aluminum Co. of America (Alcoa) 148 F.2d 416 (2d Cir. 1945).

后,部分初审判决被维持,部分被撤销并发回重审。上诉审中,法官汉德(Learned Hand)指出:

1. 当事人须拥有垄断力,才会违反《谢尔曼法》第 2 条。如果一个公司在相关市场上占有 90% 以上的市场份额,该公司就是垄断者;占有 60% 到 64% 则有成为垄断者的嫌疑;占 33% 的市场份额显然不构成垄断。本案中 Alcoa 公司在铝锭市场的市场份额被认定为 90%,因而被认为拥有垄断力。这在某种程度上把市场份额庞大与支配地位等同起来,表明当时对支配地位的本质尚达不成清晰认识。而拥有庞大的市场份额只是支配地位的构成要件之一,而不是充分条件。

2. 但仅凭当事人拥有垄断力,尚不能对其予以制裁。"我们不能得出这样的结论,即仅仅因为美国铝公司拥有垄断力,就认为它在铝市场上从事了垄断力滥用行为……垄断可能是强加给它的……其个生产商从一群积极的竞争者中幸存下来,可能仅仅是因为其卓越的技术、远见和勤勉……《谢尔曼法》并不打算谴责由于这些因素而产生的结果,这些结果正是它所力图培育的……"。与第一阶段一样,必须能够证明被告实施了限制竞争行为,才能认定其构成滥用行为。换成欧盟法的语言,意思是支配地位的存在本身并不违法,违法的是对支配地位加以滥用;而所谓滥用,是指利用这一地位实施限制竞争行为,以妨碍现有竞争者扩大产出,或阻止潜在竞争者进入市场。

3. 但对于"意图"的认定,则有了新的发展。与怀特大法官不同,汉德认为不必证明当事人具有什么"特定的意图",因为"没有一个垄断者不知道自己在干什么",[①]不仅如此,"一直受到鼓励去

---

① 英文原文为"No monopolist monopolizes unconscious of what he is doing"。

参与竞争的成功竞争者,在胜利后一定不会放手"。因此,垄断企业的垄断力继续存在本身,就可以说明其意图在于维持这种垄断力,只要它利用这种力量从事了限制竞争的行为,就可认定为出于故意。

乍看起来,汉德法官似乎把怀特法官的三要件变成了"垄断力—行为"两要件,而省略了对意图进行证明的步骤。但在汉德法官的思路中,在具有垄断力与从事垄断行为之间有一个重要的联结,即"没有一个垄断者不知道自己在干什么",因此,这种思路并未摒弃意图要件,而是将举证责任倒置了,即只要被告具有垄断力,而且从事了限制竞争的行为,法院即可推定该行为是有意图的,当事人如想表明自己的行为并不违法,则必须举证来说明自己的确没有这种意图,其行为的确是在追求某种正当目的,而这种正当目的的实现"顺便"地给它带来了支配地位,因而垄断地位是"不期而遇的"(unexpected),是"无法避免的、并未特意追求的外力所强加的"(be thrust upon)。比如如果垄断地位是由于先进的技术、先进的管理、优越的自然条件造成的,并且由于这些原因而一直延续下来,则可以构成有效的抗辩。

在本案中,汉德法官认为,在长达二十五年多的时间里没有其他公司能成功进入 Alcoa 公司所在市场,而与此同时 Alcoa 公司的产量却增长了 800%,这表明 Alcoa 公司的垄断地位主要不是由于其技术先进或经营的成功,而是由于其防止、阻碍新的竞争者进入市场,而这是非法的。

(二)美国铝公司案原则的应用与发展

在 1946 年美国烟草公司诉美国政府案①中,最高法院再次采

---

① American Tobacco Co.v.United States,328 U.S.781,811-814(1946).

用了上述判例的立场,认为垄断企业必须是具有"获取或维持垄断地位"的意图时,其排斥性行为才受禁止,但这个意图不需要特别证明,而可采用推定方法,"因为没有一个垄断者不知道自己在干什么";但如果企业是通过正常发展而"自然而然地"获得或维持了垄断力,则认为其并不具有上述"意图"。

1953年美国政府诉美国联合制鞋机器公司案①也是如此,但对于当事人的抗辩提供了更明确的标准。维赞斯基大法官(Judge Wyzanski)认为,企业获得垄断力,哪怕并没有实施排斥他人的行为,只要其垄断力得以持续,其行为仍构成了"垄断力滥用行为",除非该企业能证明,垄断地位的取得和维持完全是因为"技术先进,质量优越,拥有自然优势(获得原材料或进入市场的渠道畅通),拥有经济与技术效率(包括科研效率),长期无歧视地保持较低的利润,或是由于其被授予某种许可权(包括由公共机构向企业授予的发明专利、特许权)并且其使用范围没有超过法律允许的范围",这样它才能免除责任。本质上,这仍然是在采用推定方法,将举证责任倒置,即只要支配企业的行为具有排斥性,即推定其构成滥用行为,但允许它进行抗辩;同时,对抗辩理由作了具体的说明与举例,从而将"不期而遇的"、"被强加的"等含糊标准予以一定程度的具体化。这两个案件似乎在延续并加强美国铝公司案所形成的做法。

1966年美国政府诉格林耐尔公司案②也是如此,进一步强化了前一案件的做法,即当垄断企业从事限制竞争的行为时,根据其拥有垄断力这一事实推定其具有排斥的意图,除非对方能够提出

①　United States v.United Shoe Machinery Corp.110F.Supp.295(D.Mass.1953),aff'd per curiam,347 U.S.521(1954).

②　United States v.Grinnell Corp.,384 U.S.563,570-571,576-581(1966).

合理的抗辩,证明其垄断力是"被强加的"。

可见,在 20 世纪 70 年代之前,支配企业只要从事了限制竞争的行为,大多是凶多吉少——按照美国政府诉美国联合制鞋机器公司案中维赞斯基大法官的观点,即使并未从事限制性行为都有可能平白无故地承担自证清白的义务。当时正是哈佛学派占据主导地位的时期,反垄断法在很大程度上是以维护竞争本身为目标,因而对限制竞争的行为十分警惕并且倾向于持敌视态度,这与此后的芝加哥学派有重大差别,后者不仅考察当事人的行为是否限制竞争,而且关注其是否能够产生效率,如果效率足以弥补其限制性效果所带来的负面影响,则认定其合法。

但即便如此,上述案件也已经表现出对行为的积极效果的关注,支配企业从事限制性行为原则上是违法的,但允许当事人以"不期而遇"、"被强加"等理由进行抗辩。这种表述十分拗口,非常不利于透彻揭示本质,这是判例法模式下常见的缺陷,其所采用的语言不像成文法那样深思熟虑。按照人们现在的认识水平来解读,其实质含义应当理解为:(1)本人并未从事限制竞争的行为,支配地位的获得是由于产品优越,吸引了大多数消费者。(2)本人的行为虽然限制了竞争,却是实现某种效率所必需的,否则将阻碍这些效率的实现。因此对垄断力滥用行为的分析方法与对垄断协议的分析方法一样,其合法性均取决于正负效果的比较。不过在芝加哥学派取得主导地位之前,这一思路并没有得到显性的表达,而且当时反垄断法对于各种垄断行为一般都能产生哪些积极效果并不了解——对这些积极效果的挖掘,主要是芝加哥学派的贡献。

三、第三阶段

芝加哥学派占主导地位是 20 世纪 70 年代之后的事。自 1969 年美国诉国际通用商业机器公司案（即 IBM 案）起，美国法院发现以往的做法有失偏颇，开始了对传统理论的系统怀疑，这对哈佛学派失去主导地位起到了重要作用。

该案中，美国司法部指控 IBM 将硬件、软件和有关的辅助服务捆绑在一起销售，使那些单纯生产其中一种的企业无法在这一市场生存下去；它还采用掠夺性定价来排挤竞争对手，因而其行为构成"垄断力滥用行为"。IBM 辩称，政府这样做是在惩罚成功者，而不是在惩罚反竞争行为，"曾经被动员起来参与竞争的成功的竞争者，不应在它获得成功时被当作法律制裁的对象"。[①] 但这样的辩护只能算是牢骚话，不能讲清楚道理。该案的审理持续了十几年，后来由于微软、苹果等公司兴起，IBM 已经不再拥有垄断力，政府于 1982 年撤诉。时任反托拉斯事务主管的威廉·巴克斯特（William Baxter）认为，"这一产业本质上是竞争性的，政府重组计算机市场的企图，可能不是促进而是损害了经济的效率"。[②] 自这一案件开始，人们注意到在一些新兴的产业，需要对传统反垄断法理论进行修正，以便在促进技术创新与反对垄断之间达到更好的平衡。

自该案以后，美国关于支配地位滥用行为的分析思路更加清晰、明确。首先，须证明当事人拥有垄断力；其次，其行为对竞争产生排除、限制，从而有可能阻止竞争者扩大产出，或阻止潜在竞争

---

① 参见 IBM Antitrust Suit Records 1950－1982，见 http://www.hagley.lib.de.us/1980.htm，2006－6－31。

② 唐绍欣：《美国垄断与反垄断：案例、趋势和借鉴》，《国际经济评论》2001 年第 9 期。

者进入市场;最后,推定其违法,除非行为人能够证明其行为具有合理的理由,即其所施加的限制旨在追求某种积极效果,并由此增进效率。对于"意图"则不必过于纠结:当事人如果能证明其行为旨在追求积极效果,则其"意图"自然是良好的;如果不能证明这一点,则只能是出于不良的"意图",这样一来,意图本身作为独立考察因素的必要性就十分有限了。芝加哥学派对各种限制性行为可能产生的积极效果进行了深入的挖掘,这些积极效果是哈佛学派所不知道的——哈佛学派并非不认可效率的重要性,但在它看来,效率是经由竞争产生的,因而在很大程度上把维护竞争当成了反垄断法的目标,把限制竞争的行为看成是反效率的;而芝加哥学派则认识到竞争与效率有发生冲突的可能性,有时对竞争施加限制反而是增进效率所必需的,这种情况下应当对这些限制持容忍态度。

不过这一进展仍有反复,传统思维方式仍然时不时体现它的影响,而且不仅在美国是如此,欧盟也犯过同样的错误。1999年美国微软案①、欧盟2007年微软案②都是很好的体现。美国微软案一发生即受到人们广泛关注,抨击微软的人很多,同情者也不少,一时间众说纷纭,但都没有弄清个所以然,这表明软件产业的特点确实给当时的反垄断法带来了很大的挑战,人们注意到了这些新特点,却没有能力认识其本质,更无力提出有效的解决方案。由于案件以和解告终,这场争论也就缺少了进行检验的载体,最后是以不了而了之。欧盟微软案则仍然固守传统思维,出现了偏差。通过对这两个案件的回顾,可以对反垄断法原理达成更深入的认

---

① United States v.Microsoft Corp.,253 F.3d 34,90(D.C.Cir.),cert.Denied,534 U.S.952,122 S.Ct.350(2001).

② EC Mocrosoft [2007] ECR Ⅱ-3601 at [927].

识,这将在本书"搭售"一章中进行详细讨论。

人类进入 21 世纪,进入知识经济与全球化时代,大企业越来越体现出其重要性,人们认识到"大企业已成为经济进步的发动机",①对它的敌意减轻;另一方面,在计算机软件,以及建立在软件基础上的互联网产业等"新经济"产业中出现了许多新的特点,由于对这些产业的规律性尚缺乏准确的把握,反垄断法的适用更需要进行详细的正负效果比较。本书主要借助于美国与欧盟的微软案,以及我国的奇虎诉腾讯案,②尝试对软件与互联网领域的反垄断法适用问题进行探索。

第三节　欧盟竞争法对支配地位滥用
行为的一般调整方法

欧盟竞争法产生之初,显然也受到当时美国法的影响。1957年《罗马条约》第 86 条(后改为《欧盟条约》第 82 条,即现在的《欧盟运行条约》第 102 条)规定:"一个或多个企业,滥用其在共同市场上,或在其重大部分中的支配地位,如果有可能影响成员国间的贸易,则被视为与共同市场不相容而被禁止。这类滥用主要有:

(a)直接或间接强加不公平的购买或销售价格,或其他不公平的贸易条件;

(b)限制生产、销售或技术开发,从而使消费者蒙受损害;

(c)对同等交易的其他贸易伙伴适用不同的条件,从而使其处于不利的竞争地位;

---

① 熊彼特:《资本主义、社会主义和民主》,商务印书馆 1979 年版,第103 页。

② 中华人民共和国最高人民法院民事判决书(2013)民三庭终字第 4 号。

(d)使合同的缔结取决于贸易伙伴对于额外义务的接受,而无论是依其性质还是按照商业惯例,该项额外义务均与合同的标的无关。"

可以看出,与美国反托拉斯法一样,该条所禁止的是支配地位的滥用,而不是支配地位本身。在其实施早期,有些倾向于严格按照字面意思来理解,支配企业从事上述各类行为时,似乎基本上就必定违法了,但随着执法经验的丰富,人们越来越认识到这样做的僵硬性,而倾向于学习美国的进展,对支配企业的限制性行为的实际效果进行经济学分析,允许当事人进行抗辩。这与其第101条关于垄断协议的规定遵循着同样的套路,第101条里所说的"禁止"只起到确定立法管辖权的作用,当事人行为在实体意义上是否合法,取决于其所产生的正负效果的比较,具体体现为第101条(3)所规定的四个豁免条件;①或者说,第101条起到违法推定的作用,允许当事人依据豁免条件进行抗辩。

---

① 第101条规定:"1.所有可能影响成员国间的贸易,并以阻碍、限制或扭曲共同市场内的竞争为目的或有此效果的企业间协议、企业协会的决议和一致行动,均被视为与共同市场不相容而被禁止,尤其是下列行为:(a)直接或间接地固定购买、销售价格,或其他交易条件;(b)对生产、销售、技术开发和投资进行限制或控制;(c)划分市场或供应来源;(d)对同等交易的其他贸易伙伴适用不同的条件,从而使其处于不利的竞争地位;(e)使合同的缔结取决于贸易伙伴对额外义务的接受,而无论是依其性质或按照商业惯例,该项额外义务均与合同的标的无关。2.为本条所禁止的协议或决议自动无效。3.但下列协议、决定或一致行动,如果有利于改善产品的生产或销售,或有利于促进技术和经济进步,同时使消费者能公平分享由此产生的利益,并且(a)不对企业施加对这些目标之实现并非必不可少的限制;(b)不致使企业有可能在相关产品的重要部分消除竞争,则第(1)项的规定不适用:——企业间的任何一项协议,或企业间任何种类的协议;——企业协会的任何一项决定,或任何种类的决定;——任何一项协同行为,或任何种类的协助同行为。"

为详细阐明关于支配地位的反垄断分析方法,欧盟委员会决定制定一部指南,并于 2005 年发布了一个《对排他性滥用行为适用第 82 条的委员会征求意见稿》(以下简称《征求意见稿》),在此基础上最终于 2009 年颁布《关于对支配企业的排斥性行为适用〈欧共体条约〉第 82 条的执法重点指南》①(以下简称《欧盟支配地位滥用行为指南》),按照这一指南,支配地位的分析需要经过三个步骤。

一、认定当事人在相关市场上拥有支配地位

所有非法垄断行为的最终目标,②是通过提高价格的方式实现利润最大化。但要做到这一点,必须拥有市场力量。本书将"市场力量"作为特定术语使用,即能够通过提高价格的方式增加利润的力量,而其产生原因在于"消费者别无选择"。若干个经营者间达成垄断协议是形成市场力量的一种方式;某个经营者仅凭一己之力就能拥有这种地位与力量的,在欧盟竞争法称为"支配企业",其所拥有的这种地位称作"支配地位"。非支配企业不可

---

① 本指南全称为"Guidance on the Commission's Enforcement Priorities in Applying Article 82 of the EC Treaty to Abusive Exclusionary Conduct by Dominant Undertakings",中文全译应为"适用《欧共体条约》第 82 条查处支配企业的滥用性排斥行为时的执法重点指南",后文简称为《欧盟支配地位滥用行为指南》。

② 这里强调"非法"两个字,是因为在中国反垄断法,"垄断"一词是中性的,它只意味着当事人的行为对竞争产生排除、限制,并有可能给当事人带来(或维持)提高价格的能力,但这样的行为如果最终是增进社会总产出的,则是合法的。只有减少社会总产出的垄断行为才是非法的。支配企业追求合法目标时,其行为也有可能对竞争产生排除与限制,而且有减少社会总产出的可能性,这时应将其认定为垄断行为,依据反垄断法进行考察,但最终有可能是合法的。

能拥有提高价格的能力,也没有力量从事其他给消费者增添负担的行为,因为在其行为不符合消费者的利益时,后者的需求会转向其他经营者的替代性商品。因此欧盟竞争法对非支配企业的单方行为不予过问。"评价某个企业是否拥有支配地位,以及其拥有多大的市场力量,是适用第 82 条的第一步。"①

二、支配企业从事了剥削性行为或排斥性行为

根据《欧盟支配地位滥用行为指南》第 1 段,"根据判例法,企业拥有支配地位本身并不违法,而且该企业有权利用这一地位进行竞争。但该企业负有特殊责任,其行为不得损害共同市场上的有效竞争"。即反垄断法并不禁止支配地位本身,而是禁止其滥用。但关于何谓滥用,支配企业负有何等特殊责任,负有这种责任的理由,以及其损害有效竞争的方式,却缺乏透彻的表述。

在《征求意见稿》中,曾试图对"滥用行为"进行定义:"这是一个有关支配企业的行为的贬义概念,它影响市场结构,由于该企业的存在,该市场上的竞争程度受到了削弱,而它又采用与产品、服务的正常竞争条件下不同的手段,阻碍市场上现有竞争程度的维持或增长。"②这一表达很难说是清晰的。它似乎含有两层含义:(1)支配企业的存在本身表明这一市场的竞争是不充分的;(2)而它又采取了不符合正常市场条件的行为,进一步压制来自他人的竞争,以维持自身的支配地位。但何谓"与正常市场条件不同",什么叫"现有竞争程度的维持或增长",则没有说到位——支配企业的存在本身说明市场上并不存在有效的竞争,没有什么力量能

---

① 《欧盟支配地位滥用行为指南》第 9 段。
② 参见欧盟委员会 2005 年《对排他性滥用行为适用第 82 条的委员会征求意见稿》第 57 段。

够阻止该企业提高价格,而不仅仅是表明"竞争程度受到削弱"。在 2009 年正式的指南颁布时,连这一定义也被删除,却又没有提供其他指导。要想对"滥用行为"达成清晰理解,需要对反垄断法原理达成更透彻的体会。

（一）剥削性滥用行为

既然构成支配企业,意味着它已经拥有使消费者"别无选择"的力量,相关市场即使存在竞争者,也不足以阻止其通过提高价格的方式增加利润。如果这种地位是由于其产品优越、服务完善或拥有知识产权等原因所致,反垄断法没有反对的理由,否则将损害效率,于消费者利益有损,而与竞争法本身的宗旨相违背。但如果支配企业滥用这一地位提高价格,则构成对消费者的直接剥削,是反垄断法所反对的。在欧盟反垄断法,这种"过高定价"行为称为"剥削性滥用行为",《欧盟运行条约》第 102 条第 1 项所禁止的就是这种行为。① 所有非法垄断行为的最终目的,就是从事"剥削性滥用行为"。

但现实生活中,"过高定价"并不容易认定。价格经常随市场供求关系波动,有时甚至可以偏离其成本很远,而经营者应当有权根据市场行情决定自己的价格,即便是支配企业也不应例外,因此不太容易确定支配企业的价格过高是由于供需关系所致,还是利用其支配地位的结果。在各国反垄断法实践中,几乎没有发生过

---

① 《欧盟运行条约》第 102 条第 1 项所禁止的"直接或间接强加不公平的购买或销售价格,或其他不公平的贸易条件",通常被泛称为"过高定价行为",指支配性的卖方采用高于竞争性水平的销售价格,或支配性的买方对其供应商采用不公平的购买价格。反垄断法一般把关注重心放在卖方垄断的情形,但其所形成的理论与规则对买方垄断是同等适用的。本书中也主要是从卖方垄断视角来进行讨论,将这些行为统称为"过高定价"。

认定过高定价的案例,造成这一局面的另一个原因是,由于支配企业在提高价格的同时必须对竞争者进行排斥,因而反垄断法可以捕捉这些"排斥性滥用行为",这通常比认定"过高定价"容易得多。《欧盟支配地位滥用行为指南》就主要是针对这些排斥性行为而发布的指南,其第 7 段指出,"直接剥削消费者的行为,例如采用过高定价或其他一些阻碍统一的内部市场的行为,也可能会违反第 82 条……但为了给执法重点提供指导,本指南只关注排斥性行为。"这说明为"剥削性滥用行为"提供指南的要求并不迫切,而其主要原因在于,实践中一般并不需要直接追究过高定价行为。

进入 21 世纪以来,由于生产过程中标准化程度的提高,在标准必要专利的许可中,反垄断法却不得不直接面对"过高定价"问题。一项专利被纳入标准后,对于该标准的使用人来说,除了得到这项专利以外别无选择,因此专利权人相对于使用人拥有支配地位,而且这一地位被标准本身所维持,并不需要专利权人采取排斥性措施,反垄断法无法捕捉到"排斥性滥用行为",只能直接对其定价行为"开刀",这时人们才发现,传统反垄断法并没有对"过高定价"进行认定的能力。

(二)排斥性滥用行为

1.排斥性滥用行为的概念及其主要类型

在支配企业提高价格时,消费者的需求虽然一时无处转向,但其转向的意愿不会停息,由此决定了竞争性的经营者增加产出的努力也不会停止,并将逐年呈加速度趋势;而潜在竞争者也会努力进入市场,支配企业涨价的幅度越高,持续时间越长,潜在竞争者进入相关市场的意愿也越强烈。如果不能对这两类经营者进行排斥,支配企业的地位终将被消除——它也许能够赚取两三年的垄断利润,但最终将被消费者彻底抛弃,从稍长期一点的视角看,对它来说是得不偿失的。因此要想长期维持自己提高价格的能力，支配企业必须同时从事排斥性行为，以阻止现有竞争者扩大产出，阻止潜在竞争者进入市场。《欧盟支配地位滥用行为指南》第19段指出，"反竞争的排斥（anti competitive foreclosure）一词在本指南中是指，支配企业的行为阻碍实际竞争者、潜在竞争者有效从事供应活动或销售活动，或消除其从事这些活动的可能性，从而使得该支配企业能够以损害消费者利益的方式，通过提高价格来增加利润。"现有竞争者扩大产量，潜在竞争者进入市场，这是相关市场上增加产出的两种来源，支配企业从事排斥行为的目的，就是阻止这两种来源增加产出，如此才能将自己提高价格的能力长期维持下去。

排斥的方式有很多种，包括但不限于《欧盟运行条约》第102条各项所列的行为类型。这些排斥有的是直接针对竞争者实施，使其无法获得增加产出的必要条件；有的则是通过对消费者的束缚或引诱来实现，使竞争者虽然有能力增加产出但无法为自己的商品获得足够的消费者，最终无法维持自己的生存。

前者以拒绝交易行为为例。支配企业所拥有的某项设施是竞争者进入下游市场的关键设施时，拒绝对该设施授予使用许可就能够消除下游市场上的竞争，从而维持自己在下游市场提高价格的能力。《欧盟运行条约》第102条没有列入这种行为，但实践中已有许多判例，并形成稳定的分析方法。

后者则有束缚与引诱两类情形。搭售行为是主要的束缚手段之一，即《欧盟运行条约》第102条（d）所说"使合同的缔结取决于贸易伙伴对于额外义务的接受，而无论是依其性质还是按照商业惯例，该项额外义务均与合同的标的无关"。行为人利用自身在一个商品市场上的支配地位，迫使消费者同时接受另一种独立的商品,则可以对后一市场的竞争者产生排斥作用。这并不是由于其后一商品比竞争者的同类商品优越,而是由于消费者对其第一种商品的依赖性,这对消费者产生束缚效果。

而掠夺性定价则是采用引诱的方法。支配企业提高价格时担心竞争者增加产出,有时会以掠夺性定价作为威慑手段。如果对方增加产出,则将把自己的价格降到成本以下,从而将对方的消费者吸引过来,使对方无法生存。不过在多数情况下,排斥的目的并不在于将竞争者赶出市场,而在于迫使对方放弃扩大产出的意愿。当然,理想的情况下最好是使自己成为所谓"垄断者",并将现有竞争者完全驱逐出去,但这样做的代价是巨大的,而且对支配企业来说也并非必需,只要能使竞争者受到抑制,使其在自己涨价时不敢扩大产出,而是乖乖地跟着涨价,使得自己的高价格能够维持下去,这对支配企业来说就足够了。因而"排斥"并不意味着必须将竞争者彻底排除,只需要证明竞争者受到了抑制即可。

《欧盟运行条约》第102条(c)所针对的"对同等交易的其他贸易伙伴适用不同的条件,从而使其处于不利的竞争地位",反垄断法一般简称为"价格歧视",根据美国法,其主要的排斥性效果有二:(1)卖方对其他卖方的消费者采用低于自己成本的价格,将这些消费者吸引过来,从而使其他卖方无法生存;(2)对自己的不同买方采用不同的价格,从而使这些买方相互间处于不平等的竞争地位,最终使自己所偏袒的一方获得竞争优势。[1] 欧盟的规定只能涵盖后一层意思,但在其实践中已经通过判例法作出有效的补充,其实际做法与美国是相同的,而且第一类排斥行

---

[1]　参见许光耀:《价格歧视行为的反垄断法分析》,《法学杂志》2011年第11期。

为同时也构成掠夺性定价行为,因此对这种行为进行调整也于法有据。

《欧盟运行条约》第 102 条(b)禁止支配企业"限制生产、销售或技术开发,从而使消费者蒙受损害",这种情形则更加复杂一些。从字面上看,"限制"应包括对自己的限制,也包括对竞争者的限制。有些情况下,这些行为可以用作提高价格的手段。支配企业可能感到不太容易确定什么样的价格对自己更合适,则可以采用"限制自己的产出"等办法,由市场形成价格,但由于产出减少,这时的市场价格必定高于竞争性的水平,因而是对消费者有害的。这本质上是过高定价行为,不一定需要列为独立的滥用行为类型。也可以是指对竞争者的生产、销售、技术开发进行限制,但一般说来,它缺乏这样做的直接手段,支配地位是让消费者别无选择的地位,而不是让竞争者别无选择的地位,它通常只能通过对消费者的影响来左右后者的行为,比如搭售、掠夺性定价都是对消费者产生束缚或诱惑,从而对竞争者产生排斥,第 102 条既然已经对这些行为类型进行了列举,就没有必要再将"限制生产、销售或技术开发"再列为独立的类型。1957 年订立《罗马条约》时,①人们

---

① 欧盟竞争法起源于 1957 年《建立欧洲经济共同体条约》即《罗马条约》,《欧盟运行条约》第 102 条即当时的第 85 条,随着欧盟立法的修订,变成后来的《欧盟条约》第 81 条,然后变成现在的第 102 条。变化的只是条文的序号,其内容并没有发生变化。在 1957 年时,欧盟对反垄断法的原理尚缺乏到位的理解,因而条文的设计也很难做到完美,第(b)项的规定大概是参考对于垄断协议的理解。在美国法上,横向固定价格、限制产量、划分市场的协议是本身违法的,欧盟在支配地位滥用行为的设计上,也把固定价格(过高定价)、限制产量、划分市场作为最严重的限制性行为类型,第(b)项对应着"限制产量"。但划分市场必须存在多个竞争者,因此在关于支配地位的规定中,没有将其列为滥用行为类型。在实践中,第(b)项基本上没有实际发挥作用。

对反垄断法的了解尚不深入,因而并不是每个条文都设计得十分周延。

2. 排斥性滥用行为的对象:具有同等效率的经营者

支配企业从事的排斥行为,须对竞争者有所排斥,才会构成垄断行为,而排斥的目的是长久地维持过高定价的能力。

但竞争者之间关系的本质就是相互排斥,任何试图取得竞争优势的行为,都必然降低竞争者的竞争力;在任何经营者发展壮大的过程中,都会伴有许多低效率企业的销售量减少,甚至被淘汰。这些排斥性并不构成滥用行为,因为优胜劣汰是竞争的自然过程,竞争并不保护落后的竞争者。反垄断法所反对的是利用市场力量进行排斥,而不是凭借产品优越、管理完善、技术选进——从而在同等性价比的产品上定价最低而取得竞争优势。

因此从本质上说,只有那些会使"具有同等效率的竞争者"受到排斥的行为,才会构成支配地位滥用行为。这一本质在掠夺性定价行为的实施过程中得到最充分的体现。对于何谓"有同等效率",欧盟指南本身没有作出具体规定,但根据反垄断法原理,本质上是指与支配企业有着同样的成本水平。竞争性条件下,商品的价格应当趋近于成本,每个企业都有权按成本定价,成本较高的企业当然支撑不了多久。支配企业如要排斥效率较低(即成本较高)的经营者,只需要按自己的成本定价即可,这是反垄断法所鼓励的;但这一价格无法排斥具有同等效率的企业,因为后者能够承受同样的价格。这时它必须把价格降到成本以下,即采用掠夺性定价。

比如,甲、乙、丙三家企业生产的 W 产品质量相当,生产单位产品的成本分别是 10 元、10 元、12 元。甲、乙可以承受的价格为10 元,而丙承受不了这一价格,因而丙不是与甲"具有同等效率的企业",而乙则是。甲定价 10 元会使丙遭到淘汰,这不是反垄断法所反对的,反垄断法正是想让价格趋近于成本。但如果它想排斥乙,就必须动用市场力量:(1)可以采用掠夺性定价行为,使价格低于成本(比如定价 9 元),从而将乙的消费者吸引过来,而乙无法承受这样的价格,终将被淘汰。一般说来低于成本销售是亏损的,与企业的正常理性不相符,通常只能是出于排斥竞争者的目的。[1] 反垄断法鼓励经营者竞相降低价格,但并不鼓励他们竞相亏损,因为亏损经营是不可能持久的,在排除竞争者以后,必定会把价格提升回来,不仅弥补其亏损,还要获得超竞争性的利润——由于竞争者已经被排除,这时就没有什么力量能够阻止它提高价格了。反过来,如果支配企业的价格是"具有同等效率的竞争者"也可以承受的,则该价格行为便不需要反垄断法过问。因此,"定价低于成本"是掠夺性定价行为的一般构成要件,只有这样才能反映出,行为人所要排斥的是"具有同等效率的竞争者"。[2]　(2)甲企业也可以采用非价格行为,比如利用消费者对其 Y 产品的依赖性进行搭售,要求消费者在购买其 Y 产品时同时购买其 W 产品,这使得消费者无法选择乙的产品,从而对乙企业造成排斥。在具体操作上,由于这些行为不是价格行为,不必进行成本与价格的比较,因而不必考察被排斥者是不是具有同等效率,但本质上,仍然是以同等效率的竞争者为考察对象:即使对方是有同等效率的企业,也会受到搭售行为的排斥。

　　不过以上所说只适用于对现有竞争者的排斥。要想长期维持提高价格的能力,支配企业还必须阻止潜在竞争者进入市场,而后

---

[1]　但有时低于成本定价是为了减少亏损,则不在此列。详见本书"掠夺性定价"一章。

[2]　《欧盟支配地位滥用行为指南》第 27 条。

者在进入市场之初必定会发生一些额外成本,比如它要建设厂房、建立销售渠道,这些费用都是该市场的现有竞争者不必花费的;此外,进入市场之初不会很快实现规模经济与范围经济,这同样会使其成本水平高于既有的竞争者。这种情况下,"同等效率"的判断须具有前瞻性:新的进入者之所以敢于进入,是确信自己的产量增加后,成本水平将下降到"同等效率"的水平。目前的成本较高,并不妨碍将其认定为"同等效率的竞争者";支配企业如果在这时从事掠夺性定价将其排斥出去,其定价也不必低于自身的成本。①

在采用搭售、拒绝交易、限定交易等非价格行为排斥竞争者时,则不涉及"同等效率"的问题。

3. "排斥性"的证明

支配地位已经是不存在有效竞争压力的市场地位,如果支配企业的行为对竞争者产生进一步的排斥,天然具有延长其支配地位的可能性,因此一般应认定为垄断行为,依据反垄断法进行审查。《欧盟运行条约》第 102 条对主要的排斥性行为类型进行了列举,但需要强调的是,一方面,这一列举不是穷尽性的,而属重点举例,除此之外的行为类型,如果能证明其对竞争者产生了排斥,同样应认定为垄断行为——这时应由原告负举证责任;另一方面,这种列举只应起到推定的作用,在少数情况下,即便是其所列的行为类型也并不必然具有排斥性,这时至少应当允许行为人提出抗辩。

以《欧盟运行条约》第 102 条(d)所列的搭售行为为例。在美

---

① 详细分析见后文"掠夺性定价"一章。

国微软案①中,微软公司将 explorer 浏览器植入 Windows 系统的行为被指控为搭售行为,并被指控为对竞争性产品 Navigator 浏览器产生排斥作用。在该案发生时,电脑用户对上网业务还不熟悉,很多用户不太清楚如何对浏览器进行卸载与安装,因而这一行为可能的确会对 Navigator 浏览器有所排斥。但在 2007 年欧盟微软案②判决时,情况发生了很大改变。在该案中,虽然微软公司将其媒体播放器植入 Windows 系统中,但由于电脑用户对于软件的卸载与安装已经十分熟悉,而且浏览器都是免费的,消费者安装一种媒体播放器并不妨碍其同时安装另一种,因此这一植入行为对其他人的媒体播放器并不足以产生排斥性,而不具排斥性的行为不会构成支配地位的滥用。欧盟初审法院在该案中认定微软的搭售行为构成支配地位滥用行为,是有瑕疵的。

三、抗辩理由

《罗马条约》颁布时,对支配地位滥用行为的认识尚不深刻,因而第 86 条(即现在的《欧盟运行条约》第 102 条)对这些行为的措辞十分严厉,在字面上一律禁止,没有给予抗辩的机会。但随着实践的增多,人们认识到这样做是不可行的。垄断行为只是有减少总产出的可能性,但许多垄断行为又有可能产生积极效果,从而又有增进产出的可能性,因此垄断行为的合法性取决于其正负效果的权衡比较。对垄断协议来说是如此,对支配企业从事的排斥性行为来说同样如此。

---

① United States v.Microsoft Corp.,253 F.3d 34,90(D.C.Cir.),cert.Denied,534 U.S.952,122 S.Ct.350(2001).

② EC Mocrosoft [2007] ECR Ⅱ-3601 at [927].

　　支配企业从事排斥性行为的,如果能证明存在客观合理的理由,或者能证明其行为符合效率的要求,其所产生的效率大于其所产生的负面效果,则可以不受第 102 条禁止。对于垄断协议来说,两种效率的比较过程体现为第 101 条(3)所规定的豁免制度,但《罗马条约》制定时,只考虑到垄断协议有可能产生效率,对支配地位滥用行为则没有规定类似的制度。这一缺陷由以后的判例法得到补充,欧盟委员会的《欧盟支配地位滥用行为指南》是对这些补充所作的系统梳理。指南中所列的抗辩理由有两种:客观必要性抗辩与效率抗辩,①这两种抗辩理由就是其积极效果的表现形式。根据该指南第 31 段,支配企业须为其抗辩理由负举证责任。

　　(一)客观必要性抗辩②

　　支配企业可以证明,其所采取的排斥性行为是出于客观原因而不得不采取的,比如由于产品具有危险性,基于安全或健康的考虑,必须对买方搭售自己所产的零配件,而不能允许买方使用竞争性的零配件。在"客观必要性"的判断上,不能只看当事人的表

---

① 《欧盟支配地位滥用行为指南》第 28 段。
② 《对排他性滥用行为适用第 82 条的委员会征求意见稿》还允许当事人提出应对竞争抗辩,支配企业可以证明,由于竞争者的行为会使自己蒙受损失,为应对这一竞争,从而使自己的损失最小化,这一行为是必须的措施。一般说来,面对竞争者的竞争行为,任何企业都有权利维护自己的利益,支配企业也不例外。如果竞争者进行降价,则支配企业也有权进行降价,以减少自己的损失。但这必须是对其他人降价行为的回应,是"应对",而不能先发制人,更不能用于排斥竞争者,如果支配企业在应对的同时,又增加额外投资来扩大产出,则超出了应对的意义,因为扩大产出并不是在减少直接由对方造成的损失,扩大产出与减少损失是相矛盾的,说明这是挑战,而不是应战。另一方面,其应对措施应当与其竞争者的行为所致损失相称,支配企业必须证明,要使自己的损失最小化,没有其他限制性更少的方法。

述,也不能单纯因为竞争者的替代性零配件质量差一些而对其进行排斥,是不是会引起"健康与安全"问题必须"依据外部因素"来确定,尤其是要参照政府所制定的健康与安全标准,而不是由支配企业说了算。① 而且这些因素必须是同等适用于所有的竞争者,而不能是歧视性的。

　　并不是每个案件所涉产品都有危险性,因而这一抗辩理由具有个案性质,更具一般性的抗辩理由,则是效率抗辩。与适用于垄断协议的豁免制度比较可以发现,二者无论就内容来说还是从功能来看,都是完全一致的。

　　(二)效率抗辩

　　所谓效率抗辩,就是要证明支配企业的行为虽然产生了排斥效果,但可以产生足够的效率,足以保证消费者免受任何损害。"支配企业可以证明其行为具有客观必要性,或其所产生的效率大于对消费者产生的反竞争效果。在这种情况下,委员会将评估涉嫌滥用行为是否具有必要性,是否与支配企业所追求的目标相称"。② 要想抗辩成功,必须同时满足四个条件:③

　　1.该行为产生了或能够产生某种效率,比如技术进步,或降低生产、销售成本④。

　　这一条件关系到效率"有没有"的问题。与对垄断协议适用豁免制度时一样,支配企业首先必须证明,其所从事的行为是为了实现效率,而这里所说的效率,也无非是第101条(3)所说的"促

----

　　① 参见《欧盟支配地位滥用行为指南》第29段。
　　② 参见《欧盟支配地位滥用行为指南》第28段。
　　③ 参见《欧盟支配地位滥用行为指南》第30段。
　　④ 可以对比一下适用于垄断协议的豁免制度,第一个豁免条件是"促进产品的生产或销售,或促进经济与技术进步"。

进产品的生产与销售，或促进经济与技术进步"，比如提高产品质量、降低成本、增加品种、方便消费者的选择等。

2. 该行为是实现这种效率所必不可少的，不存在限制性更少的其他方法。

比如，如果支配企业为某个客户作出了针对特定关系的投资，则为了防止自己被这笔投资所套牢，可以对对方施加独家购买义务，要求对方只能与自己交易，这并不构成滥用，因为要是不能施加这种义务，它就不敢进行这项投资，而这又会妨碍效率的实现。

同时，支配企业还必须证明，找不到其他限制性更少的方法来替代。比如为防止上述套牢的风险，支配企业可以对对方施加最低购买数量的限制，而不必采用独家购买义务，前者的限制性比后者要小一些。这时，支配企业要想证明其独家购买限制具有正当性，应当结合案情证明最低购买数量限制效果不好，比如上述投资额过大，最低购买数量限制不足以使投资者尽快地安全收回投资。

3. 该行为所产生的效率，应胜过其对竞争者和消费者所造成的负面效果。

支配企业必须证明，该行为所产生的效率必须能够传递到消费者，从而弥补消费者因为该行为的反竞争效果而受的损害；该行为的损害越大，则其产生的积极效果也要越大，而其中传递给消费者的部分也要越多，至少在该行为发生后，消费者的处境不能恶化，否则不能适用效率抗辩。但在分析这种传递效果时，必须考虑到传递的时间，消费者受到的损害应当尽快得到补偿，因为消费者在将来能获得的收益，与现在就获得这一收益的价值不同，收到越晚，同一收益的价值相对越小。效率的产生必须及时，才能构成抵消因素，一般说来，效率产生的时间越晚，其重要性越弱。

4. 相关市场仍然存在实际竞争或潜在竞争，竞争压力并没有被消除①。

　　竞争如果被消除,则竞争过程也就终结了,短期收益抵不上长期损失。竞争机制是市场经济运行的基本法则,竞争秩序的维护比任何具体的效率都重要得多,何况如果竞争被消除了,这些效率也必定是短暂的。"当不存在竞争,也不存在可预见的市场进入威胁时,保护竞争对手和竞争过程比获得可能的效率更重要。委员会认为,维系、创建或加强市场地位的排斥性行为与一个垄断者一样,通常不能以其也创造效率收益为理由进行辩护。"②这时其带来的效率不能补偿其负面效果。

　　如果现在重新制定欧盟条约,第102条应当与第101条有着相同的结构:其第1款将保持现状,但会增加一个第2款,即"支配企业从事搭售、价格歧视、拒绝交易等排斥性行为的,如果同时满足以下四个条件,则可以豁免……"这四个条件与第101条(3)的四个豁免条件是一样的。

　　美国是判例法国家,与成文法传统相比,这种法律发展模式有其优越性,因为其每一步发展都是由实践中的具体问题推动的,其所形成的规则立刻就要接受实践的检验,因而针对性很强。但也有其弊端,由于其规则的形成受具体案情的束缚,所以一般不像成文法在制定规则之前进行了系统的思考并经过大量的论证,表述方式甚至措辞都经过反复推敲,而在判例法的形成过程则较多地体现了法官的个性,一方面缺乏经过系统梳理的理论依托作为分析起点,另一方面,法官的表述也经常清晰度不够,甚至经常融入

----

① 参见《欧盟支配地位滥用行为指南》第30段。
② 参见《欧盟支配地位滥用行为指南》第31段。

一些文学色彩,绕来绕去说不透彻,在反垄断法领域尤其如此,比如前文所提到的"不期而遇的"、"强加的"这类表述无论如何不适宜充当重要的术语。

相比之下,欧盟的表述则具有鲜明的逻辑性与周延性。支配企业的行为对竞争如果产生限制,毕竟不是一件好事情,除非其能够产生效率,而且这种排斥性是实现效率所必不可少的,但这要由当事人来证明。行为人对其自己行为的目的是了解的,由其承担举证责任一般不会构成沉重的负担。

其实美国法也是遵循同样的思路。支配企业从事排斥性行为有延长其支配地位的效果,因而原则上是应当禁止的,除非它能够证明这种延长是"强加的"、"不期而遇的",是由于"其产品优越、管理完善等自然优势、经济与技术优势,或合法的许可",[1]如果换成欧盟的语言,则是"由于其能够产生效率"。这等于是说,为了实现合法目标所必需的限制是合法的,支配企业同样可以追求提高产品的品质,改进服务与销售,从而使其产品受到更大程度的欢迎,这当然会增强其市场地位,但这不是反垄断法所要反对的。而如果不能带来效率,或者并非追求效率所必需,则可以认为其"意图"即在于延长支配地位,为延长支配地位而进行排斥当然是违法的。反垄断法反对的不是支配地位本身,甚至也不是支配企业对竞争者的排斥,而是支配企业利用其支配地位来维持支配地位。反垄断法并不单纯反对排斥性,它并不反对效率所造成的排斥性,而是反对为排斥而排斥。

---

① United States v. Aluminum Co. of America(Alcoa)148 F.2d 416(2d Cir. 1945).

第四节 软件等新经济产业的特点给支配地位 滥用行为的调整方法带来的挑战

从 20 世纪 90 年代起,软件产业的发展给反垄断法传统理论与规则提出重大挑战,人们发现与传统的商品相比,软件产品的生产与销售存在许多新的特点,不能机械套用传统的规则。进入 21 世纪以来,随着软件的应用范围不断扩大,甚至由此发展出庞大的互联网产业,这些挑战更不容易回答。人们对这些新特点作了多方面的梳理归纳,比较准确地将一些最关键的问题提炼出来,但始终不能用反垄断法理论作出有效的解释。本书的重要任务之一就是在这一方面实现一定的突破,并希望这一突破能够构成中国对世界反垄断法学的某种贡献。实际上,传统反垄断法理论对这些领域仍然是有效的,因此受到挑战的不是反垄断法理论,而是人们对于传统理论的理解能力。

到目前为止,互联网产业中所发生过的最典型的案件是我国的奇虎诉腾讯案,①这一案件比较典型地体现了软件产业中所谓网络效果、锁定效果,以及互联网产业中双边市场的特点所提出的挑战,因而必须进行全面的分析,这里也需要先对该案的案情作系统介绍,后文相关各章中将结合该章的主题,就这一案件的不同方面作详细讨论。

一、市场份额的重要性发生改变

在软件等新兴产业,市场份额在市场认定中的重要性有所减

---

① 中华人民共和国最高人民法院民事判决书(2013)民三庭终字第 4 号。

弱,同时出现一些新的现象,构成市场力量认定过程中的关键因素。这主要体现为所谓"网络效果"与"锁定效果",但又很难对这些因素的性质及其意义进行透彻说明。这需要对反垄断法原理达成更透彻的认识。

在传统产业中,所谓竞争压力主要来自于价格上涨所引起的需求转向,即甲企业价格上涨时,消费者会转而购买乙企业的替代性商品,而乙企业则将扩大产出以填补这一空间,如果后者扩张能力很强,则能充分满足消费者的需求转向,从而使甲企业的涨价行为得不偿失。企业间的竞争主要发生在生产与销售环节,多数情况下,竞争者的生产能力与其市场份额呈正对应关系,因而考察企业间的相对力量时,可以将市场份额作为最主要的指标。而新经济产业中,企业的成本主要是研究开发成本,进入生产环节后的增量成本则很小,比如开发一个软件需要很大投入,而复制一张光盘的成本微不足道。在通信等产业也大致如此,在网络建设完成后,增加一个新用户的成本也十分有限,因而市场份额与竞争者扩大产出的能力关系微弱,支配企业的市场份额不足以阻碍竞争者扩大产出,换句话说,任何竞争者都不会缺少扩大产出的能力,因此市场份额不再成为评价支配地位的重要因素。要获得支配地位,必须能够阻止消费者转向。

另一方面,在软件等新经济产业中,很难对垄断力进行量化,竞争力主要体现为创新与研发能力,这与市场份额所体现的经济实力并不是一回事。经济实力可以为创新能力提供很好的基础,但不能保证创新能力,也不足以阻止其他人开发出替代性商品。而如果他人开发出性能更好的商品,则现有企业的地位很快会被颠覆,哪怕它目前拥有很高的市场份额,而在传统产业,这种取代往往有一个此消彼长的过程,市场份额至少可以延缓被取代的速度。

此外,传统产业中支配企业谋取利润最大化的方式,是通过提高价格来谋取垄断利润,而提高价格意味着产出减少。在新经济产业却不完全是这样。由于付出了大量研发成本,因而企业在投产后,需要尽可能扩大产量以分摊成本、收回此前的研发投入,这一方面会导致市场份额增加,另一方面意味着价格降低。因此对新经济产业来说,市场份额所代表的负面因素减少,而转化为积极因素的可能性增大,大型企业对市场的控制能力削弱。"工业时代对垄断所作的界定,现在已难以适应以技术创新为主要竞争手段的高科技时代,很难对技术领域中出现的各种概念在反垄断法上进行定性"。①

相比之下,在新经济产业中,当评价企业是否具有垄断力时,相关市场进入壁垒的状况更有重要意义。由于生产成本相对不高,竞争者只要能够有效进入市场,则其扩大产出的能力一般不会受到严重制约,那么,重要的就是保证它们能够进入市场,而能否进入则更多地取决于相关市场上壁垒的情况。"反托拉斯关注的是,在某个市场上拥有垄断份额的企业可能寻求以什么方式挡住新进入者。"②微软公司对其研发的操作系统软件享有知识产权,但如果这种权利构成关键设施,则必须向竞争者开放,公开必需的数据,以使其他人开发的各种应用软件能够接入其 Windows 系统。微软在欧盟得到的判决正是如此。传统的市场壁垒如资本壁垒、技术壁垒、知识产权壁垒等仍然在起作用,但对软件与互联网领域来说,最重要的两类壁垒是所谓网络效果与锁定效果。

---

① William E.Kovacic,Designing Antitrust Remedies for Dominant Firm Miscon-
duct,*Connecticut Law Review*,Summer,1999.

② [美]理查德·A.波斯纳:《反托拉斯法》,中国政法大学出版社 2003 年
版,第 295 页。

二、网络效果

美国学者杰弗瑞·罗尔福斯(Jeffrey Rohlfs)于 1974 年发现，在电信产业中存在所谓"网络效果"，罗伯特·梅特卡夫提出的梅特卡夫法则(The Metcalf Rule)有进一步阐述。所谓网络效果(network effect)，又称为"网络外部性"(network externalities)，通常是指一个用户使用某种产品或服务所获得的效用随着使用该产品或服务的用户人数增加而增加的现象；[①]或者说，"当一种产品对用户的价值随着采用相同的产品、或可兼容产品的用户增加而增大时，就出现了网络外部性"。[②] 比如对每个电话用户来说，随着电话用户数量的增加，电话网络对他的价值也越来越大，而如果只有他一个用户，则这个电话对他毫无用处。不过在传统产业中，这一现象只是局部的，没有引起反垄断法研究的过多关注，而在软件与互联网产业中，网络效果则具有普遍性，成了反垄断法研究中不能回避的问题。

以微软公司的操作系统软件 Windows 为例。所有的应用软件开发商都要基于 Windows 系统来设计自己的软件，对用户来说，Windows 系统凝聚的应用软件越多，对用户的效用越大；反过来，使用 Windows 系统的用户越多，则对应用软件开发商的效用也越大。在形成这种正向互动之后，即便其他经营者开发出更好的操作系统软件，其对消费者的吸引力也是有限的，因为更换操作系统将失去大量应用软件所提供的"效用"，从而发生重大的转换成本；反过来，应用软件开发商同样缺乏转换的意愿，因为新系统没

[①]　Shapiro C., Varian H.R., *Information rules: a strategic guide to the network economy*, Harvard Business Press, 1989.

[②]　[以]奥兹·夏伊：《网络产业经济学》，张磊译，上海财经大学出版社 2002 年版。

有用户,基于新系统而开发的应用软件也得不到"效用"。由此形成一种所谓"赢者通吃"现象,即某个经营者在进入市场的环节战胜竞争对手后将赢得该市场的所有消费者,此后,竞争者的替代性商品将不再容易进入市场。

总之,在传统产业中获得市场力量的根本性原因在于竞争者无力扩大产出,消费者虽然拥有转向的自由,但其自由却得不到物质上的满足。在软件及互联网产业中则不同,其成本主要发生在研发环节,在进入生产环节后,其增量成本微不足道,因而任何竞争者均不缺乏扩大产出的能力,但问题是,消费者由于需要付出重大的转换成本,因而缺乏转向的意愿。网络效果就是造成转换成本的重要原因之一,另一个重要原因是所谓锁定效果。

三、锁定效果

锁定效果是阻碍消费者转向的另一种因素。这一概念是阿瑟(Arthur,1989)最先提出的,指由于各种原因,导致从一个系统(可能是一种技术、产品或是标准)转换到另一个系统的转移成本大到转移不经济,从而使经济系统达到某个状态之后就很难退出,系统逐渐适应和强化这种状态,从而形成一种"选择优势"把系统锁定在这个均衡状态。①

这样的表述有些过于复杂了。仍旧以 Windows 系统为例,用户需要花费大量时间与精力学习这一系统软件的操作方法,也在这一系统中留存大量有价值的信息资料,而要更换一种操作系统软件时,则需要重新花费学习时间,其各种信息也无法移植,这同样会造成转换成本,阻碍消费者的需求转向意愿,即便市场上出现

---

①　王晔、张铭洪:《网络经济学》,高等教育出版社 2013 年版,第 59 页。

了技术上更优越的操作系统软件,消费者也未必会发生转向需求,除非 Windows 系统给他们造成了更沉重的负担。

四、双边市场

在软件产品发展早期,其交易方式与传统产业没有本质区别,但随着互联网产业的发展,出现了一种新型的交易模式。在传统产业中,交易的模式是生产商生产出商品进行销售并收取对价,而在互联网领域则出现了所谓"双边市场"交易模式,服务提供商将其服务免费提供给用户,从而尽可能多地获得用户数量,然后再以此数量去争取广告业务与其他增值服务。这一交易模式有许多区别于传统市场的外观,国内外的主流观点是将其界定为一个单一的"平台市场"。平台企业向两边的用户同时提供产品或服务,只有两边用户同时出现在平台并互有需求时,平台的价值才能够真正实现。不仅如此,平台对一边用户的价值不但取决于该边用户的规模和数量,而且还取决于另一边用户的规模与数量。在定价策略上,平台企业往往给一边用户低于边际成本甚至免费的产品或服务,而在另一边却制定等于或高于边际成本的价格。

我国 2014 年发生的奇虎诉腾讯案的判决则对"平台说"予以明确否定。它注意到,真正发生竞争关系的并非由多种服务组成的"平台",而是平台内部的各种具体服务,"平台的关键核心产品或者服务在属性、特征、功能、用途等方面上存在较大的不同",用户"很难将不同平台提供的功能和用途完全不同的产品或者服务视为可以有效地相互替代",比如一个查找信息的用户"通常会选择使用搜索引擎而不是即时通信"。[①] 这本质上是认为,真正的竞

[①]　中华人民共和国最高人民法院民事判决书(2013)民三庭终字第 4 号。

争单元是组成平台的各个部分,竞争发生在不同平台的各"组成部分"之间,而不是发生在不同的平台之间。"平台说"没有发现这一点。将不同服务纳入同一平台有时可以产生规模经济或范围经济,但平台本身并不必然由此而成为独立的市场。

对"平台说"的明确否定构成这一判决中最重要贡献,但该判决仍然习惯于将相关市场的界定单一化,最终将其界定为被告腾讯公司的即时通信服务。界定相关市场的基本标准是"需求替代性",所谓相关市场,就是在满足消费者同一需求上具有替代性的所有商品的总和。但双边市场交易模式下,一笔交易的完成过程中需要满足两类需求,因而其自然的方向是界定两个市场。这一欠缺是奇虎诉腾讯案的判决中所有误差的根源。实际上,即便在传统产业中,同一案件中界定两个市场也并不罕见,但由于对反垄断法原理领会尚有欠缺,对于界定相关市场的直接目的不太明了。

五、奇虎诉腾讯案

我国《反垄断法》实施以来,影响最大的案件无疑是奇虎诉腾讯案,①因前者的主要产品为 360 杀毒软件,后者的主要产品为QQ 即时通信软件及服务,又被形象地称为"3Q 大战"。这一案件典型地展示了互联网产业以及双边市场的特点给反垄断法带来的挑战,这些挑战在进入 21 世纪后一直是世界反垄断法研究中最热点的前沿问题,而"3Q 大战"的爆发提供了实现重大突破的难得契机。遗憾的是,该案的判决没有很好地完成这一任务,其中的一

---

① 一审被告及二审被上诉人为腾讯公司、腾讯计算公司,后者是前者的全资子公司,在反垄断法上视为同一竞争主体,因此本书中统称为"腾讯"。对方当事人是北京奇虎科技有限公司,简称"奇虎"。

些误差还有可能对互联网企业的行为产生误导。这一局面对我国反垄断法学研究提出了迫切要求,必须尽快通过对该案判决中各种利弊得失的分析,探明反垄断法在这一领域的适用方法,引导互联网产业的正确发展方向,同时弥补判决书所未能完成的创新,对世界反垄断法学理论作出重要贡献;同时,借助于对这一标志性案件的剖析,可以对反垄断法上许多基础问题予以澄清,填补大量理论空白,并加深对于反垄断法原理的挖掘,从而对整个学科的发展起到全方位的推动作用,因此,对这一案件进行深入系统研究已成为我国反垄断法学界的当务之急。

2010 年,奇虎公司一方面宣称腾讯公司的即时通信软件"QQ"对用户的硬盘进行扫描以获取用户的隐私,一方面在 QQ 上外挂一款名为"扣扣保镖"的软件,引导用户卸载 QQ 的各种增值服务以及 QQ 所加载的各种广告。腾讯遂于 2010 年 11 月 3 日发布《致广大 QQ 用户的一封信》,宣布"在 360 公司停止对 QQ 进行外挂侵犯和恶意诋毁之前,我们决定将在装有 360 软件的电脑上停止运行 QQ 软件"。① 这迫使用户只能在腾讯的 QQ 与奇虎的 360 杀毒软件之间选择一个,因而被称为"产品不兼容行为"或"二选一"行为。

"二选一"行为只持续了一天,在工业与信息化部的干预下,双方均停止了排斥行为,然后分别对对方的排斥行为提起诉讼:腾讯指控奇虎的上述行为构成不正当竞争行为,②而奇虎则对腾讯

---

① 腾讯公司:《致广大 QQ 用户的一封信》(2010 年 11 月 3 日发布),见 http://www.cnbeta.com/articles/126084.htm,2015 年 4 月 7 日访问。

② 最高人民法院于 2014 年 2 月 24 日就该案作出终审判决,判定奇虎公司败诉。参见中华人民共和国最高人民法院民事判决书(2013)民三庭终字第 4 号。

的"二选一"行为提起反垄断诉讼,指控其滥用市场支配地位,从事了《反垄断法》第17条所禁止的"限制交易行为"。[①] 2013年3月20日,广东省高级人民法院作出初审判决,认定本案的相关市场为全球即时通信软件及服务市场,在这一市场上,腾讯并无支配地位,因而其行为不构成支配地位滥用行为。奇虎对这一判决不服,向最高人民法院提起上诉。

2014年10月8日,最高人民法院作出终审判决,基本维持了原判:(1)判决书采用"假定垄断者测试法",将相关市场界定为中国大陆地区即时通信服务市场;(2)采用传统的支配地位认定方法,根据"市场份额、相关市场的竞争状况、被诉经营者控制商品价格、数量或者其他交易条件的能力、该经营者的财力和技术条件、其他经营者对该经营者在交易上的依赖程度、其他经营者进入相关市场的难易程度",判定腾讯在相关市场上并无支配地位;(3)对于"二选一"行为,判决书认定其在相关市场"即时通信市场"上不仅没有"排除、限制竞争的效果",反而对这一市场上的竞争产生了"促进作用"。[②] 由于非支配企业的单方行为不受反垄断法管辖,因而这一判决等于为腾讯从事任何排斥性行为开放绿灯;同时,由于反垄断法只管辖对竞争产生排除、限制的行为,这一判决也意味着任何经营者从事"二选一"行为均不受禁止。

---

① 奇虎同时指控腾讯将安全软件"QQ医生"与QQ相捆绑,构成《反垄断法》第17条所禁止的搭售行为。两审法院均正确地认定,这一捆绑并无强制性,不满足搭售行为的"强制性"要件,因此这里不再对这一行为进行讨论,详情参见中华人民共和国最高人民法院民事判决书(2013)民三庭终字第4号。

② 以上引文均见中华人民共和国最高人民法院民事判决书(2013)民三庭终字第4号。

这一判决的最终结果是能够成立的,在受到对方的不正当竞争行为攻击,而诉讼等手段不足以迅速消除所受损害时,腾讯公司有权进行自力救济,而"二选一"之所以能够达成正当防卫的目的,正在于该行为能够对侵权人产生排斥性,从而使其付出代价——否则这一行为将没有意义。而判决书的论证过程则与此相矛盾。如果将目光从即时通信服务市场上移开些许,可以发现上述论证过程可能是有瑕疵的。"二选一"行为将迫使多数用户为保留 QQ 而放弃奇虎所提供的服务,尤其是其获得用户的主要工具 360 杀毒软件,从而使奇虎的用户数量减少,最终使其在互联网广告市场上失去大量广告业务,如果持续下去,"排除、限制竞争的效果"将会是十分明显的;之所以没有发现这种"排斥、限制"效果,是由于法院将相关市场界定得过于单一,实际上,由于双方当事人的经营模式均具有"双边市场"性质,这一案件中并存着三种消费者需求,需要同时界定三个市场,而不是只界定一个即时通信服务市场;传统的支配地位认定方法主要考察当事人对相关市场生产能力的控制程度,由于互联网产业中市场力量来源的特殊性,以及双边市场条件下支配地位的相对性以及跨市场特点,这一方法在本案中无法适用。需要对界定相关市场的目的与根据、支配地位的本质与认定标准、支配地位滥用行为的分析步骤与方法等众多基础问题进行更深入的领悟,才能透过复杂现象来把握问题的本质,而不是局限于对传统规则的字面套用。实际上,在各国的同类研究中,这些局限具有相当的普遍性,因此要想对该案判决进行有效的讨论,首先需要对相关反垄断法理论问题进行更深层次的挖掘。

第五节　中国《反垄断法》对支配地位
滥用行为的一般分析方法

中国以欧盟竞争法为主要借鉴对象,但由于后起优势,避免了欧盟第 102 条在文字表达上的主要缺陷。我国《反垄断法》第 17 条第 1 款规定:"禁止具有市场支配地位的经营者从事下列滥用市场支配地位的行为:

(一)以不公平的高价销售商品或者以不公平的低价购买商品;

(二)没有正当理由,以低于成本的价格销售商品;

(三)没有正当理由,拒绝与交易相对人进行交易;

(四)没有正当理由,限定交易相对人只能与其进行交易或者只能与其指定的经营者进行交易;

(五)没有正当理由搭售商品,或者在交易时附加其他不合理的交易条件;

(六)没有正当理由,对条件相同的交易相对人在交易价格等交易条件上实行差别待遇;

(七)国务院反垄断执法机构认定的其他滥用市场支配地位的行为。

本法所称市场支配地位,是指经营者在相关市场内具有能够控制商品价格、数量或者其他交易条件,或者能够阻碍、影响其他经营者进入相关市场能力的市场地位。"

与欧盟第 102 条相比,该条对各种排斥性行为均增加了"正当理由"这一条件,虽然没有对其作出进一步说明,但实践中可以参考欧盟所规定的抗辩理由。对第 1 项所针对的过高定价行为没有施加这一限制,但该项本身即含有"不公平"的要件,与"正当理由"要件一样可以容纳对抗辩理由的考察。

因此,我国《反垄断法》对支配地位滥用行为的分析方法同样分为三个基本步骤:第一,认定当事人拥有支配地位;第二,认定当事人的行为对竞争产生排除限制(负面影响,消极效果);第三,考察当事人的抗辩理由是否成立(正面影响,积极效果)。每种滥用行为类型对竞争产生的积极效果与消极效果不同,学术研究必须进行系统的梳理,以便为执法与司法实践提供具体的指引。

第二章　相关市场的界定方法

　　对相关市场进行界定,是每个反垄断案件的审理中必须面对的第一个步骤。每个限制竞争行为所涉及的市场范围是具体的,而不是"市场经济"意义上抽象的市场,因此要考察某个经营者的某种行为对竞争的影响,必须首先确定其所在市场的范围,在反垄断法上,这一市场称作"相关市场"(relevant market),它由所有互具竞争关系的商品组成,这些商品的经营者即互为竞争者,界定相关市场的直接目标就是将竞争者识别出来,然后再考察它们之间的力量对比关系、行为的过程及效果。界定相关市场的基本标准则是在消费者看来,哪些商品之间在满足自己既定的需求方面具有替代性,这称作"需求替代性标准"。

　　相关市场与产业、行业等概念不同。正如欧盟委员会所说:"相关市场的概念与其他语境中所使用的市场概念是不同的。例如,企业经常使用市场这一术语来指称其销售产品的地区,或泛指它所属的行业或领域。"①一个行业中可以有若干种产品,彼此间不一定具有竞争关系,比如操作系统软件、办公软件、杀毒软件、浏览器软件都属软件产业,但其各自的功能不同,彼此间并无替代关

---

① 参见欧盟委员会 1997 年《关于界定欧共体竞争法意义上的相关市场的委员会通告》第 3 段。

系,因此软件产业中存在着操作系统市场、办公软件市场、杀毒软件市场、浏览器市场等,就像交通运输产业可以划分为公路运输市场、铁路运输市场、航空运输市场、水路运输市场一样。不同的汽车运输公司之间在公路运输市场相互竞争,它们的行为一般不会影响到航空公司之间的竞争;甚至汽车运输市场也应当进一步细分,货运与客运一般不存在竞争关系。当然这种划分不是绝对的,有些情况下汽车运输对铁路运输也可构成竞争压力,而近年来高铁客运与中短途航空客运的替代性已越来越明显,在一方提高价格或给消费者造成其他负担时,消费者可以选择另一种。因此相关市场如何界定还要取决于个案的具体情况。

第一节　相关市场概述

一、界定相关市场的目的

欧盟委员会 1997 年《关于界定欧共体竞争法意义上的相关市场的委员会通告》①第 2 段规定:"市场界定是一种识别和限定企业间竞争界限的工具,这种工具为委员会适用竞争政策确定了一种框架。市场界定的主要目的,是系统地去识别所涉企业受到了哪些竞争约束。从商品和地域范围两方面来对市场进行界定,其目的是确定相关企业的实际竞争者,这些实际竞争者能对其行为进行约束,防止其超越有效的竞争压力而为所欲为,从这个角度看,界定了相关市场之后才能计算市场份额,市场份额往往传递着关于市场力量的重要信息,而评价支配地位或适用第 81 条时,都

---

① Commission Notice on the Definition of the Relevant Market for the Purpose of Community Competition Law,见欧共体公报 OJ C 372 on 9/12/1997。

需要对市场力量进行分析。"

　　这一条文有点长,而且层次较多,需要详细剖析一下。条文中有三个句号,可大致据此将其划分出以下几层含义:(1)第一层含义比较空泛,是要表明企业是在相关市场内竞争的,因此反垄断法也只限于在这一范围内进行考察。(2)根据第二层含义,市场界定的直接目的是识别"实际竞争者",即寻找所涉企业的"现有竞争者",是它们在对所涉企业造成"竞争约束"、"防止其超越有效的竞争压力而为所欲为"。需要特别强调的是,所谓"竞争者的识别"首先应当包括判明案件当事人相互间的关系,比如就垄断协议案件而言,首先需要判明它的当事人之间是否互为竞争者,竞争者之间订立的协议称为横向协议,非竞争者之间订立的协议则是纵向协议,二者在垄断行为的认定、豁免条件的考察等众多方面存在着很大的差别;就支配地位滥用行为案件来说也是如此,支配企业被指控从事了排除竞争的行为时,法院应当首先考察受排斥者是否与它存在竞争关系。奇虎诉腾讯案中将相关市场界定为"即时通信服务市场"就没有表现出"寻找竞争者"的明确企图,因为奇虎公司并不从事即时通信服务的经营,在这一市场上,两家当事人并无竞争关系,这时应当追问它们之间相互排斥究竟是出于何种动机,意义何在。沿着这一追问可以发现,它们在互联网广告市场上存在竞争关系——如果明确意识到市场界定的直接目的,本应很容易发现这一市场。(3)只有在识别出竞争者之后,才能调查每个竞争者的销售额,然后在此基础上计算市场份额,而市场份额是考察市场力量的重要因素。在需要市场份额数据的情况下,相关市场的界定应当十分精确,尽可能把替代性商品找全,然后将每种替代性商品的生产商,即竞争者们找全;如果不需要市场份额,只需要确定特定当事人之间是否存在竞争关系,则市场界定可以笼统一些。是不是需要精确界定,取决于个案中需要识别哪些竞争者。(4)对该条还应作出补充:对当事人行为的竞争效果进行评价时,也是以相关市场的范围为限,而在有多个相关市场的案件中,竞争效果可能需要进行跨市场的考察。这也有助于将第一层含义予以具体化。

美国 2010 年《横向合并指南》认为界定相关市场有两个作用:(1)"市场界定使得执法机构能够去确认市场参与者,并测量市场份额以及市场集中度"。即,确定相关市场上都有哪些竞争者,然后才能计算市场份额,而市场集中度的计算需要以全体竞争者的市场份额为依据。(2)"帮助具体确认所发生的竞争问题的商业边界以及地域范围"。① 即,要考察当事人的行为究竟产生什么影响,也以相关市场为考察范围,而这个范围包括商品范围与地理范围。与欧盟的上述条文相比,美国指南的文字简短了很多,但其内容大致相当,尤其是都重点强调市场界定的直接目标是识别竞争者;而二者都没有进一步强调的是,所谓识别竞争者,首先需要确定当事人之间是不是竞争者。

美国《横向合并指南》认为:"执法部门的分析不需要从市场界定开始。尽管评估客户可获得的竞争性替代产品在分析中的某些时刻总是必需的,执法部门使用的一些评估竞争效果的分析工具并不依赖市场界定。"② 这与本书的观点似乎相左,笔者认为,对相关市场进行界定,是每个反垄断案件的审理中所须面对的第一个步骤。不过这种差异不是本质性的,其根源在于对"相关市场

① 美国 2010 年《横向合并指南》第四章第 1 段。美国司法部与联邦贸易委员会于 2010 年 8 月联合发布 Horizontal Merger Guidelines,本书中称为"美国 2010 年《横向合并指南》"。
② 美国 2010 年《横向合并指南》第四章第 2 段。

的界定"所作的技术性理解不同——在它这里,只把精确的市场界定算作是市场界定,对于那些可以"笼统"一点的市场界定,指南只将其视为某种"总是必需的"替代性分析。制造这种差异是没有必要的,相关市场的界定过程就是替代性分析过程,只是在不同案件中,分析的精确程度有别。

(1)在支配地位滥用行为案件中,首先须认定涉嫌当事人拥有支配地位,而传统反垄断法认定支配地位的首要步骤是计算其市场份额,因而必须尽可能把所有的竞争者都识别出来,而这需要先把所有互具竞争性的商品识别出来,因此相关市场的界定须十分详细。涉嫌当事人当然希望相关市场界定得宽一些,因为市场越大,它的市场份额就会越小,被认定为支配企业的可能性就越小。如在1945年著名的美国铝公司案中,[①]如果将新生产的纯铝锭认定为独立的商品市场,则美国铝公司的市场份额为90%;如果将回收的二手铝也包括在内,则该公司只有64%的份额;如果将该公司自产自用的铝锭排除在外的话,其市场份额就是33%,因为它生产的铝大部分是自用的。在当时的反垄断法看来,拥有90%市场份额的经营者基本上肯定会拥有支配地位,如果市场份额是33%,则很难说它具有这种能力,因而其行为也构不成滥用行为。因此,如果市场界定得过宽,则会使某些垄断行为及行为人漏网;如果界定得过于狭窄,则可能会夸大行为的危险性,而其后果是不适当地损害效率。

但有时可以采用更简便的方法来认定支配地位,这时相关市

---

① 　United States v. Aluminum Co. of America (Alcoa) 148 F. 2d 416 (2d Cir. 1945)。另请参见高菲:《美国反托拉斯法及其域外适用》,中山大学出版社1993年版,第91—94页;王先林:《知识产权与反垄断法》,法律出版社2001年版,第198页。

场的界定就可以不那么精确,比如如果某个经营者能够相当长时间地在不同类型的客户间进行差别定价,则可以认定其拥有支配地位,否则那些受歧视的消费者本应转向其他卖方,而不会长期接受这种歧视待遇。或者,"如果能够证明提供某组产品的重要竞争者数量的减少,导致这些产品的价格明显上升,这一证据本身就能证明这些产品构成一个相关市场。"①不过这种情况下仍然需要确认"不同类型的客户"之间是不是竞争者的关系,或者,需要确认有哪些"重要竞争者",因而仍然需要分析它们的商品之间有无替代性,按本书的理解,所有的"商品替代性分析"过程都属于相关市场的界定过程。

　　(2)在垄断协议案件中,也经常需要借助市场份额,比如根据欧盟委员会《关于无关紧要的协议的通告》②,横向协议全体当事人的市场份额总和如果少于 10%,或者对纵向协议来说,任何一方当事人的市场份额均少于 15%,则只要该协议中不含有核心限制,即认为它不构成垄断协议,反垄断法不必管辖。即使超过这一门槛,根据欧盟委员会发布的各种豁免条例,横向协议当事人的市场份额总和不超过 20%,或纵向协议任何一方当事人的市场份额均不超过 25%的,只要不含有核心限制,则直接依据条例予以豁免,而不需要根据《欧盟运行条约》第 101 条(3)的四个豁免条件一一考察。这些程序性、技术性的设施同样使得市场份额的计算十分重要,而在需要计算市场份额的情况下,对相关市场必须进行精确的界定。所谓精确界定,就是指要把所有竞争者一一识别出

---

① 美国 2010 年《横向合并指南》第四章第 3 段。

② Commission Notice on agreements of minor importance which do not appreciably restrict competition under Article 81(1) of the Treaty establishing the European Community (*de minimis*).

来,而其前提是把所有互具替代性的商品全都识别出来。

但少数限制性特别严重的行为类型则直接推定为垄断协议,不需要考察当事人的力量,因而不必把所有的竞争者——识别出来,比如最高人民法院《关于审理因垄断行为引发的民事纠纷案件应用法律若干问题的规定》第 7 条规定:"被诉垄断行为属于反垄断法第 13 条第 1 款第(1)项至第(5)项规定的垄断协议的,被告应对该协议不具有排除、限制竞争的效果承担举证责任。"这几类协议直接推定为垄断协议,而且一般说来这些协议类型不太可能产生效率,因此大多注定是违法的,不管当事人的市场份额总和是不是小于 10%。但即便在这些情况下,至少也需要确定协议当事人相互间有无竞争关系,才能确认这一协议是横向的还是纵向的。横向关系是竞争者之间的关系,由于竞争者相互间构成对方提高价格的阻碍,因而对横向关系施加限制有可能削弱这种阻碍,从而增强当事人提高价格的能力,反垄断法对此看管得很严;而纵向关系的当事人之间并无竞争关系,其所施加的限制不能直接给当事人带来提高价格的可能性,反垄断法的态度要宽松得多。比如横向固定价格协议在美国法是本身违法的,而纵向固定价格协议(即转售价格维持)则适用合理规则,需要经过详细的竞争效果考察。这种竞争关系的识别只需要在特定的当事人之间进行,不需要识别更多的竞争者,也就不需要把所有替代性商品全部找出来。

总之,只需要计算市场份额,就要对相关市场进行比较精确的界定,因为市场份额的计算方法是将涉嫌当事人的销售额除以相关市场上全体竞争者(包括涉嫌当事人自身)的总销售额,如果有所遗漏,则市场份额的计算就会出现误差。在不需要计算市场份额的情况下,市场界定可以不必太精确,但不精确的市场界定仍然是市场界定,采用同样的标准与方法,有着相同的目标即识别竞争者,其差异仅在于要识别的替代性商品的数量不同。因此相关市场的界定是反垄断法的基本问题,是审理反垄断案件的第一个步骤,正如经合组织(OECD)所说:"任何类型的竞争分析的出发点都是'相关市场'的界定。"①

为增强《反垄断法》的明确性,为其顺利实施提供有效指导,国务院反垄断委员会于 2009 年发布《关于相关市场界定的指南》,这是我国第一个反垄断配套立法,可见其重要性。该指南第 2 条第 2 款对界定相关市场的作用是这样规定的:"科学合理地界定相关市场,对识别竞争者和潜在竞争者、判定经营者市场份额和市场集中度、认定经营者的市场地位、分析经营者的行为对市场竞争的影响、判断经营者行为是否违法以及在违法情况下需承担的法律责任等关键问题,具有重要的作用。因此,相关市场的界定通常是对竞争行为进行分析的起点,是反垄断执法工作的重要步骤。"与美国、欧盟的上述立法相比,这一规定显然要全面得多。该条第 1 款指出,在垄断协议案件、支配地位滥用行为案件、经营者集中案件中,"均可能涉及相关市场的界定问题"。根据本书的上述立场,所有反垄断案件中"都会涉及"界定相关市场,而不是"可能涉及"。

二、界定相关市场的基本标准

(一)界定相关市场的基本标准:需求替代性

反垄断法所反对的是通过提高价格的方式来实现利润最大

---

① OECD,Glossary of Industrial Organization Economics and Competition Law, p.54.转引自孔祥俊:《反垄断法原理》,中国法制出版社 2001 年版,第 279 页。

化,而阻止经营者提高价格的是竞争压力。所谓"竞争压力",通俗地说就是当某个经营者提高价格时,消费者的需求会转向其他经营者的替代性商品,这些商品能满足消费者同样的需求。这使得后者能够对行为人的涨价企图构成制约,如果消费者流失所减少的利润超过价格上涨所增加的利润,则行为人的涨价行为会导致利润减少,从而使其打消这种念头。界定相关市场的过程就是确定替代性商品范围的过程,而替代性商品的"基本含义"是在消费者看来,有哪些商品可以满足其同一需求,①当其中一种涨价时,可以去购买另一种,这后一种所带来的满意程度可能要差一些,在竞争性条件下,消费者会选择前一种,但当前一种商品涨价时,消费者对商品性价比的评价发生变化,宁可转向后一种。"从经济学观点来看,就相关市场界定而言,需求替代构成特定产品供应商们所受到的最直接、最有效的约束力量,特别是对其定价行为更是如此。如果消费者很容易得到替代产品,或者很容易转向其他地区的供应商,则一个或一群企业就无法对现行销售条件(如价格)产生重大影响。进行市场界定,就是要弄清从产品/服务以及供应商所在的地理位置来看,所涉企业的消费者可以从哪些有

---

① 由于消费者购买能力是一定的,原则上任何商品都具有替代其他商品的可能性,消费者购买了此种商品,就减少了购买其他商品的能力;满足了此类需求,就要牺牲另一类需求。如果消费者选择了今年买房,可能就得等到明年才有钱旅游。这种替代称为"一般替代性"。但房子与旅游不存在物理特性、质量、价格、用途等方面的近似性,各自满足的是完全不同的需求,消费者也并不把它们看作是相互可替代的,因此二者并不构成同一商品市场。反垄断法界定商品市场时,应考察的是产品在满足同等需求上的替代性。"一般替代性"面对的问题是,消费者是满足此需求,还是满足彼需求,如果说这时存在竞争,则是两种需求之间的竞争;而反垄断法的需求替代面对的问题是,在消费者的需求目标确定以后,则是以此产品还是以彼产品来满足的问题。

效的替代来源获得供应。"①因此相关市场的界定标准是需求替代性。

不过这种需求替代性的判决是着眼于消费者整体的,因此上文称之为"基本含义"。在不同消费者眼里,商品间的替代性程度不同。当 A 商品提高价格时,如果大部分消费者转而购买 B 商品,只有极少量消费者购买 C 商品,则 B 商品可以阻止 A 商品的涨价行为,而 C 则不能。这时 B 与 A 属竞争关系,C 商品则不是,相关市场包括 A、B 两种商品,而不包括 C。因此相关市场概念的完整含义应当是"能够满足同样的消费者需求,而又能阻止当事人提高价格的替代性商品的总体"。欧盟的上述解释并没有说到位。

国务院反垄断委员会《关于相关市场界定的指南》第 5 条第 1 款规定:"需求替代是根据需求者对商品功能用途的需求、质量的认可、价格的接受以及获取的难易程度等因素,从需求者的角度确定不同商品之间的替代程度。"第 2 款又补充道,"原则上,从需求者角度来看,商品之间的替代程度越高,竞争关系就越强,就越可能属于同一相关市场。"这把"替代性"的判断问题与"相关市场"的界定问题分成两个独立的步骤,是没有必要的。替代性商品是指互相能够阻止对方提高价格的商品,即在一种商品涨价时,会有大量消费者转向另一种,从而使前者的涨价行为得不偿失。达到这一"质的标准"者均应纳入相关市场,低于这一门槛者则不具替

---

① 欧盟委员会 1997 年《关于相关市场界定的通告》第 13 段。该通告英文全称为"Commission Notice on the Definition of the Relevant Market for the Purpose of Community Competition Law",见欧共体公报 OJ C 372 on 9/12/1997。中文译为《关于界定欧共体竞争法意义上的相关市场的委员会通告》,本书后文中均用其简称。

代性,并不存在一个"从量变到质变"的过程;而且这样做又会使"需求替代性"一词无法涵盖相关市场界定标准的全部含义,似乎在表明还要将"需求替代性"区分为"密切的需求替代性"与"不密切的需求替代性",徒增不必要的混乱。"不密切的需求替代性"根本不是替代性。当然,即使 B 产品与 A 产品具有替代性,但如果 B 产品的生产商产能有限,无法提供足够多的产量来满足消费者的转向需求,则同样无法阻止 A 产品的涨价,不过这已经属于市场力量认定环节的问题,而不是相关市场的界定问题了。

（二）供给替代性不是相关市场的界定标准

1. 供给替代性的作用

指南第 4 条第 2 款提出了一个更具一般性的问题:"……因此,界定相关市场主要从需求者角度进行需求替代分析。当供给替代对经营者行为产生的竞争约束类似于需求替代时,也应考虑供给替代。"既然又多出一个标准,那就必须处理好它与需求替代性标准之间的关系。

所谓供给替代性,是指当某种商品的价格上涨时,那些原本并不生产这种商品的经营者能够很快转向这种商品的生产,而无须发生大量额外成本和风险。也就是说,它们差不多能和这种商品的现有生产商一样,迅速增加这种商品的总产量。从其定义便可以看出,供给替代的考察只能发生在"这种商品"确定之后,因而是在相关市场的界定完成之后才能进行的。

在市场界定完成以后,接下来识别竞争者时,需要把眼光放开阔一些。那些此刻正在生产相关商品的经营者当然是竞争者,但有些经营者眼下并未生产这些商品,不过很快便可转向这些商品的生产而不需要付出很多额外的成本,则同样应视为现有的竞争者,因为他们和后者一样,都能增加这一市场上的总产量,从而构成涨价行为人所面对的即时竞争压力。这与潜在竞争者有所区别，后者进入市场需要克服的障碍更多一些，时间也更长一些，因而给行为人带来的竞争压力滞后一些。

潜在竞争也是制约涨价行为的重要因素，潜在竞争者进入市场后，也会增加相关市场的总产出，这与替代性供应商是一样的。即使涉嫌当事人拥有庞大的市场份额，只要存在有效的潜在竞争，前者即不敢提高价格。潜在竞争者是那些并不在相关市场上从事经营，但进行必要的投资后，能在不太长的时间里进入该市场的经营者，这与替代性供应商的外观十分相似，二者的主要区别在于，替代性供应商的生产能力实际上就位于相关市场内，它只是没有直接生产相关商品，因而尚不是现实的竞争者，但其机器、设备、人员、原材料等只需要作不大的调整，就能在很短的时间内生产出替代性商品，如果有谁提高价格、减少产出，则等于是为这些生产商提供了机会，他们不需要冒很大的风险即可很快（一般是一年内）从事相关商品的生产，填补涨价者提高价格所引起的产量不足，因而会使其涨价行为无利可图。这种情况下，这些替代性生产商与实际竞争者造成同样的竞争压力。

而潜在竞争者原有的生产能力与相关商品没有多大关系，比如钢铁企业要进入服装市场时，其原有生产设施一点用处也没有，必须作出重大投资新建产能，而且会有较长的时间间隔，其对现有供应商产生的压力不是即时的，尽管也不宜太迟，根据欧盟与美国的实践，一般以两年为宜，即如果相关市场以外的某个经营者可以在两年内进入该市场，则认定其为潜在竞争者。总体说来，供应替代性所产生的竞争压力比潜在竞争者的压力更为直接、有效、迅速，但很难说这种区别有什么本质意义。由于替代性供应商的存在，它最多只能赚取一年的垄断利润；由于潜在竞争者的存在，它最多只能赚两年,但为这一年或两年的垄断利润而得罪消费者都是得不偿失的。

　　之所以将这两种竞争者区分开来,主要是为了市场份额的计算。在计算市场份额时,将涉嫌当事人的销售额作为分子,将相关市场所有竞争者的销售额作为分母,其中包括涉嫌当事人的销售额,所有现有竞争者的销售额,也包括替代性供应商的"销售额"——当然它没有实际的销售额,则根据其产能折算一个销售额数据,也加到分母中去;但不包括潜在竞争者的销售额——钢铁公司的产能如何折算成服装企业的产能呢? 也就是说,替代性供应商被视为现有竞争者的一种,而潜在竞争者则是另一类竞争者。

　　但与潜在竞争的考察一样,"供给替代性"的考察也不属于相关市场的界定过程,而是在完成界定之后、对竞争者进行识别的过程。以造纸业为例。假设某个经营者因为对打印纸进行涨价而受到指控,这时需要考察该经营者有无支配地位,因此需要界定相关市场——姑且界定为打印纸市场。新闻纸太粗糙,美术纸太昂贵,在打印纸价格发生变动时,用户不会选择这两种商品来替代,因此它们不属于相关市场。所有正在生产打印纸的经营者,都是相关市场上的竞争者,而单纯生产新闻纸或美术纸的生产商好像不是。

　　但生产各种纸张的机器与工艺差别不是十分巨大,在打印纸涨价时,美术纸生产商可以对其机器进行简单调整,然后换上低档的原材料,即可转向打印纸的生产。新闻纸生产商也是这样,但可能得换上高档一些的原材料。这时它们和原有的打印纸生产商没有区别,它们的生产能力立即构成打印纸市场现实生产能力的组成部分,在涉嫌当事人涨价时,这些产能可以提供产出来满足消费者的转向需求。因此这时应将其同现有竞争者一样对待,在市场份额的计算过程中,应当把它们的生产能力考虑进去。当然,它们此刻并没有从事打印纸的生产,因而尚未发生销售额,但可以根据其生产能力进行推算,然后加入到市场份额计算公式的分母当中去。

与本书的处理不同,欧盟委员会 1997 年《关于界定欧共体竞争法意义上的相关市场的委员会通告》①则采用另一种解决方案。通告同样采用造纸的例子,认为一般情况下,纸张供应商不可能只生产一种纸张,通常要同时供应各种不同质量的纸张,包括一般的书写纸、打印纸等,还要生产出版美术作品的高质量纸张。从需求的角度看,不同质量的纸张不能用于同一用途,艺术书籍不能用打印纸来印刷。但造纸厂通常要同时生产若干种纸张,而且其设备差异不大,如果打印纸需求增加,则可以将生产高质量纸张的设备略作调整,用来增加打印纸的生产,因而这些生产能力对于其他竞争者的市场行为构成重要的竞争约束。在此情况下,不能为每一种质量的纸张及其各自的用途单独界定一个市场,所有的纸张构成同一个相关商品市场,在计算经营者的市场份额时,应把所有纸张生产商的销售额累加起来,作为该市场的总销售额。②

欧盟 Continental Can 案③中也是如此。欧盟委员会将保存鱼和肉的锡罐分别认定为两个独立的商品市场,欧洲法院不同意这一认定,而认为两种锡罐的生产商可以转换产品,比如,如果肉罐价格上涨,则鱼罐的生产商可以转向生产肉罐,或者相反。因此,

---

① Commission Notice on the definition of relevant market for the purpose of Communication Competition Law(OJC 372,9.12.1997).

② 欧盟 1997 年《关于相关市场界定的通告》第 22 段。

③ Europemballage and Continental Can v.Commission.Case 6/72 [1973] ECR 215;CMLR 199.

这两种产品应当构成同一相关商品市场。

就实体结果而言,两种方案没有区别,最终都是根据替代性供应商的生产能力推算其销售额,然后将这一数值纳入市场份额计算公式的分母。但从逻辑关系的顺畅以及操作的方便而言,本书的方案似乎较欧盟的套路更有优越性。根据"需求替代性"标准把相关市场界定为打印纸市场,这时最好不要再弄出另一种更复杂的替代性来干扰思路;市场界定完成后需要识别竞争者,这时再把供给替代性考虑进来,把替代性供应商也计入竞争者的范围。

美国1992年《横向合并指南》就认为,界定相关市场时只需要考察需求方的反应,只是在此后识别相关市场究竟有哪些竞争者时,才考察供应替代性,也就是说,把相关市场的界定与竞争者的识别明确区分为两个问题。2010年美国《横向合并指南》延续了这一规定,"市场界定仅强调需求替代因素",虽然"供应商的反应行为也非常重要",但"本指南将在确定市场参考者、测量市场份额、分析竞争效果以及市场进入的部分考虑这一因素"。① 这与本书的态度是一致的。

国务院反垄断委员会《关于相关市场界定的指南》第4条显然受到欧盟方案的影响,但并没有深入说明供给替代在什么情况下才会"对经营者行为产生的竞争约束类似于需求替代",以及在界定市场的过程中如何"考虑供给替代",这原本是应当补充的,但又是补充不清楚的,因此更有效率的选择是将其纳入对竞争者进行识别的环节。在相关市场的界定环节只需要考察需求替代性就可以了。

---

① 美国2010年《横向合并指南》第四章第4段。

2. 替代性供应商的理解

《关于相关市场界定的指南》第 6 条对供给替代进行了定义："供给替代是根据其他经营者改造生产设施的投入、承担的风险、进入目标市场的时间等因素,从经营者的角度确定不同商品之间的替代程度。

原则上,其他经营者生产设施改造的投入越少,承担的额外风险越小,提供紧密替代商品越迅速,则供给替代程度就越高,界定相关市场尤其在识别相关市场参与者时就应考虑供给替代。"

该条第 1 款是对供给替代性的定义。只有当转产成本不高、风险不大,并且时间上不太迟延时,替代性供应商对涨价行为人所造成的阻碍才能像现有竞争者那样大,因为这时其产能就位于相关市场。如果供应商必须作出重大投资,对自己的生产计划进行重大调整,或必须经过相当一段时间之后才能进入该商品的生产,则其在相关市场上的产能尚未形成,因此只能构成潜在竞争,而在市场界定环节,尚不需要考虑潜在竞争。

在替代性供应商的认定上,第 1 款所列的考察因素当然不是穷尽性的,而且个案中还需要以具体案情为依据。欧盟、美国最终是以进入时间作为判断标准:如果能够在一年内进入市场,则视为替代性供应商;如果需要两年,则视为潜在竞争者。潜在竞争者与现有竞争者不同,其生产能力不纳入也没有办法纳入市场份额的计算过程,而是在计算完市场份额后,再作为单独的因素进行考察。

第 2 款中如果将"界定相关市场尤其"几个字删除,道理就可以理顺了。供给替代性的考察不属于相关市场的界定过程,而属于此后的"对相关市场参与者进行识别"的过程。市场参与者是正在经营相关商品的企业,它们互为竞争者;那些尚未从事相关商品经营活动的企业不是竞争者,除非其供给替代性达到一定程度,能够给涉嫌企业带来与现有竞争者几乎同样的竞争压力。不过"竞争者"是反垄断法的基本概念之一,而且十分简洁,最好不要再设计出"相关市场参与者"这样的别称。

(三)假定垄断者测试法

1.假定垄断者测试法的含义、本质

经营者之间的竞争本质上是其商品之间的竞争,经营者之间互为竞争者,是由于它们的商品之间具有竞争关系,因此界定相关市场的根本标准是假定其他条件不变的情况下,当某个经营者的商品价格上涨时,不同经营者的商品之间所发生的替代关系。

这里需要强调"价格上涨"这一前提条件。实际生活中,其他因素也会引起需求量发生变化,比如经营者使用商标品牌、扩大广告宣传等,都会使得甲商品的消费者流向乙商品。但界定相关市场的根据,只是由价格变化所引起的需求替代关系。这是由反垄断法的目的所决定的。不同经营者的商品之间往往存在差异,在竞争性的市场条件下,消费者各有偏好,因而不同商品各有自己的消费者群体,这时不能武断地认定两种商品之间缺乏替代性。反垄断法所反对的是利用市场力量提高价格,因而它所要考察的是涉嫌经营者涨价时的替代性,比如甲商品涨价时,如果消费者的需求大量转向购买乙商品,导致其涨价行为得不偿失,则乙对甲构成竞争压力,二者属于同一相关市场;如果消费者的需求并不大量转向丙,丙与甲不属于同一市场,丙的各种生产商与甲的生产商之间不是竞争者。

不过由于各种市场因素的复杂作用,市场价格经常波动,而轻微的波动,例如涨价1%,一般不至于引起消费者转向,这时两种商品并未发生替代关系的事实没有多少说明力。相反,如果某个

商品价格上涨 10 倍,则替代品可能就太多了,比如在摩托车价格
上涨 10 倍时,消费者宁可购买小汽车,这时发生的替代关系也不
能表明二者属于同一相关市场,因为根据常识可以知道,在正常市
场条件下,二者间其实并无竞争关系。因此必须确定,在价格上涨
到什么幅度时发生的替代关系,才是界定相关市场的标准。

　　美国法普遍采用的标准是"幅度不大但明显的持久价格上
涨"标准。这又称作"假定垄断者测试法"。① 这一方法从涉嫌当
事人的涉嫌商品开始,把市场上所有具有类似性的商品拿过来比
对,看看是否与它具有替代性。其具体操作方法是:先把涉嫌行为
人的商品 A 作为初始市场,假定它是 A 商品市场上唯一的经营者
(即 monopolist,垄断者),不存在任何竞争对手,而且该市场进入
壁垒很高,也不会有其他经营者能够进入,即满足本书第一章所说
的"市场力量"的全部构成要件,那么想必它应当有能力把价格提
高一个"并不很大,但也并不是太小的幅度",比如 5%,②这时会
有部分消费者放弃购买,但由此损失的利润会少于提高价格所增
加的利润。这里将其假定为"垄断者"的意义,就在于假定它在发
生"幅度不大但明显的持久价格上涨时",其利润还能增加。若果
然如此,则说明相关市场就是 A 商品,流向 B 产品的需求数量不

---

① 原文是"具体而言,该测试要求设定一个假定的利润最大化、其价格并未
　受管制的企业,假定它是那些产品现有与未来的唯一的卖方(即假定的
　垄断者),并可能至少在市场上的一种产品上附加一个不大但明显而且
　并非临时性的涨价(SSNIP)"。美国 2010 年《横向合并指南》第 4.1.1。
② 根据本书第一章对市场力量所作的讨论,这一假定是不全面的,因此后
　面又加了一个条件,即相关市场的进入壁垒很高。但这仍然不全面,完
　整的假定应当表达为:如果 A 市场上只有涉嫌当事人这一家经营者,而
　且该市场进入壁垒很高,买方也没有对抗力量。关于买方对抗力量的分
　析,请参见后文"支配地位的认定"一章。

大。但如果相当多的消费者竟然选择购买 B 商品，由此导致流失的利润大于价格上涨所增加的利润，则说明上面假定的范围太窄了，应当把 B 商品加进来。

接下来把初始市场变成了 A+B，再次假定它在这一扩大了的市场上是个"垄断者"，其本质同样是假定它涨价 5% 时能增加利润。倘若果然如此，说明相关市场应当是 A+B。然后再假定它是A+B 市场上的"垄断者"，它应当能够通过提高价格来增加利润吧？但如果消费者竟然又大量流向 C 商品，并由此导致利润总量减少，则说明相关市场仍然划小了，它应当包括 A+B+C。然后再对 D、E、F、G 等商品一个个考察下去，直到最后假定涉嫌经营者是 A+B+C……+X 市场上的垄断者，当其涨价 5% 时，消费者不再流向 Y，或即使有少量流向 Y，但该垄断者的利润仍然在增加，则可以认为相关市场的范围就是 A+B+C……+X，而不包括 Y。

之所以称为"假定垄断者测试法"，是由于在其操作中一次又一次地将涉嫌行为人假定为不断扩大的市场的"唯一的经营者"即垄断者，先是假定为 A 市场的垄断者，再假定为 A+B 市场的垄断者，又假定为 A+B+C 市场的垄断者……这一次次的相加煞有介事，但却十分不自然，因为当事人分明只生产 A 商品，并不生产B、C……X 商品。

可以看看美国《横向合并指南》中所举的例子。假设摩托车市场有 A、B 两个品牌的摩托车，当 A 涨价时，一些消费者选择 B，但也有一些消费者选择购买小汽车。指南认为，"摩托车买家认为品牌 B 比小汽车与品牌 A 更具有相似性"，由于汽车的销售量大得多，如果把相关市场界定为"A、B 品牌摩托车+小汽车"，则 A 品牌摩托车的市场份额就微不足道了，这会低估 B 对 A 涨价行为的制约能力,而又高估小汽车的制约能力。① 因此虽然有些消费者选择了购买小汽车,但本案中小汽车不属于相关市场。如果往前再推进一步,就可以解释得比较透彻了:在消费者面对的只有 A 与 B 时,只要 B 的产量足够,则大都会选择 B 而不会接受 A 的涨价,这将使 A 的利润减少,因此 B 与 A 之间具有替代性;但消费者面对的只有 A 与小汽车时,则大多会选择接受 A 的涨价或放弃需求,只有少量消费者会转向购买小汽车,因此 A 的涨价将导致利润增加,这时小汽车与 A 不具有界定相关市场意义上的替代性。因此,"假定垄断者测试法"对需求替代性的理解不包括上面所说的"微弱替代性",它有两层含义:(1)在消费者看来,能够满足其同一需求;(2)必须有大量消费者这样看,其数量大到足以阻止行为人涨价。反垄断法有许多概念都必须透过表面才能看到实质,所谓需求替代性表面上是"在满足消费者同一需求上具有替代性",但本质上,替代性商品是指"能够阻碍行为人通过提高价格的方式来增加利润的商品",相关市场就由这样的商品组成,它们中的每一个(只要产量足够)都能单独阻却行为人提高价格的企图,而单纯靠小汽车则无法阻碍摩托车生产商提高价格,因为转向购买小汽车的消费者一定是有限的。

澄清了这种本质之后,可以发现"假定垄断者"这一环节是不必要的,一次又一次的机械假设不仅消耗脑力,而且容易把读者的注意力引向非本质的操作层面,反而造成对本质的掩盖。相关市场的界定过程就是考察商品间替代性的过程,不妨以涉嫌行为人的商品 A 摩托车为初始市场,把所有与 A 有某种"需求替代性"的商品(包括 B 摩托车和小汽车)分别拿过来比对,然后再考察这些

---

① 美国 2010 年《横向合并指南》例 4。

商品的替代性程度是不是密切：在 A 摩托车价格上涨 5% 时，如果消费者需求将大量流向 B 摩托车从而导致行为人利润减少，则将 B 纳入相关市场；然后再比对 C 商品，如果流向 C 的消费者需求不足以导致行为人利润减少，则不属同一相关市场。这一比对过程是一对一进行的，不必 A+B+C 一直加到 X 并一次又一次人为地假设行为人是个垄断者，而它明明并不生产 B、C 直到 X。

抛却这些人为的复杂设计后，这一测试法的实质内容主要有：（1）假定发生并不很大，但也并不很小的价格上涨，意思是，会对消费者的购买选择产生影响的价格上涨。这表明它采用的是"价格上涨时的需求变化"考察方法。但需要强调的是，这一测试法的本质在于考察消费者的需求企图发生转向时，有哪些产品可以选择，而价格上涨只是造成其需求转向意愿的原因，是枝节问题。在奇虎诉腾讯案中，由于被告的即时通信服务 QQ 是免费的，不存在提高价格的问题，因此终审判决中将"假定垄断者测试法"改为"假定服务质量发生不大但显著的下降测试法"，并认为腾讯的"二选一"行为给 QQ 用户增添了负担，因而属于服务质量下降，然后考察这种情况下有哪些同类服务可以选择，最终将相关市场产品界定为"即时通信服务市场"。这一改造是不必要的。价格上涨与服务质量下降都是造成消费者需求转向的原因，假定垄断者测试法的重心不在于解释这种原因，如果改称为"消费者产生需求转向愿望时，可以选择的产品范围"测试法，可能会更准确一些。（2）这一价格上涨是持久的，而不是偶然因素造成的。持久不意味着已经发生了很长时间，而是指如果反垄断法不予禁止，涨价将持续下去，它不是偶然的市场条件变化所造成的，市场的波动也无法将其自动消除，必须由反垄断法进行干预。（3）相关市场内的每一种商品都能阻止行为人的商品涨价——如果产量足够的话,而产量够不够,是后一步骤(市场力量的考察步骤)的问题。

2.“幅度不大但明显”

造成消费者需求转向的原因可能有很多种,不过多数情况下是由于价格提高。虽然没有人真正进行过大量的论证,但美国把“幅度不大但明显”价格上涨幅度定在5%,也可根据案情采用大于或小于这一数值的幅度。① 欧盟采用的标准则为5%—10%,②假定当事人的价格提高到这一幅度,看看消费者的需求会流向哪些商品来使涨价行为人得不偿失。如果甲商品的价格上涨到这一幅度时,消费者就大量转向乙商品;或甲地区的 A 商品价格上涨到这一幅度时,消费者会大量转向乙地区的 A 商品,则认为甲与乙构成同一相关市场;而如果这时消费者并不转向,则甲、乙商品或地区不属同一相关市场。其他国家或地区的做法也大致如此。

如果涉嫌当事人的价格已经上涨并发生过消费者流失情况,则还可以采用美国判例法所用过的“需求交叉弹性”(cross-elasticity of demand)方法。所谓需求交叉弹性,即 B 商品价格变化引起 A 商品需求量变化时,前者的价格变化率与后者的需求量变化率的比值。这一比值越大,则两种商品的替代性越强,反之则越弱;如果比值为0,则两种商品不具替代性。这是前述基本方法的一种操作手段,如果 B 商品价格上涨了5%,可以调查 A 商品的需求量下降情况,如果数据容易调查而且十分精确,则能够比较可靠地反映两种商品的替代性程度。但如果尚未发生价格上涨的事实,这种方法就无法采用。比如涉嫌当事人被指控从事了搭售行为,首先要考察它是否在搭售品市场上拥有支配地位,而支配地位

① 美国 2010 年《横向合并指南》第 4.1.2 节。
② 欧盟 1997 年《关于相关市场界定的通告》第 17 段。

的认定需要界定相关市场。这里并没有发生 B 商品价格提高的事实,更谈不上 B 涨价导致 A 商品的需求上涨多少。虽然非法垄断行为的最终目的是提高价格,但反垄断案件中多是指控其从事了搭售、掠夺性定价、价格歧视、拒绝交易等排斥性行为,这些行为本身并不表现为价格的提高,因而无法考察 B 商品涨价所导致的 A 商品的需求变化状况。不仅如此,导致 A 商品需求变化的原因可能有很多,如果不能建立明确的标准,就很难评价这两种变化间存在多大程度的因果关系。美国学术中这类华而不实的路数还有很多,其实用价值是有限的,不过这类做法背后所依托的原理仍然是相同的,界定市场的根本标准是价格上涨所引起的需求的变化,根本的操作方法仍然是把看起来比较像的商品拿来——对比,能够对消费者进行调查最好,如果不能,只好由法院或执法机构把自己假想为消费者来推断。

第二节 界定相关市场的维度

相关市场的界定,主要从商品与地域两个维度进行,即需要界定相关商品市场与相关地域市场。首先必须明确有哪些商品之间发生竞争,比如房地产与服装之间不会发生竞争,因而不属同一商品市场;然后还要从地理范围角度,明确这些商品是在哪里发生竞争,比如服装可以向全国销售,因而市场可以是全国性的;而房地产市场则不同,北京的房价再高,也不会有居民转向到长沙买房来作为替代,因而两个地区的房地产市场不属同一地域市场。这两个维度的界定有先后顺序:先确定哪些商品之间存在竞争,再考察这些商品之间在哪个地理范围内相互竞争——只有在这一地域范围内生产该种商品的生产商之间,才互为竞争者。界定相关市场的最直接目的,就是对竞争者进行识别。

一、相关商品市场的界定

(一)相关商品市场的概念

要识别竞争者,首先要识别哪些商品在相互竞争。相关商品市场包括所有互相具有需求替代性的商品,而不限于相同的商品。美国对相关商品市场的定义是:"……当局将把商品市场定为一个或一组商品,并假定一个追求利润最大化的作为这些商品现在和将来的唯一卖主(即垄断者)可以进行一个'幅度不大但却明显的持久涨价'。"[1]这里"可以进行一个……涨价"的意思是,涨价能够使其利润增加。这一定义着眼于描述其考察对象的外观表现与后果,而不探究其成因,因此很难反映出本质。一种或若干种商品构成相关商品市场,不是由于一个假定垄断者可以进行"幅度不大但却明显的持久涨价",恰恰相反,之所以可以进行这样的涨价,是由于这些互具替代性的商品全都属于同一个相关商品市场,而这个市场只有垄断者一家经营者。因此界定相关商品市场的方法是考察商品间的替代性状况,而不是看它涨价的状况。

欧盟的定义则更清晰一些:"相关产品市场是指根据商品特性、价格及用途,而被消费者视为可互换或可相互替代的所有产品和/或服务。"[2]这一定义忽略了对"替代性"的限定或解释,因而是不全面的,正如讨论美国"假定垄断者测试法"时所举的例子那样,摩托车 A 涨价时有少量消费者会认为小汽车"可互换或可相互替代",这些消费者的判断不能成为界定商品市场的根据,除非

---

[1]　美国 2010 年《横向合并指南》第 4.1 节。

[2]　欧盟 1997 年《关于相关市场界定的通告》第 7 段。

单凭这些消费者的流失就能够阻止行为人提高价格。只有那些"有可能阻止当事人提高价格的替代性商品"才应纳入相关商品市场。本书在用到"替代性"一词时,除另有说明外,都作如此理解。

要了解两种商品间是否存在上述意义的需求替代性,最简单的方法是对消费者进行直接调查。如果所涉商品比较小众,比如大型油轮的买家数量有限,这种直接调查是可行的,但对于大众消费品来说,显然不宜采用这种方法。因此除少数情况外,只能由法院或执法机构根据产品的物理属性、功能、用途、价格、消费者偏好以及能不能买得到等因素,来推演消费者的选择范围有哪些。

(二)界定相关商品市场时考察的因素

欧盟竞争法规定:"相关产品市场是指根据商品特性、价格及用途,而被消费者视为可互换或可相互替代的所有产品和/或服务。"[1]欧盟判例法又有进一步发展。欧盟初审法院(现称欧盟一般法院)认为,"要构成独立市场,必须有可能根据其特性,将所涉产品、服务与其他产品、服务区分开来,它们与后者不具有可替代性,并且后者与其不存在显著的竞争。可替换程度必须根据产品的客观特性,以及市场的供需结构和竞争条件来评价。"[2]欧盟委员会对产品市场的定义是:"产品市场包括全部这样的产品(或服务),即,由于其特性,特别适于持续的需求,且只在有限程度上与其他产品在价格、用途、消费者偏爱方面可相互替换。只考察相关产品的客观特性是不够的,还必须考虑该市场的竞争条件和供需结构。"[3]概括起来,在个案的审理中,以下五项因素应综合考虑。

---

① 欧盟 1997 年《关于相关市场界定的通告》第 7 段。

② Deutsche Bahn v.Commission [1997] ECR II-1689 at 1713.

③ OJ 1997 C372/5,para 7.

1. 商品特性与用途

多数情况下,具有相似的物理特性是构成同一商品市场的前提条件。因为消费者只会转向能满足同一需求的商品,而这些商品的特性必然是近似的,但何谓近似则需要进一步分析。欧盟Continental Can 案①中,欧洲法院认为玻璃及塑料食品容器无法取代金属食品容器,因为玻璃及塑料容器包装的食品不能直接在烤箱里加热,而且玻璃重且易碎,塑料则不够坚硬。而金属容器不仅有硬度,不易破碎,而且买回食品后不需要更换容器即可直接加热。由于物理特性不同,假定金属容器价格上涨 5% 至 10%,消费者不会转而购买另两种容器作为替代,因此它们与金融容器不属同一商品市场。

然而具备物理上的近似性并不必然构成同一商品市场,因为商品之间的替代性取决于多方面的因素。比如商品的用途、消费者的偏好就构成重要的制约因素。即使两种商品物理特性差别不大,由于用途不同,或由于消费者有强烈的偏好,也可认定为不同的商品市场。比如在欧盟 Tetrapak② 案中,两种不同类型的牛奶盒分别用作两种牛奶的容器。两种包装盒本身是可以互换的,但这两种牛奶的味道和其他特征都区别很大,消费者不会把二者看成是可以互换的。由于消费者已习惯了两种牛奶采用各自的包装盒式样,而且包装因素在牛奶总成本中所占比重很小,包装成本增加 10% 也不会使产品成本增加 1%,牛奶经销商不大可能为降低成本而更换包装盒,因此欧盟委员会认定这两种包装盒及其各自的生产设备分属不同的相关市场。

---

① Europemballage and Continental Can v. Commission Case 6/72 [1973] ECR 215:CMLR 199.

② [1991] 4 CMLR 334.

再如欧盟 Hilti v.Commission[①] 案中,原告 Hilti 是一家卢森堡公司,其用于加固的射钉枪享有专利保护,但射钉枪所用的钉子则不拥有专利权。Hilti 称,建筑上的固定方法有很多种,它们之间可以相互替代,因而构成同一商品市场。欧盟委员会认为,这种射钉枪具有多用途、易携带、速度快等优点,比其他加固方法更为方便。虽然其所使用的钉子比同类商品如螺丝、螺栓等昂贵,但由于加固成本只是建筑总成本中的一小部分,消费者不会为节约这一点钱而选择其他方法,所以不同方法虽然都可用于加固用途,但彼此间没有多少替代性,射钉枪及其所用的钉子分别构成不同的商品市场。

反过来,即使产品的物理特性存在差异,也未必不具有替代性,归根结底,是否具有替代性取决于消费者的选择。比如高铁与民航飞机在物理特性上差别很大,但在中距离客运上,二者的替代性正在日益增强。

2. 价格

如果两种产品间价格差异过大,则单纯根据价格就可以认定其不属于同一相关市场,哪怕其物理属性具有一定的相似性。比如寻常的服装与高档名牌服装一般不存在竞争,后者的价格要高出许多倍,一般服装价格进行"幅度不大然而明显且并非暂时的"涨价时,不会导致一般消费者购买高档服装,因而两种服装就可以分别构成不同的相关商品市场。不过也可以将二者价格的差异解释为商品特性的不同,因为名牌服装在品牌宣传、销售及服务方面做了大量投资,与一般服装的成本结构不同,而且消费者对二者的需求也有很大差异。

---

① 　Case T.30/89 [1992] 4 CMLR 677.

　　而在价格相同或价格差距合理的情况下,消费者会选择其认为物理性能最好、最适合其用途的商品,或其最偏爱的商品。如果该商品的价格提高一定幅度时,有许多消费者转而购买另一种商品,则二者间具有可替换性,构成同一相关商品市场。作为参照标准的这一幅度不应很大,一般是在5%至10%之间。

　　有时也可以根据两种商品之间的价格变动的关联性,来判明二者是否构成同一相关商品市场,而不一定需要进行复杂的分析,因为替代性商品间的价格互动一般应该是比较明显的,一种商品价格提高,消费者会流向另一种商品;或者,一种产品价格降低,则会把另一种产品的消费者吸引过来,最终结果是,价格高的产品必须把价格降低,否则即无法挽留住消费者。正如波斯纳所说:"要考察两种商品价格变动的关联性。如果两个变动之间有很强的关联性,且没有明显的时滞,那么这就是两种商品属于同一市场的绝对证据。从这种相关性可以推知,这两种商品是如此接近的替代品,以至于它们的价格不会有显著的差别。"①反过来,如果两种产品的价格互不影响,则可以认定它们并不属于同一市场。

　　3. 不同商品间的关联关系

　　界定相关商品市场时,还必须考察关联商品之间的相互影响,比如案件涉及两种商品,一种是主要商品,另一种是使用主要商品所必需的附属商品(比如零配件)。这时附属商品市场的界定要受到主、附商品之间关系的影响。零配件与零配件竞争,其市场范围本应是所有替代性的零配件,但如果只有部分同类零配件可以与主要商品兼容,则只有这些能兼容的零配件才属同一相关商品。

────────

①　[美]理查德·A.波斯纳:《反托拉斯法》,孙秋宁译,中国政法大学出版社2003年版,第175页。

而如果主要商品对兼容性的要求不高,则零配件商品市场的范围则会广一些。不过很多情况下人们并不把"与大众汽车相兼容的零配件"界定为一个独立的市场,而是在支配地位的认定环节再考察这种兼容因素。

此外,由于市场主体从事研究与开发活动的结果,市场上常常会发生新旧商品的更替。如果新商品只是对现有商品进行改进,则其效果只是在现有商品市场上增加一种新的替代品,但这时替代性往往是单向的:新的商品可以阻止旧商品提高价格,但反过来则不行。这时相关市场的界定取决于个案中争议所涉的是哪一个:因旧商品发生争议时,相关市场应包括新产品;如果争议的是新产品,则把旧商品排除在相关市场之外。而如果开发成果是一种全新的商品,比如开发一种艾滋病疫苗,则现有任何商品与之没有替代关系,这个疫苗本身构成一个独立的商品市场。

4. 消费者偏好

两种产品是不是具有替代性,最终取决于消费者的态度。如果消费者根据产品的物理特性、功能、用途、价格等认为它们可以相互替换,则构成同一商品市场。因此相关市场的界定过程就是对消费者态度的推测过程。

这里所说的消费者偏好是指影响其选择的特殊主观因素。即使两种商品客观上具有可替代性,由于消费者有特殊的消费习惯,也可将其认定为两个市场。比如在欧盟 Michelin 案①中,欧洲法院将汽车轮胎划分成三个独立的商品市场:原装轮胎市场,轿车与轻型卡车装配轮胎市场,翻制再生轮胎市场。原装轮胎出售给汽车制造商,直接装配在其所生产的新汽车上。这种轮胎的购买者

---

① Case 322/81 Michelin v.Commission [1983] ECR 3461.

是特定的,即汽车制造商,而不是一般的消费者。而另两种轮胎则是用于维修更换的,又分为两个独立的市场。一般说来,个人消费者所拥有的一般是轿车与轻型卡车,行车里程不多,更换次数不多,而格外强调轮胎的安全,这种心理决定了,他们不太可能图便宜而购买翻制的旧轮胎,而宁可购买崭新的轮胎。而专业的运输公司行车里程高,轮胎消耗量大,需要经常翻新,并且由于职业性较强,对于轮胎的安全情况不同于一般消费者。此外,用于重型车的轮胎,其生产设备与轻型车的生产设备有所不同,因而生产商不容易在二者之间转产。因此,三种轮胎之间实际上不会发生竞争,因而各自构成不同的商品市场。① 更一般地说,大多数汽车备件的经营中都有这样的问题,即同样的零件,如果用于生产原装汽车,则销售对象是汽车生产商;如果用作零备件,则主要销售对象是维修商和消费者,这往往导致形成两个独立的相关产品市场。

5. 市场进入壁垒

潜在竞争者带来的竞争压力虽然迟一些,但就阻止行为人提高价格而言,其重要性并不实质性地亚于现有的竞争者,因为涨价行为必须持续较长时间才是划算的,在潜在竞争者进入市场后,消费者可能会一去不复返。既然如此,行为人一般不会产生提高价格的念头。

潜在竞争者的进入取决于进入壁垒的状况。如果壁垒较高,潜在竞争者无法进入这一市场,则无法带来真正的竞争压力,市场上的现有企业就可以肆无忌惮了,两种表面上具有需求替代性的产品,并不被视为属于同一相关产品市场。常见的市场壁垒主要有:

---

① 参见文学国:《滥用与规制》,法律出版社 2003 年版,第 121—123 页。

（1）资本壁垒。新的进入者必然要投入大量资本,而市场上现有企业的资本投入过程早已完成,因而不必再作这项投资,这使现有竞争者比潜在竞争者拥有优势。因此,该项投资构成新的进入者额外的障碍。一方面,它必须能够筹集到足够的资本才能购买进入市场所需要的生产设施;另一方面,如果其所筹集的资本中有大量属于沉没投资,进入失败时无法带走或用作其他用途,则会增大进入的风险,经营者决定是否进入时就不得不多思考一下。不过资本壁垒的考察应当与资本市场的运行状况结合起来,如果融资并不困难,则即使需要投入巨额资本也并不会阻碍潜在竞争者进入市场,换个角度来说,不仅需要考察潜在竞争者的自有财力,而且要考察其从外部融资的可能性。

（2）规模经济与范围经济壁垒。现存企业可能已经实现了规模经济与范围经济,占有支配地位的企业更是如此。而新的进入者则不可能一进入市场就实现规模经济,因而不仅要投入大量资本,而且要经过一定的过渡期间来达到一定的产量、开拓销售渠道等。在此期间,由于销售量不大,每个单位产品要分摊更多的固定成本,因而单位成本较高,价格也就越高,这越发妨碍其扩大销售量,反过来,销售量越小,每个单位分摊的固定成本越多,这会进一步减少其利润空间,或者不得不亏损经营,而这种亏损也构成一种沉没投资。如果规模经济与范围经济障碍过大,潜在竞争者进入该市场的动力就是有限的。

（3）法律壁垒及知识产权壁垒。如果现有企业掌握着进入该市场必不可少的知识产权,或享有政府的某项授权,则能有效阻止潜在竞争者进入。如各国均对某些领域如水、电、煤气等实行程度不同的管制,对企业的价格、服务水平等有严格要求,同时,不允许市场主体自由进入,则这一壁垒是不能逾越的,其他市场主体就不能视为这一市场的竞争者。

（4）现有企业拥有的其他优势。现有企业如果得到某种关键设施，或某种稀有的自然资源，或拥有先进技术、知识产权，或由于其在市场上建立的许多业务关系，也可以构成进入者的障碍。比如现有企业已建立起牢固、稠密的销售渠道，拥有良好的后勤保障，潜在进入者一时间做不到这一点；现有企业可能对上游市场（包括其生产的原材料市场、技术市场等）实现了一定程度的控制，因而可以比新的进入者得到更优惠的供应价格，在供应紧张时，可以得到充分的供应，而新的进入者在这方面则处于劣势；有的产业特别强调信誉与经验的重要性，现有企业已经拥有了许多消费者的忠诚，与客户建立的密切联系，这些也都是潜在进入者所不具备的，如果重要的销售商都与现存的企业订立了长期合同，则新的进入者就找不到足够的销售渠道，尤其是现有市场存在网络效应时，即若干个供应商分别控制了若干大销售商时，对新进入者的排斥更加强烈；而为建立声誉所进行的长期促销与广告宣传等投入，也构成沉没投资，这些均是新的进入者面临的壁垒。

壁垒的大小也决定着转产的难度，是区分替代性供应商与潜在竞争者的依据之一。如 1973 年 Continental Can 案①中欧洲法院认为，所谓潜在供应商，就是通过"简单调整"即可进入市场的供应商；而上述 Michelin 案②中，重型车的轮胎在型号、大小等方面与轻型车显然有区别，二者的生产设施互不相同，虽然两类产品的物理性能、用途很有些相近，但要转产却不容易，因而分属不同的市场。

---

① Europemballage and Continental Can v. Commission Case 6/72 [1973] ECR 215；CMLR 199.

② Case 322/81 Michelin v. Commission [1983] ECR 3461.

（三）界定相关商品市场的步骤

从美国的"假定垄断者测试法"中去除"A+B+C"的过程即可：先以涉嫌当事人的涉嫌商品为基础，识别出一个初始市场，然后根据进一步的信息，考虑再将哪种商品加进来。

一般说来，执法机构受理案件时，或原告提起诉讼时，总会掌握一些初步的信息，比如涉嫌当事人被指控从事了搭售行为，在自己生产的 A 商品上搭售另一种商品，这首先需要考察其在 A 商品所在相关市场上有无支配地位，而其前提是界定这个相关市场。可以把 A 商品作为初始市场，再看假设 A 涨价5%到10%的话，消费者会不会，以及能不能（"能不能"主要取决于市场壁垒）转向购买 B 商品，从而阻却这一涨价行为。如果答案是肯定的，则 B 与 A 构成同一商品市场；然后再考察 C 商品是不是也能纳入同一市场。然后再是 D、E 等，直到不能再增加为止，比如即使 A 涨价10%，也不会有很多消费者购买 Y 商品，则 Y 与 A 不属同一商品市场。这通常是一个市场范围不断扩大的过程，有时将 B、C 等纳入以后，当事人的市场份额就小了很多，可以认定其缺乏拥有市场力量的必要条件，也就不必再往下考察 D、E 等是否属于同一商品市场。

界定相关市场时需要大量的市场信息，竞争主管机构必须向当事人及其所在行业的主要客户、消费者与竞争者，以及该行业的行业协会了解情况，询问它们对于如何界定相关市场的看法。必要时，还会向上游经营者进行调查。就美国与欧盟的实践来看，这种调查的主要内容就是价格变化引起的供求反应。此外，竞争主管机构也可以与上述经营者的经营管理人员直接交流，以更清楚地了解交易过程是如何进行的，在交易过程中，交易双方的地位与关系如何。

此外，竞争主管机构还要考察当事人所在市场的历史演进情况。如果在近期内该市场上两种商品之间曾发生过替代关系，则只要该市场没有发生实质改变,则可直接认定它们构成同一商品市场,而不需要再进行更复杂的调查。

但如果所涉商品是一般消费品,由于消费者数量太大,竞争主管机关很难全面收集其直接看法,则只能采用其他相关资料作为证据,比如各行业协会的年度市场分析报告。有些经营者在进行定价及其他行为的决策时,往往委托咨询公司等为其进行市场调查,此类调查报告也可用作界定相关商品市场的依据。当事人及其竞争者提供的其他市场调研报告,以及零售商、消费者的观点,也应予以考虑,从而更准确地反映出消费者的看法。但这些资料一般只有参考价值,执法机构或法院最终仍然需要根据商品的功能、用途、价格、消费者偏好等因素作出自己的判断。

二、相关技术市场与相关创新市场

上面说到"商品"时,一般是作为有形商品与服务(分别对应着英文单词 goods 与 service)的统称,除极少数情况以外,二者在反垄断法的地位是一样的。但知识产权贸易中,其标的则不是上述"商品"概念所能全部涵纳的。商标用于商品销售,因而商标的许可与转让尚可以附属于商品的交易,其相关市场就是该商品的相关市场。但技术(包括专利技术与专有技术)贸易活动所影响的范围可能要复杂得多,因为技术不是有形商品,也不同于服务,而是自成一类的标的,而技术贸易又可能影响多个层面的市场竞争关系,因而其相关市场的界定也要麻烦一些。此外,经营者之间为了改进商品、技术,或开发新的商品、技术而进行的研究开发活动之间也存在竞争,特别是在技术含量高的产业,比如软件开发行业,竞争主要体现为研发能力的竞争,这一竞争所在市场称为"创新市场",这种市场上的竞争者就是从事替代性研发活动的单位,它们的活动对创新市场的竞争产生影响时,同样受反垄断法管辖,就像有形商品的生产商影响竞争时受反垄断法管辖一样。不仅如此,这种活动还有可能同时影响多个市场,比如若干研发单位之间为了研发技术与商品而订立联合研发协议,[1]这一协议不仅有可能对研发市场产生影响,而且可能影响到技术、商品的竞争,这种情况下,同一案件中就可能同时需要界定相关商品市场、相关技术市场、相关创新市场,并考察这一协议行为对每个市场所产生的影响。也就是说,同一案件中,并非只能界定一个相关市场,著名的"3Q 大战"一案的判决没有注意到这一点,而把相关市场的界定单一化了。

(一)相关技术市场

如果技术所有人自己使用该技术生产商品,然后将商品销售出去,而不将技术本身向他人授予许可,则只需要界定这种商品的相关市场,这种情况下,遵循界定相关商品市场的一般规则就可以了。把当事人销售该商品取得的销售额,除以该商品市场的总销售额,就是其市场份额。

而如果许可协议的标的是技术本身,则其相关市场的范围首先包括该许可技术本身,以及所有与之具有替代关系的近似技术。美国联邦巡回上诉法院指出,相关技术市场就是"那些技术和商品的假定的垄断者可能对之行使市场支配力的最小一组技术和商品"[2]。

---

① 英文为"Research & Development agreement",以下简称研发协议即 R&D 协议。

② Debra A. Valentine, Abuse of Dominance Relation to Intellectual Property, U. S. Perspectives and the Intel Case, Before the Israel International Antitrust Conference, November 5, 1999. 转引自王先林:《知识产权与反垄断法》,法律出版社 2001 年版,第 199 页。

　　至于其界定方法,与界定商品市场的方法与原则基本相同。《美国知识产权许可反托拉斯指南》第3.2.2节指出,"为了确认技术的近似替代品,并得以界定相关技术市场,主管机关应该在数据允许的情况下,确认最小一组的技术和货物,那些技术和货物的假想垄断者能够在这些技术和货物上行使市场支配力,如可以施加较小的、但重大的非临时性提价。"①这同样是采用假定垄断者测试法,从当事人的涉嫌技术开始,然后考察在这一技术的许可价格发生不大但明显而又持久的上涨时,消费者可转而采用哪些其他技术来回应。然后用当事人的许可费收入作分子,除以所有替代技术的所有销售商的总许可费收入,即为当事人的市场份额。如果了解不到其他销售商的许可费数额,则可以调查下游商品市场上,用该项技术所生产的商品的总销售额,用当事人的同类商品的销售额除以这个总销售额,即为当事人在技术市场所占的份额。

　　但更多情况下,技术是用作一种生产要素,用于生产某种终端商品。技术许可与转让协议会对这两个市场上的竞争均产生影响,例如,技术许可协议的双方当事人都销售同类商品,并相互把自己生产这类商品的技术向对方授予许可,这项交叉许可协议就会影响商品以及技术市场上的竞争。这时,界定该协议的相关市场时,既要界定相关商品市场,也要界定相关技术市场。例如两家经营者分别取得了生产某种抗感冒药品的专利技术,则这两种技术相互竞争,构成同一相关技术市场;与此同时,如果市场上还有其他技术用于生产同一药品,这些技术也要纳入相关技术市场;此

---

①　王蔷译,唐文弘校:《美国知识产权许可反托拉斯指南》,载尚明主编:《主要国家(地区)反垄断法律汇编》,法律出版社2004年版,第259页。

外,还要考察有没有其他抗感冒药品与该药品存在替代关系,生产这些替代性药品的技术也具有竞争性。这种情况下,相关市场的界定包括商品范围与技术范围的界定,前者是寻找该药品的所有替代药品,后者则是寻找其中每一种替代性药品的所有生产技术。准确寻找替代性药品是准确寻找替代性技术的前提,否则,有可能夸大行为人的市场力量,从而不当地损害效率:即使某个经营者在甲药品的技术市场上拥有很大的份额,如果该药品拥有许多替代性药品,则它不敢随意提高价格。因此,《美国知识产权许可反托拉斯指南》第3.2.2节指出,"技术市场包括被许可的知识产权,及其近似的替代物——即足够近似的可作为替代物的技术或货物,可实质上限制有关被许可知识产权市场支配力的行使。"①

(二)创新市场

技术许可与转让协议很可能对创新竞争产生影响,削弱当事人之间在创新方面的竞争,延缓新商品、新技术的出现。但一般说来,在分析技术许可与转让协议时,主要限于对现有商品与技术市场进行考察,而将创新活动所可能产生的研发成果视为潜在竞争的来源,在界定相关市场时,一般不将这些尚未出现的成果考虑在内。但少数情况下,如果创新竞争受到协议的直接影响,也有必要界定创新市场。

界定相关创新市场,主要是发生在经营者间订立研究与开发协议的情况下。合作研发有可能是为了加快研发速度,也可能是为了拖延研发进程,而后者也需要当事人拥有市场力量,否则它只

---

① 王蔷译,唐文弘校:《美国知识产权许可反托拉斯指南》,载尚明主编:《主要国家(地区)反垄断法律汇编》,法律出版社2004年版,第258页。

能拖延当事人的研发,却无力拖延第三人的研发,对当事人是不利的。这需要对相关创新市场进行界定。

界定创新市场的目的在于考察有哪些经营者在从事同类研发活动,这些研发活动如果与协议的标的具有替代性,则构成同一创新市场。在确定不同单位的研发活动间是否具有替代性时,主要考察各研发活动的性质、范围和规模,及其可以利用的资金和人才资源状况,各自拥有的技术水准,掌握专有技术和专利技术的情况;此外,预期完成开发的时间也是重要的因素,如果根据第三人的资源和时间安排来看,其研发活动将晚许多年才能完成,则不具替代性,因而不应纳入相关创新市场。

如果研发活动之间的替代性不容易判断,也可采用下游的技术作为参考,即,如果两个研发单位所要研发的技术将会互具替代性,则认为这两个创新活动之间存在竞争;如果技术之间的替代性也不容易判断,则再往更下游看看,如果用这些技术所生产的商品之间将有替代性,则这两个研发活动也构成同一相关市场。虽然操作起来还会遇到许多具体的疑难问题,但这一思路可以提供比较清晰的大方向。

此外,必须强调的是,研发协议往往同时影响多个维度的市场竞争,因而同一案件中,往往需要同时界定相关商品市场、技术市场、创新市场;在此之后,可能还需要界定地域市场的范围。这比单纯商品市场的界定更复杂。

总体说来,无论是相关技术市场还是相关创新市场,均采用相关商品市场的界定方法,或者换个角度说,相关技术市场、相关创新市场都只不过是相关商品市场的特例,以下的讨论中,除特别声明外,一般将"相关商品市场"用作三者的统称。

三、相关地域市场的界定

（一）相关地域市场的概念

任何竞争都发生在一定的地域范围之内。相关地域市场是相关商品相互竞争的地理范围。这可以是整个国家，甚至可以更大，也可以是某个地区，甚至是很小的地区。界定地域市场的基本标准，同样是价格变化所引起的需求替代反应。

界定相关商品市场时，考察的是在甲商品价格上涨时，消费者会不会转向购买乙商品；在界定相关地域市场时，考察的是如果甲地区的甲商品价格上涨，消费者会不会转而到乙地区去购买甲商品及其替代性商品，如果是，则甲乙两个地区构成同一个相关地域市场。正如不同商品市场之间一般不存在竞争一样，不同地域市场的相同产品间也不存在竞争。这意味着，此地域市场的竞争状况对彼地域市场没有影响。甲地区的甲商品价格提高了，并不会吸引乙地区的甲商品流进来，也不会导致甲地区的消费者跑到乙地区去购买。"即该地区内，经营者可以抬高其价格，而并不吸引新的销售商进入，或者并不因转向该地区以外的供应商而失去许多客户。"[1]如果相反，则两个地域市场存在竞争关系，应认定其属于同一相关地域市场。

美国《横向合并指南》界定相关地域市场时，同样是采用"假定垄断者测试法"，从涉嫌当事人所在地区开始，考察在这一区域的相关商品发生"幅度不大但明显的持久价格上涨"时，消费者会流向哪些地区去购买相关商品。[2]

不过在确定相关商品市场时，只要求商品具有替代性，而不要

---

① 转引自孔祥俊：《反垄断法原理》，中国法制出版社 2001 年版，第 290 页。

② 美国 2010 年《横向合并指南》第 4.2.1 节。

求具有同质性。而要构成相关地域市场,必须是该地区的竞争条件具有同质性,尤其是价格形成条件具有同质性。在 United Brands 案中,欧洲法院将其界定为"一个区域,其中适用于涉嫌商品的客观竞争条件对所有的交易者都是相同的",虽然 United Brands 公司向整个欧共体销售香蕉,但欧洲法院认为相关市场只包括爱尔兰、丹麦以及德、比、卢、荷,而将英、法、意三国排除在外,因为英、法对来自其殖民地的香蕉进口给予优惠,而意大利则对香蕉进口有数量限制,这与上述各国的竞争条件不具"同质性"。① 另一方面,这一地理区域的竞争条件必须与相邻地区存在明显的差异。"相关地域市场是指所涉经营者进行商品或服务供求活动的地区,该地区的竞争条件是充分同质的,并与相邻地区的竞争条件明显不同,因而能将其与相邻地区区分开来。"②。地域市场的范围取决于市场状况,与行政区划并不必然相关,也未必与国界相一致。

(二)相关地域市场的界定方法

相关地域市场的界定发生在相关商品市场界定之后,其步骤与界定相关商品市场大致相同。首先从涉嫌当事人所在地区开始,假设这一地区的相关商品涨价 5% 到 10%,消费者会不会以及能不能转向购买其他地区的替代性商品,如果答案是肯定的,则两个地区构成同一相关地域市场。因此,在界定相关地域市场时,应关注不同地区之间是否存在阻碍贸易流动的壁垒,如果壁垒较高,消费者无法到另一地区去购买,或必须付出过高的成本,则相关地域市场即以此为边界。

---

① 参见文学国:《滥用与规制》,法律出版社 2003 年版,第 128 页。
② 欧盟 1997 年《关于相关市场界定的通告》第 8 段。

这些障碍主要有运输成本、消费者偏好等。

1. 运输成本

运输成本是产品价格的重要组成部分,如果运输成本太高,则失去价格竞争的优势,那么,市场主体一般就不会进入另一地域市场进行竞争。

比如水泥、砂石是重要的建筑材料,但附加值较低,而重量较大,运输成本在价格中占有相当大的比重,其销售的地理范围有比较明显的局限性。运费过高,产品流动性就差,则其地域市场范围就小,南方的一家水泥厂与东北一家水泥厂产生竞争关系的可能性不大,在评价各自的市场地位时,地域市场的范围仅限于当地,而不是全国市场。其分母小一些,市场份额就高一些。

不过对运输条件的考察必须与时俱进,近年来中国的运输条件已有重大发展,因而地域市场的范围也相应地扩大;另一方面,运输成本虽然是最明显的地区壁垒,但交通上的成本增加可以由其他方面的成本节约来弥补,比如各国原材料价格不一,劳动力价格也不同,这些因素都是最终产品价格的组成部分,因而两个地区之间的运输成本高,并不必然意味着它们构成不同的地域市场。

2. 消费者的购买习惯

由于语言、关税及其他贸易壁垒的限制,地域市场的范围常常不超过国界。MSN 本是一种很好的即时通信工具,也开发了中文版本,但中国用户大多选择 QQ。

3. 交易的层次

在不同交易层次上,消费者购买习惯的重要性不同。如在零售环节,对食品消费者来说,市场肯定是地区性的;而在批发环节,对于食品批发商来说,则可以是地区性的、全国性的。此外,不同地区、不同民族的风俗、语言、文化、生活方式等也会对竞争的地域范围产生影响。

4.商品的性质与价格

鲜活易腐烂的产品,其地域市场范围也有一定限度。当然随着冷冻设施及交通条件的发展,远距离运输鲜活产品的能力增强,但由此也会导致成本增加,最终导致两地间价格的差异。如果这种差异过大,甲地产品价格上涨并不导致乙地的同等产品流入,则甲、乙分别构成不同的地域市场。

以上只是对主要考察因素的举例,具体有哪些因素起作用,每种因素的重要性如何,取决于个案的具体情况。

四、界定相关市场的其他维度

各国反垄断法主要从商品与地域两个维度来界定相关市场,但《日本关于审查公司合并等的事务处理基准》①则对"一定的交易领域"规定了四个维度:"'一定交易领域',是表示判断合并是否带来竞争的实质性限制时构成判断对象的商品或劳务(下称商品)、地域等的范围,所谓市场,依交易的对象(商品范围)、交易的地域(地理范围)、交易阶段、交易相对方而划定。"其中,交易的对象是指商品范围,交易的地域是指地理范围,这与各国是一致的。但它还多出了两种市场界定维度即交易阶段和交易相对方。交易阶段商品通常是按照制造业者、批发业者、零售业者这一过程而被销售,在各自的交易阶段进行竞争。所以,一般在每个交易阶段划定一定的交易领域。交易相对方根据需要者的特性及商品的特殊性,在存在特定需要者群体时,有时也分别划定为独立

---

① 日本公平交易委员会 1980 年颁布,1996 年修订。

的一定交易领域。①

　　从字面上看,日本的这一规定除区分商品范围与地理范围以外,还根据交易阶段与交易对象来界定相关市场,如批发业务与零售业务可分别认定为独立的相关市场,不同的消费者群体可以分属不同的相关市场,等等。这与其他国家的立法相比是较为罕见的。从理论上说,这两个维度并无必要,因为相关市场由能够满足同一需求的商品构成,而制造、批发、零售三种不同的活动显然是分别满足不同需求的,因此制造业者、批发业者、零售业者当然互不竞争。同理,如果消费者分成不同群体,意味着不同群体的需求不同,用来满足不同需求的商品彼此间并无替代性,当然分属不同的市场,哪怕这些商品的物理属性具有近似性。上文关于轮胎的例子可以有助于说明这一点。

　　但对不同交易阶段和消费者群体进行区分往往能起到重要的补充性的作用。比如就交易阶段维度而言,一般说来,消费者的购买习惯对相关地域市场的界定有重要影响,但在不同交易层次上,其影响的大小不同。在零售环节,对食品消费者来说,市场肯定是地区性的;而在批发环节,对于食品批发商来说,则可以是地区性的或甚至是全国性的;而且只要批发商不同时从事零售业务,则与零售商之间不存在竞争,哪怕是同一商品,批发与零售两个环节构

---

① 参见王长河、周永胜、刘凤景译:《日本关于审查公司合并等的事务处理基准》,载尚明主编:《主要国家(地区)反垄断法律汇编》,法律出版社2004年版,第535页。此外,1981年颁布、1994年修订的《日本关于审查公司拥有股份的事务处理基准》中,也有一定的交易领域的规定,内容与《日本关于审查公司合并等的事务处理基准》一致。参见王长河、周永胜、刘凤景译:《日本关于审查公司拥有股份的事务处理基准》,载尚明主编:《主要国家(地区)反垄断法律汇编》,法律出版社2004年版,第524页。

成两个不同的相关市场。

再就交易相对方维度而言,美国 2010 年《横向合并指南》也有类似规定:"如果假定垄断者能够针对部分用户涨价而获利,执法部门可能围绕这些目标用户来确定相关市场,如果假定垄断者可以有利可图地对这些目标用户实施至少一项 SSNIP。"①意思是,哪怕对同一商品,经营者如果能对不同的客户群体采用不同的价格,则可以把每个客户群体界定为独立的相关市场,因为这时向不同群体销售的商品之间并无替代性,经营者对其中一个群体采用高价格不会导致这一群体中的客户过多流失,其总利润能够由此增加。少数情况下,甚至可以将对某个具体客户的销售界定为独立的相关市场,如果可以对它提高价格而不怕其需求流失的话,但多数情况下,"执法机构……针对的是客户群体,而不是个别客户。"②

欧盟委员会 1997 年《关于相关市场界定的通告》③规定得更周详,"当存在不同的消费者群体时,商品市场的范围会变小。相关商品的某一类独特的消费者,当有可能对其采用不同的价格时,可以构成一个更窄的、独立的市场。在满足以下两个条件时通常会出现这种情况:a)在向某个消费者出售相关商品时,能清楚地辨别他属于哪一个消费者群体。b)消费者之间的买卖,或第三人的套购应是不可能的。"④这与美国的规定意思相同:在根据商品

---

① 2010 年美国《横向合并指南》第 4.1.4 节。
② 2010 年美国《横向合并指南》第 4.1.4 节。
③ 英文全称为"Commission Notice on the Definition of the Relevant Market for the Purpose of Community Competition Law",见欧共体公报 OJ C 372 on 9/12/1997,其中文全译为《关于界定欧共体竞争法意义上的相关市场的委员会通告》,于 1997 年 12 月 9 日发布。本书中用其简称。
④ 参见欧盟 1997 年《关于相关市场界定的通告》第 43 段。

的物理属性、功能、用户等进行相关商品市场的界定后,如果发现不同消费者群体对价格的承受力不同,则可以将这些群体分别界定为不同的市场。但要认定这种"客户群体市场"须满足以下条件:(1)必须确实存在不同的消费者群体,而且哪个消费者属于哪个群体须容易判明,从而才能确定对其采用哪一个价格;(2)可以对其中部分群体采用提高价格的方式来增加利润,而不怕消费者流失,其前提之一是不会发生"套利"情形。所谓套利,是指被迫接受高价的客户不再直接从卖方这里购买,而是从得到低价的客户那里购买该商品。如果能够套利,则卖方的差别定价将无法维持。

举例说明一下。汽车零配件的生产商在出售产品时,向汽车生产商销售的价格较低,向汽车维修商销售时价格较高。能对两类客户采用不同的价格,说明这两类客户不属于同一市场,否则,蒙受高价的客户宁可从得到低价的客户那里购买,而不是直接从供应商那里购买。如果可以进行这种套购行为,则上述两个市场就不是互相独立的,因为这种套购行为使得两个市场之间发生真正的竞争压力关系;但如果汽车维修商无法从汽车生产商那里进行套购,则两个市场是独立的,构成不同的相关市场。

五、United Brands 案[①]对于相关市场的界定

United Brands 案是欧盟竞争法上的经典判例,几乎每一部英文相关著作都会提到。国内学界对它也并不陌生,许多著作与论文当中,就该案某些方面的内容作过程度不同的介绍。本书也将

---

① United Brands Company and United Brands Continental B.V.v Commission of the European Communities.Case 27/76 [1978] ECR 207:1 CMLR 429.欧洲法院 1978 年 2 月 14 日判决。

其作为重要的依托之一,后文会在不同地方对该案判决的不同部
分进行程度不同的讨论。该案针对竞争法的一些基本问题,比如
相关市场的界定、支配地位的认定,以及若干滥用行为的认定等进
行了细致入微的分析,这对于加深对反垄断法的理解具有重要参
考价值。这里只介绍其对相关市场的界定过程,作为对本章所讨
论的相关市场界定方法的演示。

　　United Brands Company(UBC)是美国新泽西的一家公司,
1970年由 United Food Company 和 Amercian Seal Kap Corporation
合并而成。UBC 是世界香蕉市场上最大的集团,在当时的欧共体
市场一直占有 40%—45%的市场份额。它在欧盟(当时为欧共
体)有一家子公司,即 United Brands Continental B.V.(UBCBV),该
子公司的登记地为鹿特丹,负责母公司 UBC 在整个欧盟的香蕉销
售的安排与协调。但英国与意大利除外,因为母公司在这两国分
别设立了其他子公司。

　　欧盟委员会判定 UBC 的若干行为构成支配地位滥用行为。①
要认定这些行为违法,须证明 United Brands 拥有支配地位,而其前
提是界定相关市场,包括相关商品市场与地域市场。本案的争议焦

---

①　在该案中,UBC 公司被指控滥用了其支配地位,违反了《欧共体条约》第
82条。总体说来,该案主要涉及以下八个方面的内容:(1)相关市场的
界定;(2)支配地位的认定;(3)支配地位滥用行为的认定;(4)拒绝供
应;(5)价格歧视;(6)过高价格;(7)价格歧视;(8)反垄断法的域外适
用。在笔者所参考的英文评论文章中,关于价格歧视与域外适用方面的
分析较多,而关于其他层面的分析较少。笔者认为,至少对我国反垄断
法的实践来说,该案最重要的意义在于对支配企业滥用行为进行了全面
解释,尤其是对如何界定相关市场、如何认定支配地位进行了详细的推
演,因而本书关于这一案件的讨论也主要集中在这两个方面。关于该案
的全面分析,参见许光耀:《欧共体竞争法经典判例研究》,武汉大学出版
社 2008 年版。

点在于,香蕉是否能与其他水果区别开来,构成独立的相关商品市场。这需要剖析不同水果间的许多细微差异。欧洲法院判决中所进行的分析,充分展示了它对于相关市场及其界定标准的理解。

(一)该案中相关商品市场的界定

欧盟委员会认定的相关商品市场是香蕉,并认为 UBC 公司在这一市场拥有支配地位。而 UBC 则主张,相关商品市场应当是所有的新鲜水果。可以想象,如果将所有的水果界定为同一个市场,则 UBC 的市场份额不会很大。能否将香蕉界定为独立的市场,取决于它与其他水果之间是不是具有需求替代性。

欧盟委员会认为,香蕉与其他水果不同,是一年四季都可稳定供应的,以年为单位看,没有哪种水果与它具有替代性,因此"在相关市场上,其他水果的价格和供应稳定性对香蕉的价格和供应稳定性所产生的影响是十分微弱的,也太短暂,太具有间歇性,因而这些水果与香蕉并不构成同一市场,也不是其替代品"①。遂认定香蕉构成独立的商品市场。

案件上诉到欧洲法院。欧洲法院主要考察了五个方面的因素:

1. 香蕉的用途

香蕉与许多水果最大的不同在于,香蕉属于"吃饭"问题,是甜点的最主要成分,而其他水果均不能替代之。比如橙子一般并不用作甜点,而只是一种水果而已;苹果虽然也是甜点的重要成分,但与香蕉二者基本上不存在替代关系,而主要是并存或互补关系,甜点中少了任何一种,味道可能就不大好了。

---

① United Brands 案欧洲法院判决第 21 段。Case 27/76 [1978] ECR 207:1 CMLR 429。

2. 香蕉的物理特性

香蕉比较柔软,没有核,不需要削皮,口味独特,因而特别适合于牙齿不太过硬的老人、孩子和病人。[1] 而苹果则不行,因为这些特殊的消费者不一定咬得动。桃子与葡萄在这方面倒有一定的替代性,但它们的季节性强,不能全年供应,一般只是在七月份对香蕉产生一些竞争压力,因而替代性仍然不强。

3. 价格的互动关系

欧洲法院发现,在其他水果大量上市的季节,香蕉的价格所受影响不大。一方面,香蕉价格只是在七月份才会受其他水果降价的影响,因而影响时间太短;另一方面,即使在七月份其所受影响幅度也不超过 20%,因而影响幅度太小。[2] 这说明其他水果对香蕉并未产生显著的竞争压力。

4. 时间因素

香蕉一年四季都可以成熟,没有季节性,因而"要确定香蕉是不是可以被其他水果替代,必须按整年来评价",[3]也就是说,其他水果必须一年四季都与香蕉存在替代性,方能构成替代产品。[4]欧洲法院指出,只有两种水果全年都上市,即橙子与苹果,但橙子不是吃饭问题,而苹果太硬,因而不足以产生替代性。[5]

---

[1] United Brands 案欧洲法院判决第 31 段。Case 27/76［1978］ECR 207:1 CMLR 429。

[2] United Brands 案欧洲法院判决第 32 段。Case 27/76［1978］ECR 207:1 CMLR 429。

[3] United Brands 案欧洲法院判决第 27 段。Case 27/76［1978］ECR 207:1 CMLR 429。

[4] United Brands 案欧洲法院判决第 27 段。Case 27/76［1978］ECR 207:1 CMLR 429。

[5] United Brands 案欧洲法院判决第 29 段。Case 27/76［1978］ECR 207:1 CMLR 429。

5. 香蕉生产商应对竞争的能力

欧洲法院还指出,即使在夏季受到其他水果的短暂竞争时,由于香蕉供应商对此可以有充分预见并预先调整自己的经营活动,因而并未受到损失。这也表明其他水果不足以给香蕉供应商造成真正的竞争压力,因为真正的压力应当是躲避不开的。

因此,欧洲法院最终认定,总体说来,"香蕉市场与其他水果市场存在充分的差异,构成独立的市场"。① 实际上,这一界定过于执着于概念主义的套用,而没有真正把握住相关市场界定标准的实质,也没有意识到味觉需求与对工业品的需求之间存在很大差异。相关商品是互具"需求替代性"的商品,个案中首先需要对"需求"本身进行界定。消费者对不同水果的需求并不必然是选择性的,而可以并存,在其想念香蕉的味道时,通常并不认为吃葡萄、苹果也能得到同样的享受。如果此时某个卖方的香蕉涨价,他会希望买另一家卖方的香蕉,而不是转向购买葡萄——在其转向购买葡萄时,实际上是放弃了对于香蕉的需求,而产生了另外一种需求,满足另外一种需求的替代性商品构成另一个相关市场。

奇虎诉腾讯案中,相关市场的界定更需要从对"需求"的界定开始。

(二)该案中相关地域市场的界定

相关地域市场内,各个地区的销售条件应当具有"同质性"。本案中欧洲法院认为,在英国、意大利和法国,不同的竞争者需要面对不同的竞争条件,而 UBC 的竞争条件劣于其他竞争者。比如法国政府将其香蕉市场的三分之二保留给其海外省的企业,三分之一保留给几个非洲国家的企业,并对这些企业的香蕉进口予以

---

① United Brands 案欧洲法院判决第 35 段。Case 27/76 [1978] ECR 207:1 CMLR 429。

免税,UBC 并非在平等条件下与它们进行竞争。因此这三个成员国的香蕉市场都不是"同质的",不能纳入相关地域市场。在这三个国家,UBC 如果从事一些限制性的行为,也许是可以理解的。

而在德国、丹麦、爱尔兰、荷兰与比利时—卢森堡经济联盟,竞争条件则具有同质性,因而 UBC 的限制性行为就要受到严格控制。UBC 指出,这些成员国各自的关税体系不同,因而也不是同质的,但欧洲法院指出,"同质性"强调的是各竞争者在每个国家面对相同的竞争条件,而不是说这些国家的竞争条件彼此相同,即,强调的是竞争者之间在竞争条件上的平等性。虽然德国、爱尔兰、比利时—卢森堡经济联盟的关税体系不一样,但任何一个竞争者在德国都面对同一个关税体系,在爱尔兰与比利时—卢森堡经济联盟也是如此。也就是说,"尽管所适用的关税,以及发生的运费当然是不同的,但并不是歧视性的,在这些市场上,所有竞争者的竞争条件是一样的。"①因此,"从能够自由竞争的角度而言,这六个成员国具有充分的同质性,因而可以作为一个整体来考察。"②相关市场包括这六个成员国市场。

第三节   软件及互联网产业中"双边市场"条件下的市场界定

奇虎诉腾讯案③中,两审法院采用"假定垄断者测试法",将相

---

① United Brands 案欧洲法院判决第 52 段。Case 27/76［1978］ECR 207:1 CMLR 429。
② United Brands 案欧洲法院判决第 53 段。Case 27/76［1978］ECR 207:1 CMLR 429。
③ 中华人民共和国最高人民法院民事判决书(2013)民三庭终字第 4 号。

关市场界定为"即时通信服务市场"，并认定腾讯在这一市场上并无支配地位，其"二选一"行为也没有产生排斥效果，因此原告奇虎公司败诉。

如果只限于即时通信服务市场，这两项认定都是正确的。用户对腾讯严重不满意时，有 MSN、飞信等众多即时通信工具可以选择，腾讯确实不拥有支配地位，因为这种地位的本质则是"让消费者别无选择"；"二选一"行为也并不是让用户在 QQ 与 MSN、飞信等工具中选一个，对后者当然没有排斥性——本案中要判明的是原告奇虎是否受到排斥，而判决书却考察 MSN、飞信等受到排斥的情况，这显然发生了误差，误差的根源在于相关市场界定的失误。

一、两审判决中对相关市场的界定

（一）当事人的意见[1]

原告奇虎公司认为，本案相关产品市场应为"综合性即时通信软件及服务"市场，即同时含有"文字、音频、视频"三种功能的即时通信服务软件及其服务市场；相关地域市场则是"中国大陆地区综合性即时通信服务软件及服务市场"。

被告腾讯公司则认为，提供即时通信服务的产品非常多，其他互联网产品和服务亦可实现即时通信服务功能：（1）Windows Live Messenger 2009、百度 Hi、人人桌面、网易 POPO、新浪 UC 2010 SP1、沃友、网易 CC、阿里旺旺、I Speak 7.1、TOM Skype、飞信等二十余种软件均有"添加好友"、"即时聊天"、"发送图片"、"语音会话"等功能，新浪微博也有"即时聊天"、"发送图片"、"发送文

---

[1]　中华人民共和国最高人民法院民事判决书(2013)民三庭终字第 4 号。

件"、"发送语音消息"的功能,因而均与 QQ 具有替代性。(2)雅
虎邮箱、163 邮箱、139 邮箱、Gmail 邮箱等有发送信息的功能,新
浪 SHOW 2.2 等有文字聊天、发送表情等功能,这些工具虽然比
QQ 少了一些功能,但同样应与 QQ 同属一个相关商品市场。(3)
移动端即时通信服务也应纳入相关商品市场范围。① 汇总起来,
腾讯公司举出的"替代性商品"有四十余种,其意图显然在于扩大
相关市场的范围——在把这么多商品纳入相关市场后,腾讯的市
场份额十分有限,也就不太可能拥有支配地位。这还是在遵循传
统的套路,没有能够结合这一案件中互联网产业与双边市场的特
点。实际上,本案中市场力量的认定并不依赖市场份额(详见后
文)。

(二)一审判决的意见②

1.关于相关市场的界定方法与标准。一审法院根据《国务院
反垄断委员会关于相关市场界定的指南》(以下简称《指南》)的规
定,认为应当"根据需求者对 QQ 软件及其服务的功能用途需求、
质量的认可、价格的接受以及获取的难易程度等因素,从需求者的
角度定性分析不同商品之间的替代程度;同时亦结合考虑供给替
代的影响"。

《指南》采用的是假定垄断者测试法,考察的是假定垄断者的
价格发生"幅度不大但明显的持久上涨"时的需求变化状况,但本
案中腾讯公司的即时通信服务是免费的,与这一方法存在根本性
抵触。一审法院注意到了这一点,设计了变通的方法,认为可以假

---

① 以上案情均见中华人民共和国最高人民法院民事判决书(2013)民三庭
终字第 4 号。

② 一审判决的意见均摘自二审判决书中的引用,见中华人民共和国最高人
民法院民事判决书(2013)民三庭终字第 4 号。

定"被告持久地（假定为一年）从零价格到小幅度收费"，以代替SSNIP假定。但无论腾讯还是奇虎都并不打算对其产品收费，既然假设的情形永远不会发生，那么这种假定一定是不能成立的。而且从消费者的态度来看，对这些产品"小幅度收费"可能比传统市场上价格上涨80%更难忍受，属于市场条件的剧烈变化，而不是SSNIP。

2. 一审法院首先确认，双方当事人"对以下三类即时通信软件属于同一相关商品市场"并无异议：综合性即时通信服务（如腾讯的QQ和微软的MSN），跨平台即时通信服务（如中国移动推出的飞信），以及跨网络即时通信服务（如TOM集团公司提供的Skype）。

3. 对于腾讯所提出的其他"替代性商品"，一审法院一一进行考察，最后作出认定：（1）主要是基于功能上的近似性，认定微博、社交网站与QQ属于同一相关商品市场，假定后者开始小幅收费，用户"完全有可能转而选择微博和SNS社交网络服务"。（2）电话、传真与QQ的技术差异过大，而且不是免费的，因而不具有替代性。（3）电子邮箱不具有即时性，因而不能替代QQ。

4. 关于相关地域市场，"由于互联网的开放性和互通性"，即时通信服务的经营者与用户不限于大陆地区，因此相关地域市场为全世界。虽然不同国家、地区间存在语言障碍，但经营者通常会提供多个语言的版本，因而使用域外即时通信服务并无障碍。

（三）二审判决的意见①

1. 关于假定垄断者测试法的适用方法。二审判决认为这一方

---

① 以下引号部分均引自中华人民共和国最高人民法院民事判决书（2013）民三庭终字第4号。

法在本案中"不宜直接套用",因为即时通信服务是免费的,用户对于收费十分敏感,如果"从零收费变为收费",哪怕"较小数额"的收费都可能导致用户大量流失,很可能会导致"将不具有替代关系的商品纳入相关市场中,导致市场界定过宽"。因此认为一审法院"在本案中未作变通而直接运用基于价格上涨的假定垄断者测试方法,有所不当"。但二审法院认为"仍可以采用该方法的变通形式,例如基于质量下降的假定垄断者测试。由于质量下降程度较难评估以及相关数据难以获得,因此可以采用质量下降的假定垄断者测试进行定性分析而不是定量分析"。这一纠正的方向是正确的,所谓替代性,就是消费者在面对其不愿接受的负担时的替代性,这包括但不限于涨价,也包括其他形式的负担。本案中,"二选一"行为迫使消费者放弃 360 杀毒软件,这可以理解为降低了服务质量,也可以直接理解为造成消费者不必要的负担。

2. 二审法院认为,相关市场的界定"主要从需求角度进行替代分析,辅之以经营者角度的供给替代分析"。

(1)关于"非综合性"即时通信服务①(即只含有文字、音频、视频三种功能中的一种或两种)与"综合性"即时通信服务是否应纳入同一相关商品市场。二审判决认为,首先,从商品特性看,两类服务"具有几乎完全相同的特性:基于互联网、可以检测用户在线状态、即时交流、隐秘交流、免费等"。其次,"从商品的可获得性角度来看",它们均很容易从网上免费获得。再次,"从商品功能用途的角度看",它们的功能虽有差异,但"用户对不同功能的使用频度或者偏好实际上可能弱化了"二者在这一方面的差异,

---

① 即只含有文字、音频、视频三种功能中的一种或两种。如新浪微博桌面有文字聊天功能,但没有视频和语音聊天功能;YY 语音有文字和语音通信功能,但没有视频聊天功能。

因为用户主要还是使用文字聊天功能。最后,从供给替代的角度看,非综合性即时通信的服务商"可以非常容易地"转而提供综合性即时通信服务。因此,二审判决认定二者属于同一个相关商品市场。

3. 移动端即时通信服务的用户众多,而且与电脑端即时通信服务相比并不花费多少额外成本,也应纳入相关商品市场。

4. 社交网站、微博与即时通信服务存在明显差异,"主要是针对大量用户之间的开放性的群体交流,对即时性的要求偏低",而且主要功能不同,因而不应纳入本案的相关商品市场,在这一点上一审判决有误,在二审法院看来,这一失误的原因在于一审判决采用的是"基于价格上涨的假定垄断者测试"来进行考察的,这会"将不具有替代关系的商品纳入相关市场中考察替代性",高估了社交网站、微博与即时通信的替代性。

5. 手机短信是收费的,而且并不基于互联网,无法通知在线状态;电子邮箱不具即时性,同样无法通知在线状态,与即时通信在商品特性、功能用途、价格等方面存在较大差异,不应纳入相关商品市场。

6. 关于相关地域市场,二审"从中国大陆地区的即时通信服务市场这一目标地域开始",由于并无"值得关注的运输成本、价格成本或技术障碍",需要考察的主要是"多数需求者选择商品的实际区域、法律法规的规定、境外竞争者的现状及其进入的及时性等因素",认为本案相关地域市场为中国大陆地区市场。

因此,二审判决最终认定本案相关市场是中国大陆地区即时通信服务市场,既包括个人电脑端即时通信服务,又包括移动端即时通信服务;既包括综合性即时通信服务,又包括非综合性即时通信服务。

二、本书的观点

(一)对两审判决的基本评价

本案的判决对"假定垄断者测试法"进行了很好的演示,虽然也有一些瑕疵,比如认定"非综合性即时通信服务"与"综合性即时通信服务"具有替代性,可能不太符合用户的体验。很少有用户同时频繁使用多种即时通信服务,就像很少有用户同时频繁使用多个手机号码一样,因此他们要挑选一个功能全面的服务,如果只有文字交流的功能,在偶尔需要语音、视频功能时就比较麻烦。

但更重要的失误在于,这一市场界定回答不了一个基本问题:奇虎公司指控腾讯公司对自己从事排斥性行为,但奇虎公司并不在本案判决所界定的相关市场上从事经营,它们之间的纠纷是如何发生的?为什么要相互排斥?二者之间究竟是怎样的关系?

美国法、欧盟法都强调界定相关市场的直接目的是识别竞争者,而本书则特别补充道,首先须判明当事人相互间是不是竞争者。这一补充正是受到 3Q 大战的启发。排斥性行为应当发生在竞争者之间,一家钢铁企业一般不会排斥一家服装企业,除非它们在某个其他领域存在竞争关系。本案中,既然原告奇虎公司指控腾讯公司对自己进行排斥,那么在相关市场的界定过程中,就要首先寻找这种排斥发生在哪个市场上,也就是说,它们在哪个市场上是竞争者。二者在即时通信服务市场上显然没有竞争关系,因此得向其他方向找一找——然后就很容易发现,它们的竞争发生在互联网广告市场。

(二)"双边市场"与"平台市场"的关系

两审判决过程中没有采用"双边市场"概念,而是采用腾讯公司的提法,称为"互联网应用平台"。腾讯认为,"互联网竞争实际上是平台的竞争,本案的相关市场范围远远超出了即时通信服务市场"。如果这样认定,当然会使腾讯的市场份额进一步降低。

二审判决则指出,互联网竞争"一定程度地呈现出平台竞争的特征","在平台的一端,互联网经营者提供的服务通常是免费的,以此吸引用户的注意力;在平台的另一端,互联网经营者利用用户资源和注意力提供收费增值服务或者向广告主提供广告服务"。这里使用"平台"一词所描述的正是"双边市场"的特征。

国外主流观点是将双边市场定性为"平台市场",比如 Rochet 和 Jean Tirole 教授认为,"连接两组或多组不同类型的客户群体,为不同类型客户之间的交互作用提供'平台'服务的企业称为平台企业,平台企业所处的市场称为双边市场。"[1]按这一定义,双边市场是一个单一的平台市场,平台两端的两种不同活动均属于这个平台的组成部分,而不是独立的市场。至于两端之间的"交互作用",按 Mark Armstrong 教授的定义,其含义是"双边市场是指有两组参与者需要通过平台来进行交易,而且一组参与者加入平台的收益取决于加入该平台的另一组参与者的数量"。[2] 即,一端的参与者数量越多,对另一端参与者的价值越大;Evans 教授还以"信用卡交易系统"、"软件平台系统"等为例,试图进一步阐明这种"交互作用"的运行方式,[3]比如信用卡交易系统构成一个交易平台,两端分别连接着持卡人与银行,持卡人越多,这一平台对银

① Jean-Charles Rochet & Jean Tirole, Two-Sided Markets: A Progress Report, *The Rand Journal of Economics*, Vol.37 (March 2006), pp.645-667.

② Mark Armstrong, Competition in Two-Sided Markets, *Rand Journal of Economics*, Vol.137 (No.13), 2006.

③ David S.Evans, The Antitrust Economics of Multi-Sided Platform Markets, *Yale Journal on Regulation*, Vol.20 (February 2003), pp.325-381; David S.Evans, Some Empirical Aspects of Multi-Sided Platform Industries, *Social Science Electronic Publishing*, 2003, 2(3):191-209.

行的价值就越大,反之亦然。同样,"软件平台系统"吸引的应用软件越多,对用户的价值越大。这些特点与本案中发生的情况确有几分相似:经营者免费提供互联网服务以获取更多的用户数量,用户数量越多,对位于另一端的广告主价值越大。

但平台与平台之间的竞争是同质的:所有信用卡交易系统均须同时提供两端的服务,平台本身构成一个整体,其两端的服务则不能拆开来单独供应,所以不存在第二个市场;同时,不同平台在一端对银行所提供的服务相互同质,在另一端对持卡人所提供的服务也具有同质性,将两端的服务整合起来形成的平台彼此间可相互替代,不论是着眼于平台整体还是单独考察其一端,眼前出现的是同一批竞争者,因而也没有界定两个市场的必要。

本案中所出现的"双边市场"则与上述情况存在差异。腾讯与奇虎均同时面对两种需求:在一端,它们同样面对着广告主对于互联网广告服务的需求——这种服务的核心,是广告提供商所拥有的用户数量;在另一端,二者分别要满足用户对于即时通信服务、安全软件的需求,它们在这一端所面对的需求并不同质,因此两家公司的所谓"平台"之间不具有同质性,如果采用"平台说",则很难说明"互联网广告服务+即时通信服务平台"与"互联网广告服务+安全软件平台"之间究竟是怎样的关系。"平台说"只关注外观上的相似性,忽略了界定相关市场的根本标准是"需求替代性",把双边市场与平台市场两类交易模式弄混了。要判明需求替代性,首先需要弄清需求是怎样的,有多少种需求。

(三)二审判决中对"平台说"的否定

本案二审判决最终达成了对"平台说"的否定,"平台的关键核心产品或者服务在属性、特征、功能、用途等方面上存在较大的不同",用户"很难将不同平台提供的功能和用途完全不同的产品

或者服务视为可以有效地相互替代",比如一个查找信息的用户
"通常会选择使用搜索引擎而不是即时通信",①也就是说,真正的
竞争单元是组成平台的各个部分,它们分别构成不同的市场;竞争
发生在不同平台的各个"组成部分"之间,而不是发生在不同的平
台之间。"平台说"本身并没有发现这一点。将不同服务纳入同
一个平台可以产生规模经济或范围经济,但平台本身并不由此而
成为独立的市场。

　　但终审判决书最后决定,在相关市场的界定环节不考察"平
台因素",而留待"识别经营者的市场地位和市场控制力时予以适
当考虑",以便"以更恰当的方式考虑这一特性"。②"平台说"认
为平台本身构成相关市场,因此这一决定无异于是对"平台说"的
否定,从而构成该判决中最主要的贡献,但消极地将其推到以后的
分析环节,则在否定"平台说"的同时把"双边市场因素"也一同忽
略,从而错过了进行理论创新的机会,而且从判决书后文的内容来
看,双边市场的特性再未被提起,并没有获得"以更恰当的方式考
虑"的机会。

　　在排除对平台因素的考察之后,法院遵循传统的"假定垄断
者测试法",以涉嫌当事人的涉嫌产品 QQ 为初始市场,把各种具
有近似性的商品一一比对,最终确定的是一个单一的"即时通信
服务市场"。在这个单一市场中,既看不出奇虎与腾讯的竞争关
系,也无法完整展示其行为过程,更无法发现其所产生的市场
效果。

　　(四)本案中相关市场的界定方法

　　既然界定相关市场的标准是需求替代性,而双边市场两端面

---

① 中华人民共和国最高人民法院民事判决书(2013)民三庭终字第 4 号。
② 中华人民共和国最高人民法院民事判决书(2013)民三庭终字第 4 号。

对着两种不同的需求,因而很自然的思考方向应当是同时界定两个相关市场。用来满足即时通信服务需求的产品,必定不能满足对于杀毒软件的需求,也不能满足对于互联网广告的需求,不能把它们强行纳入同一个市场。

实际上这种现象并非双边市场所特有,在传统产业中,当同一案件存在两种需求时,同样需要界定两个相关市场。比如卖方利用其在某个商品市场的支配地位,强行对买方搭售另一种商品,这将对后一商品市场的竞争者产生排斥。这里并存着两个市场,支配地位的认定在前一市场进行,在需要采用市场份额数据时,这一市场还应界定得比较精确;对搭售行为的排斥效果进行分析时,依托的是后一市场的条件,这种分析不必将所有的竞争者识别出来,因而该市场的界定一般不必十分细致。对支配企业的拒绝交易行为进行分析时,也需要界定两个市场:在上游市场拥有支配地位的经营者,如果其所拥有的设施构成进入下游市场的唯一可行途径,而下游市场又不存在有效的竞争,则应允许竞争者利用这一设施进入下游市场,不得拒绝交易。① 价格歧视行为也是如此。支配企业的价格歧视行为有可能在同一市场排斥卖方(即该支配企业)的竞争者,也可能在下游市场,在不同买方之间制造不公平竞争条件,因而也需要界定两个市场。② 传统反垄断法一直是这样做的,但理论研究中一直没有清晰地意识到这一点,人们的注意力

---

① 参见欧盟 Bronner 案,Case C-7/97,Oscar Bronner GmbH & Co.KG v.Mediaprint Zeitungs-und Zeitschriftenverlag GmbH & Co.KG,Mediaprint Zeitungsvertriebsgesellschaft mbH & Mediaprint Anzeigengesellschaft mbH & Co.KG,[1998] ECR 7791(ECJ).
② 参见[美]赫伯特·霍温坎普:《联邦反托拉斯政策——竞争法律及其实践》,许光耀、江山、王晨译,法律出版社 2009 年版,第 631 页。

只集中在那个需要精确界定的市场,而忽略了笼统的市场界定同样属于市场界定。

　　而在双边市场情形下,还需要界定第三个市场,因为反垄断诉讼中有两方当事人,它们共涉身三个市场:(1)本案的双方当事人作为广告提供商,均在互联网广告市场上从事经营并相互竞争;(2)腾讯的用户数量来自即时通信服务市场;(3)奇虎的用户数量来自安全软件市场。这三个市场上的消费者需求互不相同,三种服务之间不具替代性,因而需要同时界定三个市场,而不是将其强行纳入一个单一的市场。这三个市场各自独立,但并不相互孤立,在支配地位的认定、竞争效果的分析等环节,这三个市场间的关联是重要的考察因素。本案的两审判决只界定了一个即时通信服务市场,因而没有考察这些关联的空间,这是导致其在支配地位认定环节、排斥性的考察环节发生众多误差的根本原因。

第三章 支配地位的认定

中国《反垄断法》与《欧盟运行条约》第 102 条一样,对于经营者从事的单方行为,只有在其拥有支配地位时方予以调整,而不像美国那样把非支配企业为获取支配地位而从事的"企图垄断"行为也包括在内。实际上美国学者也多认为,不具支配地位的经营者很难单纯通过排除、限制竞争的行为而获得支配地位。[①] 排除、限制竞争大多要给消费者造成负担,这将导致消费者的需求转向,没有支配地位的经营者对这种转向一般无力阻止。

在支配地位滥用行为案件中,支配地位的认定是第一个步骤,这也是本章讨论的主题。欧盟、美国反垄断法虽然已形成明确的理论与规则,但对于支配地位的本质,其认识的透彻程度还有提升的空间,而且在面对新的情况时,尤其是面对软件及互联网产业的新情况时,愈发表现出进一步提升的必要性,比如人们虽然已经了解在这些产业中市场份额的说明力有所下降,在支配地位的考察中应更加关注所谓网络效果、锁定效果的重要性,但对于这两种效果何以能带来支配地位,市场份额的作用为什么会下降,以及这两种效果应当如何分析,都缺乏应有的说明;再如人们已经注意到互

[①] 在后文"掠夺性定价"一章里,再结合对于"倾销"行为的认识,分析一定情况下对"企图垄断"行为进行管辖的必要性。

联网产业中出现"双边市场"交易模式,但这究竟会给反垄断法带来怎样的影响,在这样的市场上如何对市场力量进行考察,均缺乏明确的思路,而"平台说"则将"双边"的两个市场硬性纳入一个平台市场,这种对传统方法的机械套用不仅解决不了新问题,而且暴露出对传统理论的认识上也存在局限,因为这种硬性照搬从根本上违背了相关市场界定中的"需求替代性"标准。我国正在对《反不正当竞争法》进行修订,拟增加一种新型不正当竞争行为类型,即拥有"相对优势地位"的经营者从事的排除、限制竞争行为,其行为人应当拥有强大的市场力量,但起草者显然认为这种力量又不足以构成反垄断法所说的支配力量,二者之间究竟是怎样的关系,也是两个法律部门必须回答的。① 要对这些问题给出正确的解答,应当回过头来,再向源头深入挖掘反垄断法的原理。

中国《反垄断法》第 17 条第 2 款为支配地位的认定规定了两个标准:"本法所称市场支配地位,是指经营者在相关市场内具有能够控制商品价格、数量或者其他交易条件,或者能够阻碍、影响其他经营者进入相关市场能力的市场地位。"句子中间的"或者"表明,这两个标准是选择性关系,经营者满足其一即可认定为支配企业,其中第二个标准是中国所特有的,这要么是立法的失误,要么体现着重大创新,但无论是构成失误还是构成创新,至少必须有确定的、清晰的含义,但迄今为止无论在《反垄断法》的立法过程,还是在其实施过程中,人们似乎还没有充分意识到这一标准的存在。无论如何,它至少在语法上是存在的,因而是立法解释或执法、司法解释中不能回避的,尤其是学术研究必须认真面对的。在

---

① 国务院法制办公室于 2016 年 2 月 25 日发布的《中华人民共和国反不正当竞争法(修订草案送审稿)》第 6 条。

《反垄断法》颁布后相当长的一段时间里,这一问题构成对笔者的严重困扰,态度与观点也经过好几轮反复,直到"3Q大战"提供了生动的研究素材后才形成了确定的结论,并由此提炼出"相对支配地位"这一概念的含义和认定方法,而这一概念反过来又成为分析"3Q大战"的核心锁钥,并随后构成分析《反不正当竞争法(修订送审稿)》中的"相对优势地位"概念的基本依据。

第一节　支配地位的认定标准与方法

对于何谓支配地位,《欧盟运行条约》本身并没有直接规定,其定义是由判例法形成的,其中最著名的判例是 United Brands案。本章则考察其对支配地位的认定过程。这是欧盟判例法首次对支配地位的认定过程进行了详细演示,由此确立的分析方法一直没有发生根本性改变,其对支配地位的定义在欧盟一直沿用到现在。

一、欧盟 United Brands 案①之考察

(一)对支配地位的定义

在该案中,欧盟委员会认定 UBC 的以下行为构成支配地位滥用行为,因而对 UBC 处以罚款:(1)禁止其销售商/催熟商销售青香蕉;(2)进行价格歧视;(3)实行不公平的价格,即过高价格;(4)对丹麦公司 Olesen 拒绝供应。UBC 则向欧洲法院起诉,请求撤销委员会的决定。欧洲法院否定了委员会对过高定价行为的认定,但在其他几个方面则判决 UBC 败诉。

---

① Case 27/76 [1978] ECR 207:1 CMLR 429.

　　欧洲法院在该案的判决中指出,所谓支配地位"是指某个企业拥有的这样一种经济力量地位,这种地位使得它有力量在相当程度上独立于其竞争者、客户,最终是独立于消费者而行为,从而使它能够在相关市场上阻碍有效竞争的维持"。① "一般说来,支配地位是若干因素联合起作用的结果,而这些因素单独来看,并不必然是决定性的。"②

　　此后的 Hoffmann-la Roche 案③中,欧洲法院对支配地位的定义是:"支配地位……是一定企业享有的经济力地位,这种力量使其能够在相当程度上独立于其竞争者、客户,最终是独立于消费者而行为,在相关市场上阻碍有效竞争的维持。这种地位并不像在垄断或半垄断状况下那样排除竞争,而是使因此而受益的企业,即使不能决定竞争条件,至少对竞争条件施加相当大的影响,并且在任何情况下都可不顾及竞争的存在而行为,只要这类行为对其自己不致产生损害。……支配地位可能由于多方面的因素而产生(这些因素个别地并不当然具有决定性),其中最重要的因素是,拥有极大的市场份额。"

　　这两个案件所作定义的基本内容是一样的,大致有三个问题:(1)所谓支配企业是"独立于竞争者、客户和消费者"的企业,其着重描述的是支配地位所能产生的效果,而不是这种地位的产生原因。一般说来,探索本质应当向问题的根源上溯,而不是单纯往下游考察其结果。(2)即便在下游,这一定义也无法清晰表达"独立于竞争者、客户和消费者"的准确含义,什么是"即使不能决定竞

---

① Case 27/76［1978］ECR 207:1 CMLR 429.欧洲法院判决第 65 段。
② Case 27/76［1978］ECR 207:1 CMLR 429.欧洲法院判决第 66 段。
③ 该案常称为 Vitamins 案。见 Case 85/76［1979］ECR 461,520:3 CMLR 211,274。

争条件,至少对竞争条件施加相当大的影响",以及这种影响必须达到什么样的程度。这些过度罗列往往容易把读者的注意力引向表象,而不是本质。(3)没有说清楚支配地位的认定中需要考察哪些因素,以及更重要的是,这些因素之间具有怎样的逻辑关系,每种因素的考察意图如何,市场份额为什么重要,它究竟起到怎样的作用。要达成对这些问题的具体认识,需要首先考察该案中欧洲法院对于支配地位的具体认定过程。

(二)该案中欧洲法院对支配地位的认定过程

欧洲法院认为,"UBC所拥有的各种优势的累积效果,确保它能够在相关市场上拥有支配地位。"①主要考察了三个方面的因素:

1. 当事人本身的实力

欧洲法院考察了被告UBC的整个生产销售流程,包括其在生产、包装、运输、销售和产品陈列各个阶段上,都有多大的经济力量。(1)在生产环节,UBC在南美拥有自己庞大的香蕉种植园,产量稳定,产品包装技术先进,因而它的产品供应有保障。(2)在运输环节,它拥有足够多的车辆,甚至拥有自己的船队,因此能够很快将自己生产的香蕉运往欧洲。(3)运输到欧洲的是尚未成熟的青香蕉,必须经过催熟才能向消费者出售。UBC拥有先进的催熟方法,能够保障成熟香蕉的质量。(4)其所拥有的Chiquita商标品牌深受消费者偏爱,因而任何水果零售商都不能不提供这种产品。② 同时,它对零售商的需求又并不予以充分满足,而总是制造一点稀缺性,这更增加零售商对其产品的依赖性。"总之,UBC是

---

① Case 27/76［1978］ECR 207:1 CMLR 429.欧洲法院判决书第129段。
② 类比一下,目前国内各种大小超市中,也不可能没有可口可乐或百事可乐。

一个高度一体化的企业,对从生产到销售的各个环节都有严格的控制,而客户对它的产品具有依赖性,因而它具有强大的市场力量。这种市场力量是其拥有支配地位的基础。"①

还要考察 UBC 的市场份额。欧洲法院认为 UBC 的市场份额为40%到45%之间,这说明,与竞争者相比,它的市场力量是十分巨大的,拥有这样份额的企业有成为支配企业的可能。

2. 市场上竞争者的状况②

仅仅考察 UBC 本身的力量,尚不足以判明其市场地位。如果竞争者力量同样强大,则 UBC 仍然不足以凌驾于它们之上。在这一方面,欧洲法院主要考察两个因素:

(1)拥有巨大市场份额并不必然是支配企业,如果另有一家经营者拥有大致相当的市场份额,则 UBC 就不足以"凌驾于竞争之上"。但本案中其他经营者的市场力量比较分散,UBC 的市场份额是其最大竞争者 Castle & Cooke 的好几倍,而其他竞争者的份额更小,因此在欧洲法院看来,这种力量对比表明 UBC 的确能够控制市场。

(2)如果购买商的力量十分强大,则对供应商的地位也构成一种削弱力量。但本案中,欧洲法院发现,客户们始终不渝地把UBC 的香蕉当成它们的"自动售货机",③这表明购买商并没有对抗能力,而是始终对 UBC 具有依赖性。

---

① United Brands 案欧洲法院判决第 58—92 段。Case 27/76〔1978〕ECR 207:1 CMLR 429。
② United Brands 案欧洲法院判决第 93—97 段。Case 27/76〔1978〕ECR 207:1 CMLR 429。
③ Case 27/76〔1978〕ECR 207:1 CMLR 429.欧洲法院判决第 128 段。

3. 潜在竞争的情况①

即使相关市场的现有竞争者力量弱小,只要存在现实的潜在竞争压力,当事人同样不能"凌驾于竞争之上",而潜在竞争的压力有多大,取决于相关市场进入壁垒的高低。本案中,"要建立和经营香蕉种植园,必须投入特别大量的资本,必须增加供应来源以避免水果病虫害和恶劣气候(台风、洪水)的影响。必须建立一个后勤系统,这是销售易腐烂的产品所必需的。该产业具有规模经济效应,而新的进入者不可能立即从中得到好处;进入市场的成本,特别是进入市场所要花费的一般费用,比如建立一个适当的商业网络、进行很大规模的广告宣传、财政风险等,一旦失败,这些成本是收不回来的。"这些成本称作"沉没投资"。由于进入这一市场需要投入大量沉没投资,风险很大,因而进入壁垒很高,潜在竞争压力不强,对 UBC 构不成真正的竞争压力。

(三) 总结

根据该案的判决,支配地位的认定需要满足四个方面的条件:(1)涉嫌经营者的供应能力强大,且消费者对其产品具有依赖性;(2)拥有巨大的市场份额,而且这一份额远远大于所有的竞争者;(3)潜在竞争者很难进入市场;(4)买方没有对抗力量。

这大致反映了支配地位认定过程中需要考察的主要因素,但并没有透彻展示每一项因素的意义,以及这些因素之间的逻辑关系。比如,对 UBC 与 Castle & Cooke 的市场份额差距如何能够表明"UBC 的确能够控制市场",就缺乏必要的论证;另一方面,这套考察方法十分突出市场份额的重要性,包括被告的份额,也注意到被告与竞争者之间在市场份额上的差距,但这种差距有着怎样的

----

① Case 27/76 [1978] ECR 207;1 CMLR 429.欧洲法院判决第 122 段。

含义,则没有得到清晰的挖掘,而且这种模糊性长期保持下来,久而久之形成了对市场份额不明所以的过度依赖,奇虎诉腾讯案中双方当事人就受到这一惯性的误导,双方攻辩的焦点在于相关市场的范围,但焦点背后的实质则是市场份额的计算,被告试图把尽可能多的互联网产品纳入相关市场,从而使得自己的市场份额变小,原告则相反,但双方都没有再往前想一想,市场份额在本案中能够说明什么。

　　欧洲法院 1979 年判决的 Hoffmann-la Roche 案①也是如此。1974 年,Roched 公司在欧盟共同市场上的维生素销售额占全球总销售量的 65%。它共有 5000 个用户,其中许多是大型跨国公司,由于需求大,特别是由于受到"忠诚返点"的压力,它们从 Roched 公司购买的维生素数量十分巨大。法院发现,该公司在欧盟共同市场以下商品市场上的份额是:(1) Vitamin A,47%;(2) Vitamin B2,86%;(3) Vitamin B3,64%;(4) Vitamin B6,95%;(5) Vitamin C,68%;(6) Vitamin E,70%;(7) Vitamin H,95%。

　　该案中,欧洲法院同样特别强调市场份额的重要性:"从上述指标可以看出,在除 Vitamin A 以外的产品市场上,仅凭市场份额就可认定其拥有支配地位,因为具有这样份额的企业,基本上可以不受市场变化的影响。至于 Vitamin A,虽然该公司市场份额较低,但它与第二大竞争者的市场份额及技术水平差距很大,此外,Roche 拥有比其他经营者更加完善、庞大的销售系统,实际上,在很多领域并没发生真正的竞争,因而法院认为,在这一产品市场上,它也占有支配地位。"

---

①　该案常称为 Vitamins 案。见 Case 85/76 [1979] ECR 461,520;3 CMLR 211,274。

　　对于为何"仅凭市场份额就可认定其拥有支配地位",欧洲法院还作了进一步解释,"尽管市场份额因不同市场的情况而有不同的意义,但除了特别情况以外,特别高的市场份额无疑是存在市场支配地位的有力证据。如果某个企业长期拥有特别高的市场份额,它就会通过自己的生产和销售规模居于一种强势地位,其行为方式就长期不受限制。这种强势就是市场支配地位。"这一解释并没有实质性地增加信息量,来说明市场份额能够成为"有力证据"的理由,也没有说明究竟有哪些"特别情况"可以构成例外,从而为人们分析其成因提供素材。

　　在其他一些实践中,提供了一些相对具体的素材,但不够典型,因而无法从中提升出一般标准。比如在 Metro 案①中,一家连锁超级市场只占普通电子产品市场的不到 10%,彩电市场的 7%,法院因其比重过小而裁定不存在支配问题。这两个份额当然是太小了,小到没有分析价值,因而说明不了什么问题。

　　欧盟部长理事会于 1989 年颁布的关于企业集中行为的 4064/89 号条例的序言部分指出,如果当事各方的市场份额合计不超过 25%,则不会拥有市场力量;超过这一比例才有可能,而且,比例越大,可能性越大;如果达到 45%,则企业很难否认其拥有市场力量,除非同一市场上另有企业拥有同样的规模;如果达到 65%,则可推定支配地位肯定存在,特别是竞争者的份额都很小时更是这样。② 虽然只是"推定",但在实践中却在相当程度上把市场份额当成了支配地位的某种认定标准。

　　实际上,人们在生活中经常发现与上述经验相反的事例,有时

---

　　① Case 75/84 [1986] ECR 3021;[1987] 1 CMLR 118.
　　② 欧共体部长理事会 1989 年 4064/89 号条例。

拥有巨大的市场份额并不必然拥有支配地位,反过来,拥有支配地位也并不必然以拥有巨大的市场份额为前提,比如汽车维修商对该汽车的生产商往往会有某种依赖性,因为其可能必须使用该生产商提供的零备件从事维修服务,如果后者拒绝供应,则会使其无法从事正常的经营,而不管该生产商在上游的市场份额有多大。另一方面,哪怕拥有百分之百的市场份额,也未必拥有提高价格的能力,因为它还需要面对潜在竞争的压力,有时还要面对买方的对抗能力。因此,过分依赖市场份额的考察方法是不全面的。其实欧盟的司法实践中一般都能进行正确的操作,但其文字表达总欠缺清晰性。

2010 年《欧盟支配地位滥用行为指南》第 14 段则体现了对于市场份额的谨慎态度:"委员会的经验表明,……如果企业在相关市场的市场份额低于 40%,该企业不太可能具有市场支配地位。但可能在特定情形下,尽管支配企业的市场份额低于 40%,竞争对手也无法有效地对行为造成制约,比如竞争对手的产能存在严重局限时就是这样。对于这种情况,委员会也可能要进行审查。"该条只是有保留地认为庞大市场份额是拥有支配地位的前提,而不认为它必然能够带来支配地位;而且即使市场份额不大,也并非完全不可能拥有支配地位,但对于何以如此,"竞争对手的产能存在严重局限"又是怎样一种情形,这种情况下市场份额低于 40%又何以能够拥有支配地位,则没有进一步交代。

二、《欧盟支配地位滥用行为指南》

上述不足的根本原因,在于当时人们对于支配地位的本质,乃至反垄断法的本质缺乏透彻的领悟,这是任何一个法学学科发展过程中难免的阶段。但经过半个多世纪的实践后,欧盟竞争法已经十分成熟，经过长期酝酿与起草、讨论，欧盟委员会于 2010 年颁布《欧盟支配地位滥用行为指南》，对欧盟竞争法关于支配地位滥用行为的分析方法作出全面论述。不过这一指南的内容仍然没有在透彻性上有根本性的改观。

指南规定："根据共同体法律，支配地位是指某个企业所拥有的经济力地位，这种地位使其能够在相当程度上独立于竞争者、客户，最终独立于消费者而行为，从而能够阻止相关市场上有效竞争的维持。这里所说的'独立'，是指涉嫌企业所受的竞争约束的程度。支配地位的存在意味着所受的竞争约束并不充分，因此涉嫌企业至少能在一段时间内拥有巨大的市场力量。这意味着它作决策时对竞争者、客户，最终是对消费者的行为和反应不敏感。即使还存在着一些实际或潜在的竞争者，委员会仍然可能会认为并不存在有效的竞争约束。一般说来，支配地位源于若干因素的组合，而这些因素如果分开来看，均不一定是决定性的。"①

很难看出这个定义与前述两个判决的定义有什么本质差异，其所作补充主要是对何谓"独立于竞争者、客户和最终消费者"作进一步解释，即所谓独立性是指涉嫌当事人没有受到充分有效的竞争约束，对竞争者、客户和最终消费者的反应不敏感，这同"独立于其竞争者、客户、消费者"的表述相比，并没有增加多少信息量。这仍然是对外观、现象、后果的描述，沿着这个方向永远抓不住本质，因为本质的剖析需要向上游回溯，探明其产生的根源。

不过其后的段落又对何谓"有效的竞争约束"作进一步解释，可以视为支配地位的认定标准，"委员会认为如果一家企业能够在一段时期内以高于竞争水平的高价盈利，说明该企业没有受到

---

① 《欧盟支配地位滥用行为指南》第 10 段。

充分有效的竞争约束,因此该企业通常被认为具有市场支配地位。本指南所指的'提高价格'包括将价格维持在竞争水平之上的一种支配力……"①说到底,指南对支配地位的认定标准与美国是相同的,即"能够将价格提高到竞争性水平以上的地位",这仍然是着眼于后果,向下游寻找本质,而从字面上看,其周延性还比不上美国的"有利可图地提高价格"的表述:把价格提高到竞争性水平以上是人人可以做到的,只有能够由此增加利润时,才拥有支配地位。因此这一标准仍然表达得不确切。欧盟竞争法以其体系严整、道理清晰而为人们所称道,却在如此基础的问题上始终表达不到位,这是十分奇怪的。②

对本书的写作来说,意义更加重大的是指南第 12 段,对认定支配地位时的考察因素进行了系统梳理:"支配地位的认定需考察该市场的竞争结构,尤其是以下因素:

——现有该市场上现有竞争者的供应所造成的约束,以及这些现有竞争者的市场地位(支配企业及其竞争者们的市场地位);

——现有竞争者扩大产出的可能性,以及潜在竞争者进入市场的可能性所造成的约束(扩大产出及市场进入);

——客户讨价还价能力(抵消性买方力量)带来的约束。"③

---

① 《欧盟支配地位滥用行为指南》第 11 段。
② 在垄断协议的认定标准上也是如此。欧盟法将垄断协议定义为"阻碍"、"扭曲"、"限制"竞争的协议,无论把"阻碍"、"扭曲"、"限制"理解成如何负面的影响,都不能把垄断协议的本质说到位。拙著《垄断协议的反垄断法调整》一书中,将其定义为"排除、限制竞争,从而有可能给当事人带来提高价格的能力(或有可能导致社会总产出减少)的协议、行业协会决议或协同行为",是不是构成负面影响,取决于其是不是有可能减少社会总产出。
③ 《欧盟支配地位滥用行为指南》第 12 段。

如果能够进一步解释一下这些因素的考察意图,以及具体的操作方法,这一条文原本可以达成对支配地位本质的更准确认识。本书第一章对市场力量及其四个要件的梳理,主要是受到这一段文字的影响,准确地说,主要来自于对这几项因素的追问,再结合前文关于 United Brands 案判决的分析,然后根据对反垄断法原理的理解,可以发现所谓支配地位无非是通过提高价格的方式来增加利润的能力与地位,而之所以拥有这种能力,是由于消费者别无选择;造成消费者别无选择的主要原因,则通常是由于其他经营者无力充分增加产出来满足消费者的转向需求——现有竞争者无力扩大产能,潜在竞争者无力进入市场。这要求涉嫌当事人必须是庞大的企业,否则其他人不会缺少扩大产出的能力;但市场份额庞大只是拥有支配地位的前提,而不是充分条件。此外,还有其他原因可以造成消费者别无选择,这些原因也可以成为认定支配地位的标准,这时市场份额可能根本不起作用。这是对《反垄断法》第17条中"或者"一词的追问过程中产生的思路,将在后文分析中国《反垄断法》第 17、18、19 条时再详述。

第二节　中国《反垄断法》关于支配地位认定标准与方法的规定

中国《反垄断法》第二章是关于支配地位滥用行为的规定,共三个条文,即第 17、18、19 条。条文不多,蕴含的内容却十分丰富,与欧盟的相关规定相比,在逻辑性、全面性上均有明显的优越,尤其重要的是,第 17 条第 2 款关于支配地位的定义具有重大的创新性质,它为支配地位的认定提供了两个标准,这是全世界独一无二的,但如果不能给它赋予必要的含义,则这种独特性不仅不构成创新,而且将会是错误的。

一、支配地位的一般认定方法

《反垄断法》第 17 条规定:"禁止具有市场支配地位的经营者从事下列滥用市场支配地位的行为:(一)以不公平的高价销售商品或者以不公平的低价购买商品;(二)没有正当理由,以低于成本的价格销售商品;(三)没有正当理由,拒绝与交易相对人进行交易;(四)没有正当理由,限定交易相对人只能与其进行交易或者只能与其指定的经营者进行交易;(五)没有正当理由搭售商品,或者在交易时附加其他不合理的交易条件;(六)没有正当理由,对条件相同的交易相对人在交易价格等交易条件上实行差别待遇;(七)国务院反垄断执法机构认定的其他滥用市场支配地位的行为。

本法所称市场支配地位,是指经营者在相关市场内具有能够控制商品价格、数量或者其他交易条件,或者能够阻碍、影响其他经营者进入相关市场能力的市场地位。"

依照第 1 款,对支配地位滥用行为的分析方法也遵循以下步骤:

1.须认定当事人拥有支配地位。

2.须证明支配企业从事了所列各项行为。不过这些行为类型只具有重点举例性质,而不是穷尽性列举,即使当事人从事的行为不在第 1 款所列范围之内,只要产生排斥性效果,同样应当推定为垄断行为。从其所列内容来看,包括剥削性滥用行为(第 1 项),以及若干种排斥性滥用行为。从文字上看,当事人从事所列各项行为时,一般可直接推定为垄断行为,受《反垄断法》管辖,不过随着人们对这些行为类型的了解的加深,也由于新的经济领域的出现,这种推定可能越来越需要谨慎,后文关于搭售行为的一章中将要讨论,即使当事人从事了搭售行为,也并不必然对竞争者产生排斥,因此在个案中可能需要对排斥性进行证明。

3.如果有正当理由,则支配企业的上述行为应认定为合法。对第1项所列的过高定价行为没有规定"正当理由"几个字,但也只有"不公平的过高定价"才受禁止。不过"不公平"与"不正当"在判断方法上存在差别,"不公平"的价格是指并非由市场供求状况所形成的高价格,而"不正当"的认定取决于行为的积极效果与消极效果的比较,这可以参照欧盟法上的抗辩理由,包括客观合理性抗辩以及效率抗辩,这在本书第一章已有介绍;也应包括欧盟2005年《对排他性滥用行为适用第82条的委员会征求意见稿》中所规定的"应对竞争抗辩",这对于奇虎诉腾讯案的处理来说尤其重要,尽管欧盟的正式指南中将其删除了。

二、支配地位的传统定义及其认定标准

《反垄断法》第17条第2款是对"支配地位"一词的定义,也可以视为支配地位的认定标准,"本法所称市场支配地位,是指经营者在相关市场内具有能够控制商品价格、数量或者其他交易条件,或者能够阻碍、影响其他经营者进入相关市场能力的市场地位。"增加第二个标准是该法最大的特点,至于它是否构成创新,创新意义何在,以及更基本的——其含义如何,是中国反垄断法研究者必须回答的问题。这里先阐述第一个标准的含义及其认定标准。

(一)支配地位传统认定标准的内涵

第一个标准就是欧盟、美国法所采用的传统标准,即"能够有利可图地提高价格"标准。"经营者在相关市场内具有能够控制

商品价格、数量或者其他交易条件"的市场地位,本质上就是"通过提高价格的方式来增加利润"的能力。所谓"控制商品价格",只能是指"提高价格"(并由此增加利润),这是所有非法垄断行为追求的最终目的。

至于控制"数量"、"其他交易条件",只是提高价格的手段。提高价格导致产量减少,反过来,控制产量可以成为提高价格的手段。利润最大化的价格并不总是十分容易预测,经营者有时倾向于采用快刀斩乱麻的方式,采用减少产量的方式来实现提高价格的目的。它并不确定将自己产品的价格提高多少,而是将自己的产出减少一定比例,最终的价格由市场形成,但在产出减少的基础上形成的价格一定是高于竞争性水平的价格。不过这种情况更常见于垄断协议案件中,如果当事人的产品差异较大,或所涉产品种类众多,则就减少产量达成协议将比就价格达成协议更容易,而产量减少后,价格必然提高。

支配地位的认定标准是一个基础性问题,应当尽可能突出最本质的因素而避免过多枝节的干扰。无论是控制产量的能力还是控制其他交易条件的能力,如果并不能给自己带来提高价格的能力,则不构成支配能力。比如特许经营权人只向达到其所定标准的经销商授予经营许可。这些标准有时十分复杂,以麦当劳为例,所有加盟店的装修、服务员着装、产品品种乃至价格都是一致的,但很难说单凭对这些交易条件的控制就能够给特许权人带来什么支配地位。

(二)支配地位传统认定方法中的考察因素及其意图

《反垄断法》第 18 条规定:"认定经营者具有市场支配地位,应当依据下列因素:(一)该经营者在相关市场的市场份额,以及相关市场的竞争状况;(二)该经营者控制销售市场或者原材料采购市场的能力；（三）该经营者的财力和技术条件；（四）其他经营者对该经营者在交易上的依赖程度；（五）其他经营者进入相关市场的难易程度；（六）与认定该经营者市场支配地位有关的其他因素。”

这一条文与第17条的功能不同。第17条所规定的是支配地位的认定标准，第18条则阐明其中第一个标准的考察因素，即，根据这些因素来判明当事人的行为是否"能够控制商品价格、数量或者其他交易条件"。为此必须首先确定其中每项因素的意图及其考察方法。

本书认为，市场力量的本质在于"让消费者别无选择"，在传统产业中造成这一局面的原因在于，其他经营者无力提供足够多的替代性产品来满足消费者的转向需求。这需要满足四个条件：（1）当事人在相关市场总生产能力中占有极大的比重，这是"其他经营者无力扩大产出"的前提条件；（2）现有竞争者缺乏扩大产能所需要的条件；（3）潜在竞争者无力进入市场；（4）买方没有对抗力量。《反垄断法》第18条各项因素就是要考察这四个方面的情况。这一套考察方法以行为人的市场份额为首要指标，其实真正的核心反倒是竞争者扩大产出的能力。

但在传统产业中的例外情况下，以及在软件、互联网等新经济产业中，所有竞争者都不太会缺乏扩大产出的能力，因此上述方法不再有效，市场力量主要不是来自对生产能力的控制，而是来自于消费者的转换成本，这种情况下，支配地位的认定具有相对性。第17条为支配地位规定了两种认定标准，第18条所呈现的认定方法只适用于第一个标准，但其中第4项则可以演化成相对支配地位的认定方法，从而对第二个标准赋予含义。

这里首先讨论第一个标准的适用方法。第18条认定经营者是否具有市场支配地位主要考察以下几个方面的因素：

1. 涉嫌当事人的单方力量

第 18 条中，有三项规定与这一考察有关。

（1）第 1 项："该经营者在相关市场的市场份额，以及相关市场的竞争状况"。

涉嫌行为人须在相关市场现有总生产能力中占有极大的比重，其竞争者们才有"无力扩大产出"的可能性，当事人的生产能力往往借助市场份额确定，实际上市场份额反映的不是产能的占比，而是销售额的占比。拥有支配地位的前提是拥有庞大的市场份额，因此市场份额的考察是认定支配地位的第一个步骤，但与美国、欧盟对其重要性的过分强调不同，在这里，市场份额主要起到筛选作用，将市场份额较小的经营者排除出进一步考察的范围。

但该项的后半句还要考察"相关市场的竞争状况"，其具体含义也需要有进一步解释。涉嫌经营者的市场地位就是"相关市场的竞争状况"的组成部分，并且是其中最重要的组成部分，而其首要的体现就是市场份额，这已在前半句考察完毕，因此后半句的表达方式不妥。这是本条的第一个立法技术缺陷。

当然，正如欧盟 Hoffmann-la Roche 案①及 United Brands 案②所阐释的那样，除涉嫌行为人的市场份额外，还需要考察其竞争者的力量状况。在涉嫌行为人的市场份额既定的情况下，竞争者的力量越分散，则对行为人的制约能力越弱，因而行为人拥有支配地位的可能性越大。如果后半句所要表达的是这一层意思，似应将本项改为"该经营者及其竞争者在相关市场的市场份额"，或"该

---

① 该案常称为 Vitamins 案。见 Case 85/76 ［1979］ECR 461, 520：3 CMLR 211, 274。

② Case 27/76 ［1978］ECR 207：1 CMLR 429.

经营者在相关市场的市场份额，以及其他经营者在相关市场的市场份额"，以使两个半句之间呈现为并列关系，而不是包含关系。

但如果这样理解，则会使本项的规定缺少一层十分重要的含义，并不是所有情况下的市场份额数据都有说明力。在新兴市场，最初出现的经营者必定拥有很大的市场份额，第一家进入者的市场份额甚至为100%。但随着更多的经营者进入，这一份额将很快下降，因此某个具体时间点的短期市场份额缺乏稳定性，通常说明不了什么市场力量。而在成熟的产业，尤其是在夕阳产业中，市场份额往往能够比较稳定地反映当事人的市场力量状况。因此第1项中"相关市场的竞争状况"应当改为"相关市场的发展阶段"。

因此本项的条文应当修改为"涉嫌当事人及其竞争者的市场份额，以及相关市场的发展阶段"。

(2)第2项："该经营者控制销售市场或者原材料采购市场的能力"。

这一项旨在考察市场份额以外的力量来源。如果卖方通过独家交易协议等方式控制了最好的销售渠道，或对买方来说，控制了最好的原材料来源，则会造成竞争对手交易成本提高，从而拉大其与竞争者之间市场力量的差距，但这是当下的市场份额所反映不出来的，增加这一因素可以保证考察的前瞻性，在同等市场份额的情况下，对关联市场的控制越强，越倾向于表明其拥有支配地位。

(3)第4项："其他经营者对该经营者在交易上的依赖程度"。

这里的其他经营者，应当是指涉嫌当事人的交易相对人。一般说来，如果买方对卖方的产品产生依赖性，则会增加买方需求转向时的转换成本，因此在同等市场份额的情况下，对其具有依赖性的买方越多，则卖方的市场力量越强。这与第2项一样，可以对市场份额的意义予以补充。但如果转换成本过高,事实上使得买方别无选择,则可直接认定该卖方拥有支配地位,而无须考察其市场份额。这种支配地位发生于特定的交易双方之间,因而可以将其称作"相对支配地位"。这一层意义将在后面关于"相对支配地位"的部分重点谈。

2. 现有竞争者扩大产出的能力

第3项所要考察的是"该经营者的财力和技术条件",其中的"该"字是误导性的,应当删除。涉嫌当事人既然已经被怀疑为支配企业,至少其规模不会太小,当然不会缺乏财力与技术水平,而且提高价格需要同时减少产出,也并不需要额外的财力与技术水平,因此这一因素无法表明自己的考察意图。

另一方面,支配地位存在与否取决于其他经营者扩大产出的能力,如果将本项中的"该"字换成"其他",则道理就通顺了。涉嫌经营者虽然拥有庞大的市场份额,但如果其他经营者(在这里指现有竞争者)能够充分扩大产出,则消费者将不会别无选择,因此涉嫌经营者并无"有利可图地提高价格"的地位。

一般说来,在竞争压力下,经营者不会长期闲置很多产能,因此有无"扩大产出的能力"归根结底取决于其"增加产能"的能力,而增加产能主要取决于两个因素:(1)竞争者的财力状况,即它能否筹集足够的资本来增加土地、厂房、机器、人工等成本,这包括其自有资金的状况,也包括其融资能力的状况。(2)竞争者的技术水平。竞争者的产品具有替代性,但未必拥有大规模生产的技术能力,如果只能少量增加产能,则对涉嫌行为人的涨价行为无法构成有效制约。

因此,这一项应当考察的是相关市场现有竞争者扩大产能的潜力。如果它们具备足够的财力与技术水平,则涉嫌经营者无法拥有支配地位,哪怕目前其市场份额非常高。欧盟 1989 年 4064/89 号条例的序言中认为"如果当事各方的市场份额合计不超过 25%,则不会拥有市场力量;超过这一比例才有可能,而且,比例越大,可能性越大;如果达到 45%,则企业很难否认其拥有市场力量,除非同一市场上另有企业拥有同样的规模;如果达到 65%,则可推定支配地位肯定存在,而如果竞争者的份额都很小,则更是这样"。① 前半部分内容是正确的,市场份额起到筛选作用;后半部分好像把市场份额当成了标准本身,但由于只是起到"推定"作用,因而市场份额仍然不具决定性意义。中国《反垄断法》第 19 条为这种推定提供了明确的指引。

3. 潜在竞争者进入市场的能力

第 5 项考察"其他经营者进入相关市场的难易程度",即市场壁垒状况,以判明潜在竞争者能否进入市场——其进入的结果,同样是增加相关市场的总产出。

4. 买方的对抗能力

如果买卖双方互有需求,则可以对卖方提高价格的企图构成有效制约。根据《欧盟支配地位滥用行为指南》第 18 段,买方对抗力量包括以下情况:(1)它们"可以快速转向其他具有竞争关系的供应商";(2)也可以"吸引更多新的进入者"进入卖方所在的市场,或进行"纵向一体化"即自己进入卖方所在市场,生产自己所需的产品。

不过,能否"快速转向"其他供应商,取决于其他供应商是否能够迅速扩大产出;是否能吸引新的供应商进入市场或亲自进入市场,取决于市场进入壁垒的情况,这两项因素已经被第 18 条第

_____

① 参见欧盟部长理事会 4064/89 号条例。

3、5 两项所容纳,没有必要专列为独立的要件;另一方面,还有其他一些买方对抗因素被指南遗漏了。我国《反垄断法》第 18 条没有具体考虑买方对抗能力的问题,只能将其归入第 6 项所说的"与认定该经营者市场支配地位有关的其他因素"。不过在司法实践中,这一缺陷已经在相当程度上得到弥补。

在华为诉 IDC 案[①]中,买方有无对抗能力成为认定支配地位的关键因素。该案中,美国 IDC 公司拥有手机生产的大量标准必要专利,华为公司指控其对这些专利收取过高的许可费,构成支配地位滥用行为。深圳市中级人民法院的一审判决、广东省高级人民法院的二审判决均认为,对需求方来说,"2G、3G 和 4G 标准下的每一必要专利都是唯一的、不可替代的",因而将 IDC 的"每一项标准必要专利的许可业务"界定为独立的相关市场;在支配地位的认定上,既然每一项标准必要专利均无替代品,它在自身的许可市场上都拥有百分之百的市场份额;接下来,虽然法院的判决中没有明确表达,但每个标准必要专利构成独立相关市场的事实同时意味着,这一市场上没有竞争者,不存在"现有竞争者扩大产出"的问题;其他人的竞争性专利不再可能被吸收进标准,因而潜在竞争者也无法进入市场。到这里为止,判决书已经对《反垄断法》第 18 条作了较全面的适用,如果单纯依据条文,已经足以认定 IDC 拥有支配地位了。

但法院的论证并未到此结束。买方的对抗力量构成对卖方支配地位的抵消性因素,该案的判决接下来也考察了本案中原告方的对抗力量:由于 IDC"仅以专利授权许可作为其经营模式,自身并不进行任何实质性生产,无需依赖或受制于 3G 标准中其他必

---

① 参见广东省高级人民法院民事判决书(2013)粤高法民三终字第 306 号。

要专利权利人的交叉许可，故其市场支配力未受到有效制约"。最后判定"在此情况下，原审法院认定交互数字在相关必要专利许可市场具有市场支配地位正确，本院予以支持"。关于买方力量的考察是对《反垄断法》第 18 条的重大补充，体现出司法实践对于法律的解释、发展具有重大的意义。

不久，商务部受理了微软与诺基亚集中申请案，[①]其处理结果在华为诉 IDC 案的基础上，进一步深化了对于"买方对抗力量"的考察，或更准确地说，是从静态考察变成了动态考察。该案中，诺基亚与微软达成协议，将其手机生产实体业务出售给微软，但仍然保留其所拥有的大量标准必要专利。在多数经营者集中案件中，反垄断审查主要关注收购一方力量的变化，出售一方一般不会因出售而增强力量，因而并不是反垄断法所担心的。但在这一案件中，商务部的分析却主要集中在售出方，认定诺基亚在集中完成后有可能构成支配企业，因而作出附条件的批准，要求诺基亚在集中后必须以公平、合理、非歧视的价格对其标准必要专利进行许可。

商务部处理该案的过程中，显然参考了华为诉 IDC 案的判决，并同样基于标准必要专利的不可替代性，认为每个标准必要专利的许可活动均构成独立的相关市场，诺基亚在这样的相关市场上拥有百分之百的份额，而且没有其他竞争者来扩大产出，潜在竞争者也无法进入市场。

但此项集中发生前，诺基亚本身也在从事手机的生产，对其他手机生产商所拥有的标准必要专利同样存在需求，彼此间相互形成制约力量，不能任意提出有失公平、合理的交易条件，因而并无

---

① 新华网，见 http://news.xinhuanet.com/fortune/2014-04/09/c_1110151372. htm，访问时间：2014-11-05。

支配市场的能力;而在其将手机生产业务售出后即可摆脱这种束缚,其在许可市场上的力量反而增强,被许可人失去了对抗的手段,将不得不接受其提出的交易条件,哪怕这些条件并不是公平、合理、非歧视的。在华为诉IDC案中,法院已经将买方的对抗力量作为考察的核心,而在微软与诺基亚集中案中,则进一步动态地展示了这种对抗力量情况的变化对于许可人市场力量的影响,从而更加醒目地强调了这一因素对于支配地位认定的重要意义。

(三)共同支配地位

1. 概念

反垄断法对于垄断行为的基本分类,是将其区分为支配地位滥用行为,以及垄断协议行为。① 后者是若干个经营者之间的协调行为,其用意在于通过协议来消除当事人彼此间的竞争,从而扫除各自提高价格的障碍。人们又常将这种行为称为“协调行为”。而说到“支配地位滥用行为”时,则主要是针对支配企业的单方行为——支配力量本身就是能够提高价格的力量,支配地位本身就是摆脱了竞争压力的地位,它所需要的是对竞争者进行排斥,防止其扩大产出,从而使自己的支配地位能够维持下去。这种排斥行为一般是单方实施的,并不需要与其他经营者进行协调。

但垄断协议的当事人同样需要对竞争者进行排斥——排斥的对象是那些未加入垄断协议的“外围竞争者”,后者如果扩大产出,将使垄断协议无法维持。垄断协议使当事人各方均受益,因此这种排斥行为也应由大家共同承担,汇集所有当事人的力量,或步

---

① 对经营者集中进行审查,无非也是审查单方效果与协调效果,旨在防止集中行为完成后发生垄断协议与支配地位滥用行为。因此将经营者集中行为与垄断协议、支配地位滥用行为相并列主要是着眼于其外观与形式,在实体上并不构成独立的垄断行为类型。

调一致,或分工合作,由此造成的后果是,在外围竞争者看来,协议当事人不再是一个个独立的主体,而构成了同一个竞争压力,其力量相当于所有当事人力量的总和,这种情况下,可以认定这些当事人构成"共同支配地位"。

不过要证明共同支配地位,并不是必须以证明垄断协议为前提。与其他类型的协议不同,垄断协议的当事人会努力隐瞒证据,因而很难对"当事人的意思表示一致"进行证明,反垄断法遂创设了"协同行为"这一概念,不拘泥于要约、承诺的证明,而主要根据当事人的行为方式与后果进行推定,即若干经营者的行为具有一致性,而这种一致性又与正常的市场条件不相符,尤其是不符合竞争性条件下当事人自身的利益,则可以推定当事人之间必定存在协同行为,而协同行为是垄断协议的表现方式之一。当事人可以证明其行为一致性存在合理理由,从而将这种推定予以推翻。

但在卖方寡头垄断市场上,"协同行为"概念也不大起作用了。寡头之间天然不愿意进行竞争,尤其不愿意进行价格竞争。降价无非是为了争夺消费者,无论哪一方降价,将迫使其他寡头同样降价以维持自己的消费者,由于势均力敌,最终的结果是谁也无法增加消费者数量,但利润率都大大下降。由于市场主体数量不多,市场透明度提高,各个寡头之间完全可以预测对方的行为,并据此来安排自己的决策。既然大家都知道竞争对彼此均无好处,因而本着不竞争,至少是不进行价格竞争的原则,每个寡头都可能愿意与其他寡头的行为保持一致,每一方确定自己的价格时,都会以对方的价格作为重要的参照标准,而不愿主动挑起争端。这样的话,没有必要订立垄断协议就可以大致实现寡头间行为的协调,甚至彼此间根本无须发生交流,就可以凭借对市场信息的分析而实现行为的一致性。这种情况下,要将其认定为协同行为是十分困难的。任何企业都有权根据市场状况来决定自己的行为,包括参考竞争者的价格来确定自己的价格,这是企业的经营自由,即使是寡头们也应当有权利根据市场情况,尤其是竞争者的情况来调整自己的决策。按波斯纳的说法,"市场结构越容易转化成不需要明示联络的共谋,原告的处境就越不利",①即,市场结构越有利于共谋,企业之间越不需要明示的共谋,这时如果一定要原告证明存在明示的共谋,就对原告越不利。

但对于这种情况,又无法适用关于支配地位滥用行为的传统调整方法,因为这套方法原本是针对单个企业滥用支配地位的情况,②不适用于两个或多个企业间的协调行为。

在创立了"共同支配地位"概念后,则可以填补这一空缺,重叠适用关于垄断协议与支配地位滥用行为的规则。首先,这一概念可以根据两个或多个经营者间的协调关系而将其认定为一个"共同实体"进行分析,如果它们的力量加起来能够拥有支配地位,则适用关于支配地位滥用行为的法律规则。与垄断协议不同,"共同实体"的认定中主要考察竞争对手的感受,而不以当事人之间存在"协议"或"协同行为"为要件。在 Compagnie Maritime Belge 案中欧洲法院判决认为,当事人之间如果达成了协议或协同行为,则只要已经付诸实施,就可认定当事人之间具有"共同性";③但即便并无协议关系,也可以基于其他联结因素,"或基于

---

① [美]波斯纳:《反托拉斯法》,孙秋宁译,中国政法大学出版社 2003 年版,第 117 页。
② 这里当然是指竞争法上的企业,存在控制关系的母子公司构成同一个企业。
③ Compagnie Maritime Belge 案欧洲法院判决第 44 段。Joined cases C-395/96 P and C-396/96 P。

经济分析,特别对该市场的结构进行评价,从而认定存在共同支配地位"。① 这样的话,即使无法证明协议、协同行为,也可以根据经济分析或其他客观因素的分析来认定"共同性",最终的认定标准,就是各当事人在竞争者和消费者眼里根本就构成同一个竞争对手。"对于这种经济联系的性质,没有必要进行穷尽的阐明。关键是,要考察其经济效果,即,若干个企业发生了协议、协同行为后,是不是像一个独立的实体那样从事活动。"②这就避免了认定协同行为的麻烦。

2.欧盟2000年 Compagnie Maritime Belge 案③

这一案件是共同支配地位认定问题上的经典判例。该案中既有垄断协议问题,也有支配地位滥用行为问题,这里只讨论其中涉及共同支配地位滥用行为的部分。

该案的主要案情是,欧盟一家名为 Cewal 的航海公会与扎伊尔国家航海管理机构 Ogefrem 订立一项协议,根据协议第1条,对于该国与欧盟各港口间的海运货物运输业务,凡属 Cewal 的经营范围内的,均向 Cewal 独家授权,不得允许公会成员以外的企业经营这些航线。但后来,Ogefrem 单方面又批准一家企业(G&C)进入这一领域,该竞争者的市场份额起初为2%,后来又不断增加。因此 Cewal 的成员们一再要求 Ogefrem 严格履行协议所规定的义务,取消对后者的授权。这意味着要把 G&C 赶出市场。

① Compagnie Maritime Belge 案欧洲法院判决第45段。Joined cases C-395/96 P and C-396/96 P。
② Steven Preece,Compagnie Maritime Belge:Missing the Boat,*European Competition Law Review*,2000,21(8),p.389.
③ Compagnie maritime belge transports SA(C-395/96 P),Compagnie maritime belge SA(C-395/96 P)and Dafra-Lines A/S(C-396/96 P)v Commission of the European Communities.Joined cases C-395/96 P and C-396/96 P.

与此同时,Cewal 又组织了一种"战舰"(fighting ship)行动,直接对 G&C 进行排斥。Cewal 公会成员的运输价格是由公会统一确定的,这比竞争者的价格水平要高。为排挤竞争者,公会指派一些船舶,将其运输价格降得比竞争者在同一日期,或邻近日期出航的船舶的运费更低,或至少相当;除了这些专门指派的船舶以外,公会其他船舶的运费水平则仍不变。这种专门委派的船舶即称为"战舰"。由于公会成员众多,每天都有许多船舶起航,因而战舰的安排很容易,比如,就按其原有的时间表,哪一条船与竞争者的船同一天出航,哪一条就充当战舰,战舰的运费就与 G&C 同一天的运费相当,或者更低。为保证这一计划的实施,它一方面对自己的成员严格管理,将不遵守安排的成员列入黑名单并进行处罚;另一方面,由于战舰的运费低于公会所确定的常规水平,由此发生的损失在全体成员之间分摊。这一行为将使 G&C 得不到足够的业务来维持生存。

欧盟委员会认为,Cewal 的各成员拥有共同支配地位(collective position),而上述行为是对这种共同支配地位的滥用。当事人对这一决定不服,向欧洲初审法院起诉,败诉后,又向欧洲法院上诉,提出的抗辩主要有二:(1)公会成员之间并无共同支配地位;(2)即使有,上述行为也并不构成滥用行为,因而不应当受到处罚。

欧洲法院指出,这一案件应当进行三个步骤的分析:第一,当事人之间是否存在"共同地位";第二,如果存在"共同地位",是不是拥有支配地位;第三,它们是不是滥用了这种地位。

(1)Cewal 的成员是不是拥有"共同地位"

欧洲法院认为,要认定存在"共同支配地位",首先须证明 Cewal 公会成员们的行为具有"共同性",它们"在其交易对象面前,以及在消费者面前,一同构成了一个共同实体"(common enti-ty)。必须证明其构成共同实体,才有必要往下考察其是否拥有支配地位。①

在共同实体的证明上,"必须考察那些使得所涉企业发生连结的经济联系或因素。"②"特别是,必须确定所涉企业之间的经济联系,是不是使它们能够一同从事独立于竞争者、客户和消费者的行为",③也就是说,判断是不是"共同实体"的标准在于,在竞争者及消费者眼里,这若干个企业的经济力量是各自独立的,还是结合为一体的。如果是后者,当竞争者与其中一个成员竞争时,实际上对抗的是整个"共同实体"的经济力量,这种情况下,应当把这些力量作为一个整体来评价,因为竞争者真正面对的是"共同实体"这个庞然大物,而不是其一个个成员。

但这种共同实体又与母子公司间构成的"单一经济体"(single economic unit)有区别。单一经济体是经由控制权而形成的,结构更稳定,其他企业与母公司或子公司竞争时,面对的永远是母子公司力量之和,因此反垄断法直接将母子公司视为一体;而"共同实体"间没有母子公司关系,因而对其"共同性"是需要进行证明的。这种情况的出现多半是以发生了垄断协议为背景的,各当事人需要共同承担对垄断协议的维护义务,共同对竞争者进行排斥,因此这种共同性是约定的产物。

---

① Compagnie Maritime Belge 案欧洲法院判决第 39 段。Joined cases C-395/96 P and C-396/96 P。
② Compagnie Maritime Belge 案欧洲法院判决第 41 条。Joined cases C-395/96 P and C-396/96 P。
③ Compagnie Maritime Belge 案欧洲法院判决第 42 条。Joined cases C-395/96 P and C-396/96 P。

本案中 Cewal 成员之间存在着密切配合,损失分摊,不是一个人在战斗,竞争者面对的是整个公会,因此欧洲法院认定全体成员构成一个"共同实体"。

(2)Cewal 的成员是不是共同拥有"支配"地位

既然认定为"共同实体",各个成员的行为不再进行独立考察,而将其视为一个单一的实体,其载体为 Cewal 公会。评价这个主体是否具有支配地位时,应将所有成员的市场力量累积起来。在本案中,由于当事人对此没有提出抗辩,因而欧洲法院也没有进行详细的评价。

根据关于支配地位的理解,这一共同实体无疑拥有支配力量:第一,这一市场只有两家竞争者,Cewal 的市场份额在 90%以上,比竞争对手的份额大得多;并且其成员众多,航线密集,更容易满足运输需求。第二,竞争对手扩大产出需要购买更多的船舶,而船舶无疑是很耗钱的。本案中 Cewal 并未以"竞争者有能力扩大产出"相抗辩,想必对方缺乏这样的财力。第三,由于与 Ogefrem 订立的协议,潜在竞争者非经 Ogefrem 许可无法进入市场,因而进入壁垒很高。第四,消费者并无对抗力量,而且它采用掠夺性定价方式来吸引消费者,消费者也没有对抗的意愿。①

综上所述,欧洲法院认为,Cewal 公会的成员们构成一个共同实体,而这个实体拥有支配地位,因而这些成员们拥有共同支配地位。

欧洲法院又认定当事人滥用了这一共同支配地位,其排斥行为将使竞争对手无法生存,并且这一排斥是利用市场力量实施的,

① Trudy Feaster,Pat Treacy,Compagnie Maritime Belge Transports SA v. Commission of the European Communities(T24/93)[1996] ECR Ⅱ-1201(CFI(3RD Chamber)),*European Competition Law Review*,1997,18(7),p.469.

而不是由于其服务水平优越或运费有优势。这并不是说支配企业就不能降价,但本案中,这种降价是有选择的,公会只对战舰进行降价,而战舰就停泊在 G&C 的船舶旁边,明显是要抢对方的生意;而在 G&C 经营的航线之外,它们仍然采用常规的高价格,因而其利益并未受到很大影响。

因此,欧洲法院认定这构成支配地位滥用行为:"该行为是一个在该市场上拥有 90% 份额的公会实施的,而且它只有一个竞争者,记住这一点就足够了。此外上诉人从未认真地争议过,而且实际上在庭审过程中承认了,其受到指控的行为的目的,就是要将 G&C 从该市场上排除出去。"①支配企业的行为具有排斥性,而且以排斥为目的,并无合理的理由,因而是违法的。

可以发现,欧洲法院仍然对市场份额赋予过多的重要性。在支配地位的认定过程中,市场份额起到两种作用:筛选作用将规模不大的企业排除出考察范围,推定作用则将举证责任转移至涉嫌行为人,而减轻原告的举证负担,但即便在后一情况下,支配地位的认定仍然需要同时满足四个要件,市场份额并不起决定性作用,因此不能像本案判决书所说的那样"记住这一点就够了"。

(四)传统认定方法中支配地位的推定

在传统的支配地位认定方法体系中,市场份额首先用作筛选工具,将规模不大的经营者剔除出进一步考察的范围,但另一方面,抽象说来市场份额越大,拥有支配地位的可能性越大,因此《反垄断法》第 19 条在以下情况下实行举证责任倒置:"有下列情形之一的,可以推定经营者具有市场支配地位:(一)一个经营者

---

① Compagnie Maritime Belge 案欧洲法院判决第 119 段。Joined cases C-395/96 P and C-396/96 P。

在相关市场的市场份额达到二分之一的;(二)两个经营者在相关市场的市场份额合计达到三分之二的;(三)三个经营者在相关市场的市场份额合计达到四分之三的。

有前款第二项、第三项规定的情形,其中有的经营者市场份额不足十分之一的,不应当推定该经营者具有市场支配地位。"

1. 独家支配地位的推定

一家经营者拥有50%的市场份额时,表明该市场大约有一半的生产能力掌握在它手中,这也意味着现有竞争者扩大产出的能力比较有限,拥有支配地位的可能性大于不拥有支配地位的可能性,因此不妨进行举证责任倒置,原告只需要证明被告的市场份额达到这一门槛,即推定其拥有支配地位,然后允许被告提出抗辩,如果抗辩不成功,则认定其拥有支配地位。支配地位的认定须同时满足四个要件,要想进行有效的抗辩,当事人须证明自己并未满足其中后三个条件:(1)现有竞争者具备扩大产出的财力与技术水平;或者(2)市场壁垒不高,因而潜在竞争者能够充分、及时地进入相关市场;或者(3)买方拥有对抗力量。证明其一即可将上述推定予以推翻。

2. 共同支配地位的认定

第19条第1款第2、3项针对的是共同支配地位的情形。共同支配地位的证明需要满足两方面的条件:(1)若干经营者之间在行为上具有"共同性",这可以表现为一致性,也可以表现为配合性,比如甲在A市场上、乙在B市场上对相同竞争者进行排斥。(2)这些经营者合计起来,拥有"有利可图地提高价格的能力"。后一条件的考察同样采用《反垄断法》第18条所列的各项因素,同时,如果达到第19条所规定的市场份额门槛,也同样可以进行推定。

　　相应地,当事人也有两类抗辩理由:(1)他们可以证明自己的行为不存在共同性,因而其市场份额根本不应当一起累加。如果他们的行为在外观上出现某种一致性或关联性,当事人可能需要证明这种外观是由于客观原因或因追求某种效率所致,因而不构成共同性。(2)上述抗辩如不成立,还可以有第二种抗辩机会:尽管行为具有共同性,但他们的市场力量合计起来也并不拥有支配地位,因为现有竞争者拥有扩大产出的财力与技术水平,或者潜在竞争者能够进入市场,或者买方拥有对抗力量——同样采用《反垄断法》第18条的那些理由。

　　举证责任倒置在性质上是一个程序问题,但对实体结果有可能产生重大影响,因此进行推定时应当慎重,避免过于轻易地将举证负担转移,否则将可能诱发对被告的骚扰性诉讼,反而会损害竞争;而且两家竞争者共同行使支配力量需要彼此间高度协调配合,其难度很大,发生的频率要小于滥用独家支配地位的情形。所以第19条规定,两家经营者共同支配地位的推定门槛是三分之二,高于对单个企业进行推定时的50%。三家企业共同滥用支配地位的可能性更小,因而将市场份额门槛提高为四分之三。四家或更多经营者共同拥有支配地位的,不再进行推定,原告既要证明当事人之间具有共同性,又要证明其符合支配地位的全部四个要件:(1)拥有共同性的被告加起来拥有巨大的市场份额;(2)现有竞争者没有能力充分扩大产出;(3)市场壁垒很高,潜在竞争者无力充分、及时进入市场;(4)买方缺乏对抗力量。这四个条件缺一不可。

　　将第18条第1款与第19条第1款结合起来,可以对市场份额的作用达成全面理解:(1)对于市场份额不大的经营者,直接认定其并无支配地位,以避免司法、执法资源浪费;换一种角度来说,拥有庞大市场份额是拥有支配地位的前提。(2)如果其市场份额达到第 19 条所定门槛,则举证责任倒置,以减轻原告的举证负担并提高执法与司法的效率。达到推定门槛的经营者都是大企业,对相关市场的情况有很强的把握能力,其证明能力要强于原告——特别是当原告为消费者时更是这样,这时进行举证责任倒置不至于给它造成不公平的负担。

第 19 条第 2 款初看起来有些奇怪:"有前款第二项、第三项规定的情形,其中有的经营者市场份额不足十分之一的,不应当推定该经营者具有市场支配地位。"共同支配地位的推定需要证明当事人之间具有共同性,然后计算出其各自的市场份额,再将其相加,确认达到门槛后再进行推定。如果两家经营者的总市场份额达到三分之二,而其中一家的市场份额小于 10%,则另一家必然高于 56%,直接推定后者拥有单方支配地位即可,本无必要将前者的市场份额加进来,认定为共同支配地位后却又将其放出去,显然多此一举。

不过对三家经营者的共同支配地位来说,情况有些细微但却重要的差别。假设其中一家小经营者的市场份额略小于 10%,比如为 9.5%,则另两家的市场份额总和为 65.5%,但不到三分之二。如果直接将小经营者放走,则对后两家无法进行推定,因为它们各自的市场份额均不足 50%,不能满足第 19 条第 1 款第 1 项的门槛;而它们合计起来又未达到三分之二,不满足第 2 项所规定的门槛,无法认定为共同支配地位。第 2 款的做法大概就是为了堵住这一漏洞,这三家经营者的份额总和达到 75%,仍可推定为支配地位。但更简洁的方法是把第 2 项的门槛改为 65%,就可以堵住这样的漏洞,不再需要第 2 款了。不过把那个小经营者"加进来"再"放出去"有助于了解当事人的完整行为过程,因而也是有益的。

三、第二个标准：相对支配地位的认定标准

（一）相对支配地位的概念

《反垄断法》第 18 条第 4 项中，考察"其他经营者对该经营者在交易上的依赖程度"，这可以视为传统支配地位认定方法中的一项考察因素，其意义在于加强市场份额的说明力。例如卖方将设备出售给买方后，如果对其后续的零配件或维修服务提高价格，正常情况下买方将转向购买其他人的后续服务。比如该卖方的后续零配件价格原本为 10 元，竞争者的零配件价格也是如此，在前者上涨 5% 时，消费者会转而从竞争者那里购买。

但如果这一设备所用的零配件必须与设备配套，其他人生产的零配件或许在其他方面具有替代性，但型号或尺寸存在差异，无法在该设备上直接使用，而必须进行必要的改造。假设设备改造成本为 5 元，则该卖方把价格提高 5% 时消费者不会流失，它甚至可以把价格提高 50% 达到 15 元，因为消费者从其他人那里购买也需要花费 15 元（竞争者的零配件价格 10 元+设备改装费 5 元）。这种情况下，该卖方的实际市场力量显然强于其市场份额所能反映的实力，因为其部分消费者在一定程度上被它锁定，不会轻易发生转向。因此，在同等市场份额的情况下，对消费者产生锁定效果的卖方的市场力量要强于并无锁定效果的卖方；换个角度说，在卖方市场份额既定的情况下，被其锁定的买方越多，锁定程度越强，这一市场份额数据越倾向于表明其拥有支配地位。这种情况下，这一因素与第 18 条第 2 项考察的"控制销售渠道或原材料购买市场"一样，其作用只是对市场份额的说明力有所增减，其本身并不构成独立的考察依据。

但如果转换成本过高，导致买方的需求无论如何不会发生转向，这种依赖性则可以直接成为认定卖方拥有支配地位的根据，哪

怕它在上游市场上的份额并不显著。比如上例中，假设设备的改造成本为 100 元，则买方将接受卖方对零配件的涨价行为，因为需求转向的成本太高，比接受涨价的损失更大。这种转向成本使得消费者"别无选择"，从而使该卖方"相对于自己的消费者"拥有支配地位。

　　再如，一家钢铁生产商为确保原料的供应而专门修建一条通往某个矿山的铁路，这固然有利于交易的达成，但将使自己对于矿山产生依赖性，在矿山提高价格时别无选择：如果拒绝接受对方涨价，转而购买其他矿山的原料，则修建铁路的投资便成为沉没投资，无法转用于其他用途，因而构成沉重的转换成本。两害相权取其轻，只要对方涨价所造成的损失没有超过转换成本，该生产商的需求一般不会发生转向——反过来说，既然后者的需求不会发生转向，则该矿山即拥有提高价格的能力而不会减少利润，这使其相对于该买方拥有支配地位。

　　这两种情况下，支配力量来源于阻碍买方需求转向的"转换成本"，而非来自于该卖方在上游市场上对生产能力的控制，这时可以省去市场份额的计算以及相关市场的精确界定过程。卖方的竞争者们并不缺乏扩大产出的财力与技术水平，但问题是消费者无法转向。这时支配地位仅存在于特定的卖方与其买方之间，具有相对性，因而本书中将其称为"相对支配地位"。拥有这种地位的经营者不一定拥有很高的市场份额。

　　前文中曾引用 2010 年《欧盟支配地位滥用行为指南》第 14段中的话："委员会的经验表明，……可能在特定情形下，尽管支配企业的市场份额低于 40%，竞争对手也无法有效地对行为造成制约，比如竞争对手的产能存在严重局限时就是这样。"对比之下可以发现，欧盟的这一举例是不恰当的，只有涉嫌当事人拥有巨大的市场份额时,竞争对手才会面临产能限制,因此这种情况不能构成其所说的"特定情形"。构成特定情形的是"相对支配地位"情形,这种地位的取得不取决于对生产能力的控制,市场份额基本上不起作用。

不过这种方法的运用必须受到严格限制。支配地位是让消费者别无选择的地位,但选择权却并非只能在零配件与维修服务等"后续产品"市场上行使。消费者在购买设备时会对各种替代产品的价格进行比较,这既包括产品的售价,也包括其可预期的后续费用,最后作出的购买决定是行使选择权的结果,由此产生的对卖方后续产品的依赖性也是如此,不能据此认定卖方拥有支配地位,除非在其购买时卖方未就后续费用尽到告知义务,或在购买完成后,卖方不合理地提高了后续产品的价格。①

当然,也可以把上述后续产品问题识别为相关市场界定问题,而不是支配地位认定环节的问题:某个设备专用的零配件可以构成独立的相关商品市场,因为由于必须与该设备兼容,其他零配件与之不具有需求替代性。在这样界定市场以后,仍采用传统支配地位认定方法:在这一相关商品市场上,唯一的供应商是该设备的生产商,它拥有百分之百的市场份额并满足市场力量的其他要件,因而拥有支配地位。但这一识别转换只适用于传统产业,支配地位的取得根本上取决于对产能的控制,而在软件、互联网等新经济产业中并不考察产能,便只能依赖"相对支配地位"这一概念。

(二)"相对支配地位"与"绝对支配地位"的区分

欧盟与美国反垄断法尚未明确形成对"相对支配地位"的认

---

① 〔美〕赫伯特·霍温坎普:《联邦反托拉斯政策——竞争法律及其实践》,许光耀、江山、王晨译,法律出版社 2009 年版,第 99 页。

识。传统支配地位的取得是由于竞争者缺乏扩大产出的能力——全体竞争者加起来也无法提供足够多的产出来满足消费者的转向需求,这是一种"一对全体"的对比考察,涉嫌当事人的力量凌驾于所有竞争者的总和之上,因此给人一种"绝对力量"的印象,这种"绝对支配地位"的拥有者必定是规模庞大的巨人。这是人们渐渐形成"市场份额依赖症"的根本原因。

　　"相对支配地位"在本质上与"绝对支配地位"并无差别,它们都是使得消费者"别无选择"的地位,即在自己提高价格(或从事其他造成消费者负担的行为)时,消费者只能接受,而无法使其需求转向其他经营者。但在具体外观与考察方法上,二者间也存在显著的区别。在"绝对支配地位"情形下,消费者有转向的自由但其转向意愿却无法实现,因为其他经营者加起来也提供不了足够的产出;而在"相对支配力量"的情形下,消费者连转向的自由也没有——不是由于没有其他经营者可以选择,而是由于转换必须付出巨大的成本,与行为人的产能、规模无关,因此相对支配地位的拥有者不必是大企业。只要利用支配地位提高价格,或从事排除、限制竞争的行为,便受《反垄断法》调整,不管其拥有的是"绝对支配地位"还是"相对支配地位"。

　　(三)奇虎诉腾讯案中相对支配地位的正确认定方法

　　软件产业等新经济产业出现后,人们很快发现以市场份额为中心的传统方法呈现出不适应性,但始终不能够清楚解释其原因;人们同时注意到,这些产业中出现的网络效果与锁定效果往往能够给当事人带来市场力量,但二十年来,各国反垄断法理论始终不能清晰说明这种力量是如何形成的。实际上,这两种效果都是转换成本的重要成因,并由此给经营者带来相对支配地位。因此在这些产业中,支配地位的认定过程中不依赖市场份额,而是依赖转换成本。但随着互联网产业的发展,人们又发现存在一种"双边市场"现象,给反垄断法带来了额外的困惑,奇虎诉腾讯案给解决这一困惑提供了关键性的契机。

1. 网络效果与锁定效果的影响

软件、互联网等所谓"新经济"产业中,以"其他经营者扩大产出的能力"为决定性因素的传统支配地位认定方法注定无法适用。传统市场上,成本主要发生在生产与销售环节,扩大产出的能力有可能受到财力与技术水平的局限,而在新经济产业中,成本主要发生在研发阶段,在研发成功进入生产环节后,边际成本接近于零,比如本案中无论腾讯、奇虎还是 MSN、飞信,增加一个用户均不需要额外的投入,因此所有的经营者均不缺少扩大产出的能力,因为它们扩大产出并不需要额外的财力和技术条件,这种情况下要想拥有支配地位,必须有能力阻止消费者的需求向竞争者的商品发生转向,因为这种转向一旦发生,竞争者就有能力充分满足这些需求,消费者就不会是"别无选择"的。

所以在这些新兴产业中,转换成本往往成了衡量支配地位的决定性因素。在传统产业中,转换成本主要包括交易一方所作出的沉没投资,比如在"后续市场"的情况下为购买设备而发生的成本。而在本案中,由于安全软件以及即时通信服务的免费性,用户没有发生经济上的沉没投资,阻碍其转换服务商的主要障碍,是网络效果与锁定效果。所谓网络效果,是指消费者使用某种产品所获得的效用随着该产品用户人数的增加而增加;[1]Brian W. Arthur 创设"锁定效果"一词,是指先发展起来的技术凭借其先进入市场

---

① 　Michael L. Katz and Carl Shapiro, "Network Externalities, Competition, and Compatibility", *The American Economic Review*, Vol.75(June 1985), p.424.

的优势,从可预期性、高效性、灵活性和遍历性方面进行锁定,从而
实现收益递增的良性循环,进而在竞争胜出。[1] 结合反垄断法原
理来撩开这些复杂表述的面纱,可以发现这两种效果在本质上无
非是转换成本的特殊成因。其实这两种效果在传统产业中同样出
现过,上述"后续产品"市场上所发生的就是锁定效果,但在软件
与互联网产业中,这两种效果尤其突出,成为产生、维持支配地位
的常规性力量来源。

例如微软公司的 Windows 系统在电脑端操作系统市场上长期
拥有支配地位,所依赖的就是这两种效果:多数应用软件是基于
Windows 系统开发的,这种网络效果即构成用户转向的障碍,因为
对用户来说,更换操作系统会使许多功能无法使用,导致"效用"
减少;反过来,应用软件开发商也不会基于其他操作系统开发软
件,因为后者没有多少用户,因而对开发商来说没有"效用"。另
一方面,用户学习 Windows 系统的操作需要花费大量时间,并在基
于 Windows 的许多应用软件上留存有价值的信息,这些锁定效果
同样使得用户"别无选择"。微软公司不是由于拥有巨大的市场
份额而拥有支配地位,而是由于拥有支配地位才拥有巨大的市场
份额,其支配地位之所以维持如此长久,不是来自于市场份额所体
现的产出控制能力,而是由于这两种效果造成了消费者的转换成
本。经济学上注意到这一产业中存在所谓"赢者通吃"现象,而这
一现象的产生原因,正在于这些转换成本阻止了消费者的需求发
生转向,后进入市场的经营者无法得到维持生存所需的用户数
量,哪怕其产品的性能一点也不比"赢者"的产品差。

---

[1] Brian W. Arthur, "Competing Technologies, Increasing Returns, and Lock-In by Historical Events", *The Economic Journal*, Vol. 99 (March 1989), pp. 116–131.

本案中，腾讯迫使用户放弃 360 杀毒软件所凭借的主要是其即时通信服务所具有的锁定效果：对用户来说，在 QQ 上建立的交际网络、存储的音频视频资料和留言聊天文字均构成有价值的精神财富，承载着大量感情与回忆，转换服务商不仅时间成本高昂，而且很多资料搬迁后将无法保持原貌。这些转换成本使得用户对 QQ 产生《反垄断法》第 18 条第 4 项所说的依赖性。相比之下，360 杀毒软件则不具有同样的效果，用户只需要进行简单的卸载、下载、安装即可更换一款替代性软件。鉴于这两种选择在时间与感情成本上的巨大差异，多数用户在"二选一"面前只能卸载 360 杀毒软件而保留 QQ，这种让用户"别无选择"的能力使得腾讯"相对于奇虎"拥有支配地位。

这一考察过程适应着"双边市场"的特点。每一方当事人均涉身两个市场，双方当事人共涉身三个市场，因而当事人的行为过程以及市场力量的考察也需要跨市场进行。两审法院由于将相关市场单一化，认定为即时通信服务市场，就无法考察当事人行为的全过程，也无法发现当事人市场力量的来源，因而认定腾讯在相关市场上并无支配地位，而且其"二选一"行为并无排斥性。这一行为在即时通信服务市场上当然并无排斥性，因为它根本没有打算排斥这一市场的竞争者——它打算排斥的是安全软件市场的经营者奇虎，并最终使其在互联网广告市场上蒙受损失；它的支配地位所"相对"的也不是其他即时通信服务商，而是杀毒软件服务商奇虎公司。消费者不是在各种即时通信服务之间进行选择，而是在位于不同市场的即时通信服务商腾讯公司与杀毒软件服务商奇虎公司之间进行选择：放弃奇虎的 360 杀毒软件基本上是无成本的，而放弃腾讯的 QQ 是有成本的，因此消费者别无选择——这正是认定支配地位的根本标准。

2.用户数量

但本案中支配地位的认定到此尚不能结束,否则将导致如下结论:由于所有即时通信服务均对用户产生锁定效果,因而该市场的全体竞争者,如MSN、飞信等相对于奇虎均具有支配地位。这一结论当然不能成立。支配地位是能够通过排除、限制竞争来增进自己利益的地位,锁定效果固然能为MSN、飞信带来排斥奇虎的能力,但如果排斥行为只能造成对自己不利的结果,并不构成支配能力。

在互联网广告市场对竞争者进行恶意排斥的前提是,排斥人须确信对方丢失的广告业务能够流向自己,这一般只会有两种情况:(1)排斥人的用户数量远超所有竞争者而独领风骚,则有理由预期其排斥行为所产生的利益全部归自己独享。(2)用户数量最多(细微差别可以忽略)的经营者不止一个,排斥人是其中之一,被排斥人所失去的广告业务将流向这一梯队中的各个成员,排斥人只能得到其中一部分。这将白白让其他成员"搭便车",一般说来是不理性的,但至少排斥人的利润也能有所增长,因而不宜完全排除其从事恶意排斥的可能性。在这两种情况以外,排斥行为对排斥人只会产生损害,不能为其带来支配地位。

因此,腾讯必须是互联网广告市场用户数量最多的经营者之一,其锁定效果才能为其带来支配地位。这一市场各竞争者的用户分别来自浏览器、媒体播放器、安全软件、即时通信、购物平台等各种互联网服务市场,需要将各该市场用户数量最多的经营者识别出来,然后与QQ的用户数量进行比较。可以看出,这一过程需要界定众多的服务市场,识别出各该市场的大经营者并对其用户数量进行统计,其工作量是十分巨大的。

为进一步提高司法效率,可首先对排斥人所在的服务市场进行结构性考察,只有该市场用户数量最多的经营者才能因排斥而净获益,其他经营者从事排斥行为则可能得不偿失,后者的排斥行为也许能够增加自身的利润,但将使前者的广告收入以更大的幅度增加,从而同时在两个市场上(互联网广告市场、其所在服务市场)恶化自己的相对竞争地位。因此在本案中,腾讯必须是即时通信服务市场用户最多的经营者,才会产生恶意排斥奇虎的动机,而飞信、MSN 排斥奇虎只会进一步加强腾讯的优势,拉大自己与腾讯在即时通信服务市场上的差距,这对自己是绝对有害的。这一考察只在即时通信服务市场内部进行,需要对比的经营者数量有限,因而可以作为前置步骤,与传统方法中的市场份额一样,具有筛选案件的功能,将 MSN、飞信等排除出进一步考察的范围。

两审判决均没有提供各经营者用户数量的资料,在此只能根据终审判决书中所载的其他数据进行推算:2009—2011 年间,"以中国大陆地区用户的有效使用时间计算",腾讯在"个人电脑端即时通信服务市场每年的份额均超过 80%",而竞争者中最接近的仅为 4.2%;在移动端即时通信服务市场上,2012 年 8 月开始,其份额超过 90%。① 抽象说来,使用时间与用户人数存在正相关关系,在此可以暂且推定腾讯的"用户数量份额"与其"使用时间份额"大体相当,在 80%以上,因而是即时通信市场用户数量最多的经营者。

接下来还可以继续采用这一数据,来考察腾讯在互联网广告市场上的地位。这一市场的竞争者是各种互联网服务商,它们在各自所在的服务市场上,同替代性服务的提供商争夺用户数量。

———————
① 中华人民共和国最高人民法院民事判决书(2013)民三庭终字第 4 号。

由于每一用户均同时存在对多种服务的需求,每一台电脑均需要同时安装安全软件、即时通信软件、浏览器软件、媒体播放器软件等,因而不同服务市场所面对的实际上是同一个用户群体,即,搜狗浏览器与百度浏览器在浏览器市场上所争夺人群,大体上正是360与瑞星之间在安全软件市场所争夺的人群,也基本上就是腾讯与MSN、飞信在即时通信市场所争夺的那些用户,这一相同的基数意味着,在不同服务市场上所取得的"用户数量份额"之间具有可比性:"用户数量份额"相等的两个经营者之间,其实际用户数量也应大致相当。因此,腾讯在即时通信服务市场上获得80%的份额表明,它与在任何一个服务市场上拥有80%份额的经营者一样,均可列入互联网广告市场用户数量最多的经营者之列。

这两处分析对于市场份额的依赖并不具有必然性,两审法院原本可以直接调查相关当事人的用户数量,而不需要根据市场份额进行推算。

总之,与本案两审判决书的认定相反,由于腾讯QQ所具有的锁定效果,其"二选一"行为确实能够迫使用户放弃360杀毒软件,使其在安全软件市场与互联网广告市场上受到排斥;又因为腾讯是互联网广告市场拥有用户数量最多的经营者之一,上述排斥行为可以使其利润增长,即"能够有利可图地排斥奇虎"(尽管由于含有双边市场因素,排斥行为与利润增长并不发生在同一市场),因此可以认定,腾讯在奇虎面前拥有相对支配地位。

从理论上说,完整的支配地位认定过程还应包括对第三个市场的考察:如果奇虎在安全软件市场上拥有支配地位,致使用户没有其他安全软件可以选择,则可以对"二选一"行为予以有效对抗,这会使消费者陷入真正的痛苦之中:卸载QQ将失去重要的精神家园,但如果卸载360杀毒软件,则将使其电脑处于危险之中。

不过在本案中这一假定情形并不存在,因为瑞星等杀毒软件的存在,用户很容易找到替代品,而且从腾讯能够推出 QQ 医生可知,安全软件市场的进入壁垒并不高,因而奇虎没有对抗"二选一"行为的力量。

第四章 掠夺性定价行为的反垄断法分析

　　"掠夺性定价"一词是对英文 predatory pricing 的对译,词不达意。在中文里,"掠夺"应当是以强力非法获取他人财物的意思,如果用来指称对消费者的过高定价,应当是可行的,但在反垄断法上,掠夺性定价却是排斥竞争者的行为,而非针对消费者,不仅如此,在掠夺期间消费者反而能够短期受益,而掠夺者本身却要受到损失。不过由于学术研究中已经约定俗成,也没有再更正的必要,虽然有一个原本现成的术语即"倾销"。

　　掠夺性定价是典型的排斥性行为之一,也是反垄断法分析难度最高的垄断行为类型,我国《反垄断法》对这一行为类型也高度重视,其第 17 条规定:"禁止具有市场支配地位的经营者从事下列滥用市场支配地位的行为:……(二)没有正当理由,以低于成本的价格销售商品;……"从其表达的简洁程度可以预知,这一规定的适用中必定会遇到大量复杂的问题,因而应当成为我国反垄断法研究中的重点课题。

　　实际上,在欧美反垄断法研究中,同样认为"没有多少反垄断案件能像掠夺性定价案件这样让法院感到很难进行评价",①甚至

---

① 〔美〕赫伯特·霍温坎普:《联邦反托拉斯政策——竞争法律及其实践》,许光耀、江山、王晨译,法律出版社 2009 年版,第 373 页。

很难提供一个完整而又透彻的定义。不仅如此,在反垄断法学的发展史上,关于掠夺性定价的认识也成为不同学派间争论的焦点问题,而不同观点背后又体现着在反垄断法的宗旨、目标、理论基础等更根本层面上的理解差异;更严重的问题是,各国反垄断法对这一行为的定性也不同。在美国《谢尔曼法》上,掠夺性定价属于"企图垄断"(attempt to monopolize)的行为类型,并不以行为人拥有支配地位为前提;《欧盟运行条约》第 102 条则只禁止支配企业从事的排斥性行为,但其所列举的行为类型中,并无掠夺性定价;中国《反垄断法》第 17 条则只禁止支配企业从事的掠夺性定价行为,但这种行为的性质表明,它主要是经由排斥竞争而获得或维护支配地位的手段,在行为实施过程中,行为人通常并无支配地位,这使得第 17 条内部不同部分之间发生了冲突。因此必须加强对掠夺性定价行为的研究,其重要性不仅在于澄清这一行为的反垄断分析方法,而且有助于提升对反垄断法原理的理解,其意义并不仅限于技术层面。

第一节　掠夺性定价的运行方式及其反垄断分析的基本方法

"按其最正统的形式,'掠夺性定价'是指以低于成本的价格销售,从而将对手赶出市场的行为。掠夺者的意图是在把对手赶走后,或者在使对手受到惩戒后,再索取垄断价格。"[1]反垄断法旨在通过维护竞争迫使经营者降低价格,但掠夺性定价却恰恰因为

---

① 　[美]赫伯特·霍温坎普:《联邦反托拉斯政策——竞争法律及其实践》,许光耀、江山、王晨译,法律出版社 2009 年版,第 372 页。

降低价格而受到禁止,因为它与竞争性的降价存在着本质差异:在竞争性条件下,经营者只能采用降低价格、扩大产出的方式来追求利润最大化,最终价格将趋近于成本;而掠夺性定价则低于成本,这不是在追求利润,而是在"追求"亏损,但在掠夺成功、竞争压力消除后,行为人必定将把价格提高回来,回收其掠夺成本并获得垄断利润,最终将导致社会总产出减少,并由此对消费者的利益造成损害,因此"掠夺性定价应受谴责,并不是因为其现在的价格更低,而是因为,如果它成功了,则会导致产出减少,价格上涨"。①上述定义强调要对掠夺性定价行为达成完整理解,必须将其"降低价格的阶段"与"提高价格的阶段"结合起来考察,降低价格的最终效果将是导致价格提高。

我国《反垄断法》第 17 条第 2 项则将掠夺性定价定义为"以低于成本的价格销售商品",这只能涵盖降低价格的阶段,显然不能反映掠夺性定价的完整过程,无法阐明其本质与目的;这一定义也没有考虑到成本的多样性,更没有注意到在有些情况下,掠夺性定价甚至并不以"价格低于成本"为要件,因此如果严格按照字面来理解,这一定义几乎没有正确的成分。但这种表达方式是各国反垄断立法常见的特点,其完整含义需要以大量的理论来填补,因此首先需要探明这一行为类型的目的及其运行方式。

一、排斥现有竞争者时的行为方式

经营者提高价格时,其消费者的需求会转向其他经营者的产品,但这种转向的实现必须具备一个基本条件,即其他经营者能够

---

① 〔美〕赫伯特·霍温坎普:《联邦反托拉斯政策——竞争法律及其实践》,许光耀、江山、王晨译,法律出版社 2009 年版,第 373 页。

增加足够多的产出来满足这些需求。增加产出的来源有两类：一是现有竞争者扩大产出，二是潜在竞争者进入市场，涨价行为人从事掠夺性定价的意图就在于对这两类竞争者进行排斥，从而阻止产出的增加，最终使消费者无处转向。

掠夺性定价是降低价格的行为，但反垄断法并不反对降低价格本身，也并不阻止竞争者之间相互排斥，恰恰相反，竞争关系的本质就是相互排斥，正是这种压力迫使经营者不断降低价格，一直降低到竞争性水平，即等于自身边际成本的水平，成本较高的经营者最终将被淘汰，这种优胜劣汰是竞争的基本作用方式，反垄断法并不保护劣质企业。

但如果行为人把价格降到自身成本以下，排斥的就不再是劣质企业，而是与其具有同等效率——即拥有同等成本水平的竞争者。这将使后者处于两难选择：如果不跟随降价，则消费者将全部流失，而如果跟随降价则将导致亏损。这时行为人本身也会发生亏损，不仅如此，由于掠夺的目的是争夺对方的消费者，因此在亏损的同时还必须进一步增加产出，从而主动扩大自己的亏损。这种有违企业理性的"竞争"所比较的不是谁的产品优越，而是谁更能承受亏损，最终的结果是以"杀敌一千自损一千二"的代价将对方赶出市场，①然后就不再有什么力量来阻止其提高价格了。这是"以竞争来摧毁竞争"，然后在没有竞争的条件下提高价格，当然是反垄断法所反对的。

因此，传统反垄断通常把"价格低于成本"作为认定掠夺性定

---

① 价格降低后，相关市场总需求会增加，掠夺人对这些新增的需求也必须予以满足，以防止其流向受排斥人。因此其增加的产出量要大于受排斥人所失去的销售量，也就是说，掠夺者所付出的代价要大于受排斥人所受的损失。

价的核心标准,但这一理解既不透彻也并不精确。说它不透彻,是因为它只着眼于价格与成本的关系之外观,而没有阐明这种外观背后的本质,即行为人这时是在追求"扩大损失",后者才是掠夺性定价的真正衡量标准。说它不精确,是因为它没有明确"成本"二字的含义,而且不能涵盖掠夺性定价的全部表现方式,当用来排斥潜在竞争者时,价格即使高于任何一种成本,仍然可能构成掠夺性定价。

二、阻止潜在竞争者进入市场时的运行方式

当事人提高价格时除需面对相关市场上的现有竞争者外,还需要面对潜在竞争者的压力。所谓潜在竞争者,即那些尚未在相关市场从事经营活动,但在相关市场存在高额利润时,可以在不太长的时间内较大规模地进入这一市场的经营者,其进入的后果同样是增加这一市场的总产出,从而挫败当事人涨价的企图。要阻止这种市场进入,同样可以采用掠夺性定价手段,比如在美国 General Foods and Procter & Gamble(P & G)案①中就出现这种情况。General Foods 与 P & G 都从事咖啡店的经营,前者所经营的 Maxwell House 品牌是美国东部咖啡市场上的领导者,而后者的 Folgers 品牌则在西部咖啡市场居于领导地位。后者试图进入东部市场,选择了几个城市进行试点,前者遂将自己在这些城市的价格降到平均可变成本以下,持续时间达一年之久,到最后其价格甚至低于未加工的咖啡豆的成本;而在其他城市,则仍然采用原来的高价格。由于这一价格信号,P & G 可能认为这一市场没有多大

① Gen.Foods Corp.,103 F.T.C.204,208-09(1984).参见 Christopher R.Leslie, Predatory Pricing and Recoupment, *Columbia Law Review*, November 2013, pp.1720-1721.

利润,最终放弃了进入东部市场的想法。General Foods 在少数城市付出了代价,但守住了整个东部市场,而在排斥成功后,它在这少数城市的价格也回归到原有的水平。

不过在排斥潜在竞争者时,行为人的价格不一定需要低于成本。潜在竞争者进入市场时需要发生一定的额外费用,比如建设厂房、员工培训、从无到有地建立销售渠道等,这些成本都是相关市场现有经营者无须再花费的;同时由于进入初期尚未达到效率规模,新进入者的平均成本也相对较高。因此其进入市场时的初始价格一般会高于这一市场上的现有竞争者。比如掠夺行为人的单位成本是 10 元,其现行价格是 20 元,潜在竞争者正是被这后一价格吸引进来的。假设其进入市场后的成本为 15 元,则它必须把价格定在不低于 15 元的水平才不会亏损。随着其产量的增加,市场价格会渐渐下降,但与此同时其平均成本也会下降;最终该市场的价格将恢复到竞争性水平,而此时其成本也已经下降到竞争性水平,因此在其整个进入过程中不会出现亏损。

但如果掠夺者在发现有人进入市场时猛然把价格降低至 10 元,则会使新的进入者无法收回成本;但这一价格并未低于掠夺者自身的成本,未使其发生亏损,它只是放弃了一些原本可以赚到的利润,因此这一行为可以长期持续下去,使受排斥人永远没有收回成本的机会。第一个潜在竞争者进入市场的努力失败后,其他潜在竞争者在考虑进入问题时,也不得不参考失败者的前车之鉴,特别是在进入过程中需要发生较大的沉没成本时,很可能会放弃进入这一市场的企图,这时掠夺者便摆脱了竞争压力,可以长期把价格维持在竞争性水平以上从而获取垄断利润。

三、掠夺性定价的定义及其基本要素

将这两种排斥情形结合起来,可以发现掠夺性定价是行为人以违反"利润最大化"理性的降价行为,来使竞争者不得不亏损销售,从而实现对后者的排斥。传统定义只注意到"排除现有竞争者"的情形,在相当程度上把"价格低于成本"当成了衡量标准,既无法涵盖"排斥潜在竞争者"时价格可能会高于成本的情形,也妨碍了对这一行为类型的本质达成更深入的认识。

欧盟法所作定义则明确将上述两种情形均包括在内,其《关于查处支配地位滥用行为的指南》指出,"如果有证据证明支配企业以故意遭受亏损或在短期内牺牲利润的方式进行掠夺性定价,目的是增强或维持其市场力量,从而封锁或可能封锁一个或多个现实竞争者或潜在竞争者,由此损害消费者的利益,则委员会通常会进行查处。"①这一定义并不以"价格低于成本"为标准,既可以涵盖对现有竞争者的排斥("故意遭受亏损"),也可以涵盖对潜在竞争者的排斥("故意牺牲利润"),因而在全面性上比以往各种定义有所超越,但也正因如此,其表达的透彻程度却受到削弱,未能揭示现象背后的逻辑,在"遭受亏损"与"牺牲利润"两种情形之间既无法提炼出共同的本质,也归纳不出共同的标准,反而让读者不易理解。

笔者认为,掠夺性定价是指行为人通过扩大自身损失的方式,

①　欧盟委员会 2009 年《关于查处支配地位滥用行为的指南》第 63 段。该指南的英文名称是《Guidance on the Commission's Enforcement Priorities in Applying Article 82 of the EC Treaty to Abusive Exclusionary Conduct by Dominant Undertakings》,译文全称应当是《欧盟委员会关于对支配企业的排斥性行为适用〈欧共体条约〉第 82 条的执法重点指南》,这里用其简称。

迫使竞争对手只能采用亏损价格销售，意图使其退出市场或放弃扩大产出的意愿，从而获得或维持支配地位，目的在于排斥成功后再把价格提高到竞争性水平以上，从而回收掠夺成本并获取垄断利润。所谓"损失"包括两种情形：在排斥现有竞争者时表现为扩大亏损，其外观是掠夺行为人所定的价格低于自己的成本；在排斥潜在竞争者时，则表现为刻意放弃原本可以赚取的利润，而不一定需要采用亏损价格。与欧盟定义相比，这一定义试图全面表达以下含义：

1. 掠夺性定价的本质在于行为人主动"扩大损失"，而不在于"价格低于成本"。至于个案中"损失"究竟是表现为"亏损"还是表现为"利润减少"，取决于被排斥人是在何等价格水平上发生亏损，而这一点又取决于被排斥者是现有竞争者，还是潜在竞争者。价格与成本的关系只是对"扩大损失"进行推定的手段，采用的成本概念不同，推定的依据也不同。

2. 掠夺性定价的"意图"是排斥竞争者。包括两层含义：

（1）掠夺性定价是排斥竞争者的行为

掠夺性定价可以高于、也可以低于掠夺者的成本，但它一定会低于被掠夺者的成本，从而使后者无法追随这一价格，由此受到排斥。不过对于何谓"排斥"则有不同的认识。芝加哥学派通常把"排斥"理解为"将竞争者驱赶出市场"，因而不太相信经营者会从事这种行为，这不仅是因为掠夺者先要付出代价，而以后是否能够提高价格尚要面对许多不确定性，更重要的是，把对方赶出市场对其自身并不有利：一方面，对方为维持生存必将顽强抵抗，这将使掠夺期延长，行为人必须付出更多的掠夺成本；另一方面，在对方被迫退出市场时，其生产设施将以低廉的价格出售给第三人，这等于为掠夺者制造出成本更低的对手，要想对该第三人进行排斥，必须付出更大的代价。因此在芝加哥学派看来，理性的经营者实际上不会从事掠夺性定价，那么当发现其价格低于成本时，应相信这是出于合理的原因，反垄断法不必进行干预。

但这种说法没有注意到，受排斥人除了拼得鱼死网破之外还有另外一种选择，即与掠夺人相妥协，不再扩大产出，而是跟随着掠夺者进行涨价，从而消除掠夺者提高价格的阻碍。这也正是多数掠夺性定价行为的实际目标，真正想把对方赶出市场的情况是比较少见的。而受排斥人原本并无提高价格的能力，如今竟然能够获取垄断利润，对其自身来说也并不是必须抗拒的。这样一来，掠夺性定价作为威慑手段，而不是歼灭手段，其代价要小得多，成功的概率则大得多，并不像芝加哥学派所认为的那样不符合理性。欧盟《关于查处支配地位滥用行为的指南》也持这种观点。①

（2）掠夺性定价的"意图"就是排斥竞争者

任何降价行为都有助于把竞争对手的消费者吸引过来，从而对后者产生排斥。但在竞争性条件下，经营者降低价格的目的是扩大销售量从而增加利润，符合市场主体的利润最大化本性，最终将导致社会总产出增加，这正是反垄断法所要促成的。而掠夺性定价不仅不能增加利润，反而主动扩大损失，这与利润最大化背道而驰，只可能是出于排斥竞争的意图。欧盟定义也强调，掠夺性定价的"目的"是排斥"一个或多个现实竞争者或潜在竞争者"，表明这种行为是"为了排斥而进行排斥"，而非追求利润最大化的过程中所产生的附属性效果。

---

① 欧盟委员会2009年《关于查处支配地位滥用行为的指南》第69段指出："要证明当事人的行为存在反竞争的排斥效果，并非必须证明竞争对手已经被赶出了市场。支配企业可能会选择让竞争对手停止与自己进行激烈竞争，并跟随着自己提高价格，而不是完全将对方赶出市场。"

3. 掠夺性定价的最终目的是获得支配地位,从而有能力提高价格;如果已经拥有支配地位,则排斥竞争以维护这种地位,从而可以长期提高价格。必须将这一层含义纳入定义之中。掠夺性定价行为的全过程分为两个阶段:在第一阶段付出代价以进行排斥,第二阶段则必须提高价格以使其掠夺代价得到"补偿"。在具体的分析过程中不能将这两个阶段割裂开来,否则将无法达成完整的认识,也无法形成有效的调整方法。在美国司法实践中,往往将"掠夺过程中所付的代价是否有可能得到补偿"作为认定掠夺性定价行为的门槛,进行前置性考察。

四、掠夺性定价的基本反垄断分析方法

经营者的基本经济属性是追求利润最大化。利润来源于销售额,而销售额=价格×销售量,因而实现利润最大化的方式有两种:(1)通过扩大销售量从而增加总销售额。由于价格与销售量成反对应关系,扩大销售量需要降低产品价格,而进一步降低价格必须尽可能降低成本,这又要求经营者从事必要的创新研发活动。采用这种方式,社会总产出可以达到最大化,消费者的需求可以在量上得到充分的满足,在质上不断得到提升,产品价格尽可能低廉,创新加速,整体社会经济向更高的层次发展。这种方式是竞争性条件下的利润最大化方式。(2)但经营者追求的是利润,而不是销售额,因而对其个体利益来说,通过提高价格的方式来提高利润率是更好的选择。提高价格意味着产出必须减少,这使得消费者的需求从量上将得不到充分满足,却要付出更高的价格,而且由于并不依赖成本的降低,因而经营者的创新动力衰减,妨碍社会经济与技术的进步。

反垄断法的最终目的是通过维持竞争的压力,来迫使经营者

通过上述第一种方式来实现利润最大化,而禁止其采用第二种方式。但维护竞争本身并不是反垄断法的目标,有些情况下,对竞争施加某种限制反而更有利于增加社会总产出,则应认定此类限制合法。因此反垄断法的基本分析步骤有两个:(1)所有对竞争产生排除、限制,并从而有可能给当事人带来提高价格的能力(这同时意味着有可能导致社会总产出减少)的行为,反垄断法上均认定为"垄断行为"而纳入自己的审查范围;(2)但如果这些限制是实现某种积极效果所必需,则应认定其合法,否则会阻碍这种积极效果的实现,反而妨碍社会总产出的增加。在反垄断法上,"垄断行为"一词是中性的,只意味着有非法的可能性,其最终的合法性状况取决于其所产生的正负效果的比较,只有无法产生积极效果,或积极效果不足以弥补消极效果时,垄断行为才是非法的。

掠夺性定价行为的反垄断分析同样应当遵循这两个基本步骤,但由于其"追求扩大损失"的本性彻底违反"追求利润最大化"的企业理性,这决定了它不可能产生重要的积极效果,[①]因而其合法性分析便主要取决于第一个步骤:当事人的行为一旦被认定为掠夺性定价,基本上将注定违法。这一步骤主要包括两个环节,即考察当事人的降价行为是否有"排斥竞争的意图",以及所发生的损失是否有"得到补偿的可能性"。这两者的考察都可能是十分复杂的,但总体说来,前者主要依据价格与成本的关系进行推定,后者则主要取决于相关市场进入壁垒的高低。

---

① 欧盟委员会 2009 年《关于查处支配地位滥用行为的指南》第 74 段指出:
"一般说来,掠夺性定价行为不可能产生效率。"

第二节　"排斥竞争意图"的证明

在具体案件的审查中,当事人不太可能自己承认有排斥竞争的"目的"或"意图",因而经常需要根据其行为方式来推断它是在追求扩大损失,还是在追求利润最大化,而主要的推断依据则是其价格与成本的关系。前文中为尽可能保持思路清晰起见,对"成本"一词作简化处理,但实际上经济学的成本概念不止一种,彼此内涵不同,在采用不同的成本概念时,对"意图"的证明方法存在很大差异。

一、价格低于平均可避免成本时,"意图"的证明方法

在竞争性的市场上,经营者的价格将趋近于边际成本,即为增加一个单位的产出而多付出的成本。定价高于这一点会流失消费者,而低于这一点则发生亏损。因此从理论上说,认定掠夺性定价的成本标准应当是边际成本。阿里达(Areeda)教授与特纳(Turner)教授指出,"定价低于可合理预见的短期边际成本的,是掠夺性定价;等于或高于这一成本的,则不是。"①边际成本概念的价值主要在于提供一种比较纯粹的分析工具,但在实践中是无法计算的,因此两位教授改用平均可变成本(Average Variable Cost,AVC)作为替代。

产品的生产需要投入固定成本与可变成本,前者包括厂房、设备等的投入,在投产时一次性投入完毕,不随以后产量的变化而变

---

① Areeda P.& Turner D.F.,Predatory Pricing and Related Practices Under Section 2 of the Sherman Act,*Harvard Law Review*,1975,88(4):697-733.

化;后者则包括原材料、工人工资、水电费用等,每增加一个单位的产出,会相应增加一个单位的可变成本。价格低于平均可变成本必定是亏损的,理性的经营者应当不再增加这一个单位的产出,从而避免这一部分成本的发生。为了便于对固定成本与可变成本进行区分,他们还提供了一个固定成本清单,包括债务利息、不随产量变化的税收及工厂的折旧等,清单所列之外的成本则应视为可变成本。① 另一方面,他们认为高于平均总成本的价格不会导致亏损,因而不会是掠夺性定价。②

欧盟则采用"平均可避免成本"(Average Avoidable Cost, AAC)这一概念来取代"平均可变成本"。③ "可避免成本"是指企业如果不生产某个特定产量的话,原本可以避免的成本;以这些成本的总额除以这一特定产量,即为平均可避免成本。可避免成本可以只包括可变成本,也可以同时包括可变成本与部分固定成本,这取决于个案中当事人的现有产能状况:(1)从事掠夺性定价需要扩大产出,如果行为人的产能尚未用尽,则扩大产出时只需要增加可变成本即可,这时"本可避免的"成本就只是这些"本可避免的可变成本",平均可避免成本在数值上等于平均可变成本(AAC=AVC)。比如某个企业原本生产1000个单位的产品,从事掠夺性定价时需要将产量扩大到1500个单位(以便把竞争对手的500个消费者挖过来),而这是其现有生产能力能够容纳的,所增加的"可避免成本"就只包括这500个新增单位所耗费的可变成

---

① 转引自[美]赫伯特·霍温坎普:《联邦反托拉斯政策——竞争法律及其实践》,许光耀、江山、王晨译,法律出版社2009年版,第374—375页。
② 根据前文对于掠夺性定价概念的讨论,可以发现这一认定方法是不全面的,不适用于排斥潜在竞争者的情形。
③ 《欧盟支配地位滥用行为指南》第64段。

本;由于这后 500 个单位的生产条件与前 1000 个单位是一样的,因而其平均可变成本也和前 1000 个单位的平均可变成本相同。(2)但如果在决定从事掠夺时其产能已经用尽,则需增加 500 个单位的产能(比如花费 10 万元新建一个厂房)方可增加产出,这时为了生产这 500 个"原本应该避免的产量"而发生的"可避免成本"中既包括相应的可变成本,也包括这 10 万元固定成本,因此 AAC≥AVC。后面这种情况下,只要价格低于"平均可避免成本"即为亏损价格,哪怕它高于平均可变成本。这一标准显然比阿里达、特纳的"平均可变成本标准"考虑得更周到。

　　个案中,如果支配企业的价格低于平均可避免成本,而同时产量还在增加,说明它是在主动扩大亏损,可直接推定为掠夺性定价行为,而无须对其排斥"意图"进行证明。① 比如欧洲法院在 AKZO 案中认定当事人的同类行为构成掠夺性定价"支配企业采用这种价格得不到利润,因为它每销售一个产品就蒙受一点亏损,除非这是为了消除竞争者,从而使自己随后可以利用其垄断性地位提高其价格……"②不过这种推定是可反驳的,当事人如果能证明其降价行为并非旨在扩大损失,而是在力争减少损失,则可以构成有效的抗辩。我国 1993 年《反不正当竞争法》第 11 条第 1 款规定:"经营者不得以排挤竞争对手为目的,以低于成本的价格销售商品。"但紧接着第 2 款规定:"有下列情形之一的,不属于不正当竞争行为:(一)销售鲜活商品;(二)处理有效期限即将到期的商品或者其他积压的商品;(三)季节性降价;(四)因清偿债务、转

---

① 《欧盟支配地位滥用行为指南》第 64 段。

② Case C-62/86.这一案件的审理旷日持久,可以说明掠夺性定价行为的分析难度:委员会于 1985 年 12 月 14 日作出对被告予以处罚的决定,被告上诉至欧洲法院,后者直到 1991 年 7 月 3 日才作出判决。

产、歇业降价销售商品。"①这四种情形都是为了减少损失，而且持续时间短暂，不足以对相关市场产生结构性影响，因此虽然"价格低于成本"，但不视为掠夺性定价。此外，为了应对其他经营者率先发起的价格战而降低价格也属于减少损失，因为这时如果继续维持原有价格的话，自己的消费者会很快大量流失。

二、价格高于平均可避免成本但低于平均总成本时，"意图"的证明方法

总成本是生产产品的可变成本总量与固定成本总量之和，单位产品所分摊的总成本称为平均总成本（Average Total Cost，ATC）。价格高于平均可变成本，但低于平均总成本时，不宜直接推定其构成掠夺性定价，因为这并不必然是在"扩大亏损"。

可变成本随着每一次生产过程而发生，并随着该批产品的销售而回收；固定成本则是在生产过程开始前一次性投入的，以后在量上不再变化，而由生产过程开始后的产量来分摊，单位产品的分摊数额也应随该产品的销售而回收。因此，产品的价格不应低于平均总成本，否则即使可以收回可变成本，却无法按时收回固定成本。

但在出现严重的需求下降时，经营者降低价格是损失最小化的选择，它可以将价格降到平均总成本以下，但只要仍然高于平均可避免成本，便没有发生亏损，它只是减少了固定成本的回收量，延缓了固定成本的回收时间，因此不能直接推定为"具有排斥竞争者的意图"。前述 AKZO 案的欧洲法院判决指出："定价低于平

① 1993 年制定《反不正当竞争法》时，尚不具备制定反垄断法的条件，但又有一些垄断行为急需调整，遂纳入该法的调整范围，从而使得该法具有明显的过渡性。《反不正当竞争法》修订后，已经将这些垄断行为排除出自己的调整范围，而由《反垄断法》管辖。

均总成本,但高于平均可变成本,如果是消除竞争者的计划的组成部分,则必须视为滥用行为。"①"如果"二字表明,原告须以其他证据来证明对方的行为具有"排斥竞争者的意图"。美国第九巡回法院的观点也与此近似,"如果价格高于 AVC 但低于平均总成本,则可以作出可反驳的推定,推定其不构成掠夺。"②这同样是要求原告对被告的排斥意图进行直接证明。

不过被告的主观意图是很难证明的,因此上述做法在效果上等于宣告,当价格高于平均可避免成本时,一般不会构成掠夺性定价。这可能有些过于僵硬了,因为在正常市场条件下,固定成本无疑是应当按计划收回的,延缓回收时间本身即可视为损失,因此"价格低于平均总成本"终归是一种不正常的现象,仅当需求发生严重下降时才是理性的。因此不妨尝试采用与欧、美上述路径相反的推定方法,即价格介于平均可避免成本与平均总成本之间时,推定其构成掠夺性定价,但允许行为人以"需求出现严重下降"为由进行抗辩:面对这种需求下降,它不得不大幅度地降价以维持住自己的市场份额,否则其消费者将大量甚至全部流失,因此这样做是在减少损失,而不是在扩大损失。

三、定价等于或高于平均总成本时,"意图"的证明方法

针对现有竞争者时,定价若是高于平均总成本,则无法对"具有同等效率的竞争者"产生排斥,因为后者同样能够把价格降到这一水平,而这种价格竞争正是反垄断法所希望的。只有在面对

---

① Case C-62/86.另请参见欧盟委员会 2005 年《对排他性滥用行为适用第82 条的委员会征求意见稿》第 111 段。
② 参见[美]赫伯特·霍温坎普:《联邦反托拉斯政策——竞争法律及其实践》,许光耀、江山、王晨译,法律出版社 2009 年版,第 393 页。

潜在竞争者时,才可能以高于平均总成本的定价进行排斥,这时掠夺性定价的认定不再取决于价格与成本的关系,而须对其排斥意图进行直接证明。

奥利弗·威廉林(Oliver Williamson)认为,当潜在竞争者进入市场时,如果支配企业增加产出,则是非法的。[1] 其背后的逻辑是,支配企业原有的产量应当已经是利润最大化的产量,增加产出(同时意味着价格降低)反倒是减少利润的,其目的只可能是阻止潜在竞争者的进入。这一观点的缺陷在于忽视了市场的复杂性与多变性:支配企业增加产出有可能是其他市场条件的变化所致,[2]因此这样的做法虽然的确可以有效制止掠夺性定价,但也有可能枉杀合理的市场行为,阻碍社会总产出的增加,这对消费者反而是有害的。

威廉·鲍莫尔(William Baumol)考虑到了这一因素,觉得应当放宽一点尺度,认为不宜直接对支配企业的上述降价行为进行谴责,但要求此后几年间,该支配企业不得再次提高价格,[3]而保罗·乔斯科(Paul Joskow)和阿尔文·克莱弗利克(Alvin Klevorick)则进一步将这一时间限定为两年。[4] 这一思路的逻辑

---

[1]　Oliver Williamson, Predatory Pricing: A Strategic and Welfare Analysis, *Yale Law Journal*, 1977, 87(2): 284-340.

[2]　再如,潜在竞争者进入市场后导致该市场上总产出增加,从而迫使市场内所有的竞争者(包括支配企业)均必须降低价格,而价格降低后,反过来又会导致相关市场的总需求增加。可以想象,这些新增加的需求中将有很大一部分流向支配企业,因此支配企业增加产出可能是为了满足这一部分新增的需求,并不必然是为了满足从竞争者那里抢来的消费者需求。

[3]　W. Baumol, Quasi-Permanence of Price Reductions: A Policy for Prevention of Predatory Pricing, *Yale Law Journal*, 1979, 87(1): 1-26.

[4]　Joskow P. L., Klevorick A. K., A Framework for Analyzing Predatory Pricing Policy, *Yale Law Journal*, 1979, 89(2): 213-270.

也是清晰的：掠夺性定价最终是为了提高价格，既然在"此后几年间"禁止其提高价格，当事人也就不再打算从事掠夺，因为其掠夺的代价无法收回。但这一做法的合理性同样以市场条件高度稳定为前提，而忽视了可能引起价格变化的其他因素的重要性，因而与奥利弗·威廉林的设想一样，都有可能打击面过宽，使正常的降价受到阻碍，损害消费者的利益。

总之当价格高于平均总成本时，不再能够依据价格、产量、成本间的关系来进行推定，而须对被告"排斥竞争的意图"作出强有力的证明，不仅如此，还须证明其排斥对象是新的市场进入者，而不是已经在相关市场上生根的现有竞争者。一般说来，当相关市场存在高利润时，会不断有人尝试进入，掠夺者就需要反复进行掠夺、涨价、再掠夺、再涨价的过程，直至让所有的潜在竞争者彻底放弃进入的希望，这一反复拉锯博弈的过程可以构成掠夺"意图"的有力证据，但可以想象这种情况应当是罕见的，因为这不仅需要付出更多的掠夺代价，而且其动机暴露得过于明显。

四、价格低于长期平均增量成本时，"意图"的证明方法

有些情况下还需要采用一种更复杂的成本概念，称为"长期平均增量成本"。所谓长期平均增量成本（Long-run Average Incremental Cost，LAIC），"是为增加一定的产出量而增加的成本。增量成本是短期决策时重要的成本概念，即强调决策的相关成本只限于与该决策有关联的成本项目，也称为某项决策带来的总成本的变化。例如，电信网某新开业务的增量成本仅等于为增开该业务所增加的额外成本。对于已经开展竞争的电信市场，使用长期增量成本的定价方法比较好，由于这种方法提供一个分析框架，根据这一框架可以估算出竞争市场中使用最新技术和新的运营方式下

的成本。一个设计较好的 LAIC 方法,可以很好地模拟市场的生产和消费状况,使得通信基础设施能够得到有效的利用"。[①]

长期平均增量成本是企业用于生产特定产品的所有成本(包括可变成本和不变成本)的平均值。它针对的是特定产品,只包括为生产该产品而发生的可变成本与不变成本,而不包括共同的成本,或称分摊成本,因而其数值小于平均总成本(ATC)。所谓分摊成本,是指如果企业同时生产多种产品,则其中一种产品的平均总成本不太容易计算,因为虽然生产不同产品的可变成本是可以区分清楚的,但不变成本则同时用于生产多种产品,不容易区分开来。这时,可以将固定成本在各种产品之间,按每种产品销售额的比例进行分摊。而长期增量成本中,则不分摊上述不变成本。但另一方面,它又比平均可避免成本(AAC)大一些,因为后者只包括直接从事滥用行为所发生的成本,比如,进行掠夺性定价期间所发生的成本,而在此前发生的则不在其中;而长期平均增量成本则还可以包括在从事该行为之前,针对该产品的生产所花费的成本。

长期平均增量成本(LAIC)主要适用于网络、电信等产业,这些产业固定成本很高,可变成本很低,不宜采用平均可避免成本标准(AAC)。"电信业务的边际成本近似为零。通信网络建设需要一次性投入大量资金,网络一旦建成,大部分成本随即成为沉没成本。相比之下,电信业务的边际成本相当低廉,几乎可以忽略不计。"[②]

[①]　参见信息产业部电信研究院的覃庆玲回答记者的提问。转引自林敏:《国际电信监管互联互通为何主抓成本结算?》,见 http://www.people.com.cn/GB/it/50/145/20030304/935891.html,2003 年 3 月 4 日。

[②]　TYL:《竞争格局初步形成:浅析我国电信业务定价》,见 http://tyl.cn/news/ShowArticle.asp? ArticleID=6558,2005 年 11 月 30 日。

采用平均可避免成本(AAC)标准肯定不行,因为此类企业在扩大一个单位的服务时,并不需要增加不变成本,而发生的可变成本又微不足道,因而可避免成本往往几乎为零,企业的定价即使是掠夺性的,无论如何不会低于这个水平,因而 AAC 标准对掠夺性定价就无可奈何了。而另一方面,每增加一个单位的服务时,均消耗大量网络资源,而这些资源所花费的不变成本数量庞大,但这些不变成本是在该增量服务发生前投入的,因而无法包括在可避免成本之中,因为根据前面的概念介绍可以知道,可避免成本只包括直接从事滥用行为所发生的成本,而网络资源建设的成本却是在该滥用行为之前发生的。采用长期平均增量成本这一概念,能够反映增量行为所消耗的不变成本与可变成本,它包括增量服务所消耗的可变成本(一般数量甚小),以及该项服务所直接消耗的不变成本,即用于建设网络资源的成本中,该项服务所直接占用的部分。

在实践中,上述不变成本大都是国家投入的。这些领域曾长期实行国家经营、国家管制,在我国固然如此,在欧盟其成员国,也只是在近三十年来才放宽这些领域的管制,走向开放。而这些市场上占有支配地位的企业,其地位均是由以前的垄断地位,或由政府的资助所造成的,利用这种非自身效率所产生的力量来排斥他人的竞争,这也是反垄断法所反对的。委员会对电信领域的政策是:"要从事某种服务,或某一组服务而又能获得利润,经营者所采取的价格战略必须是,它提供这种服务的所发生额外总成本,能够由提供这种服务所得的额外总收入来弥补。如果支配企业对某个特定产品、服务的定价低于提供这种服务的平均总成本时,它应当说明这一价格在商业上是合理的:拥有支配地位的经营者,如果它的价格政策只能通过削弱竞争者来使自己受益,则该行为构成滥用行为。"①支配企业的每一笔交易,其收益必须能够弥补成本,否则即构成掠夺性定价,而这一笔交易的成本,既包括由此增加的可变成本与不变成本,也包括以前投入的不变成本中用于这笔交易的部分,这就是所谓的平均增量成本。低于长期平均增量成本的价格是无法收回成本的,因而可视为掠夺性的。

在其他一些类似行业也存在类似的问题,某个企业在甲市场上受到保护,使其能合法地摆脱竞争而获取利润,因而不能拿这些利润做补贴,在另一个竞争性的市场上从事掠夺性定价行为,并在后一市场建立支配地位。因而它在后一市场上的价格必须高于该产品为进入该市场而花费的所有可变与不变成本,即高于长期平均增量成本。

如果企业的定价低于 LAIC,即可推定其在进行掠夺性定价,下一步再由企业提供证据,将该推定推翻。如果定价高于 LAIC 而又低于 ATC,其分析方法与前面高于 AAC 而低于 ATC 相同,即,不能直接推定其构成滥用,而要寻找其他证据,举证责任也并不倒置。

我国电信业的进一步改革方向是实现各种网络的互联互通,而其中互联费的计算方法则是改革的关键。经济学界与实务界多主张采用长期平均增量成本作为计费的基础。

第三节　掠夺代价是否有得到
"补偿"的可能性

通过掠夺将现有竞争者驱除或制服后,行为人必将再次把价格提高回来,以使其掠夺代价得到"补偿"。这是掠夺性行为的最

① Access Notice, cited in footnote 2, paragraph 112.转引自《对排他性滥用行为适用第 82 条的委员会征求意见稿》第 126 段注释。

终日的所在,也只有这样才能使其掠夺行为成为理性的行为。因此美国法将"补偿可能性"的考察前置,如果没有这种可能性,则不认为当事人的行为构成掠夺性定价,而不再进行复杂的"意图"分析。这种可能性的考察可以包含两方面内容:第一,掠夺行为有无成功的可能性,即是否有可能将受排斥人赶出市场或使其放弃扩大产出的愿望;第二,掠夺成功后是否具有提高价格的条件。

一、掠夺成功的可能性

（一）行为人必须拥有巨大的财力

欧盟法与中国法认为只有支配企业才有从事掠夺性定价的能力,因此将其规定为"支配地位滥用行为"的一种,欧盟委员会《关于查处支配地位滥用行为的指南》的定义中已经将其界定为"支配企业"所从事的行为,中国《反垄断法》第17条也是如此:"禁止具有市场支配地位的经营者从事下列滥用市场支配地位的行为:……（二）没有正当理由,以低于成本的价格销售商品"。根据这样的规定,要对掠夺性定价行为予以禁止,须首先认定当事人拥有支配地位,或者说,非支配企业的行为不会构成掠夺性定价。

美国法则不同,《谢尔曼法》第2条既禁止"垄断力的滥用行为"（monopolize）,也禁止"企图垄断"（attempt to monopolize）行为,后者是指原本并无支配地位的经营者通过非法行为而获得支配地位,①根据 Spectrum Sports 案②的判决,其构成要件有三:(1)

---

① 《谢尔曼法》第2条的原文是:"Every person who shall monopolize, or attempt to monopolize, or combine or conspire with any other person or persons, to monopolize any part of the trade or commerce among the several States, or with foreign nations, shall be deemed guilty of a felony,……"

② Spectrum Sports v. McQuillan, 506 U.S.447, 459, 113 S.Ct.884, 892(1993).

行为人拥有"控制价格或毁灭竞争的特定意图";(2)从事了旨在达成上述非法目标的掠夺性行为或反竞争行为;并且(3)这种行为有"成功的危险的可能性",即非常有可能由此获得支配地位。[1]掠夺性定价往往被视为"企图垄断"的表现形式,但美国反垄断法学界则倾向于认为,非支配企业单凭对竞争者进行排斥而获得支配地位几乎是没有可能的,因而不认为《谢尔曼法》第2条设立的这一行为类型有多少意义。对于其他滥用行为类型而言,这一判断大致是正确的,但掠夺性定价行为是明显的例外,而欧美以往的研究中则没有充分意识到这一点。

支配地位是使消费者别无选择的地位,必须同时满足四个条件:(1)涉嫌当事人拥有巨大的市场份额;(2)现有竞争者没有能力充分扩大产出;(3)潜在竞争者无力进入市场;(4)买方没有对抗力量。[2] 而在掠夺性定价行为的实施过程中,当事人通常并不满足这些条件:在排斥现有竞争者时,掠夺性定价的目的在于阻止后者扩大产出,这意味着后者正拥有着扩大产出的能力,因此掠夺者此刻并不充分满足上述第二个条件,而掠夺的目的正是要让这一条件充分成就。在排斥潜在竞争者时,其目的则是让第三个条件成就。即使是采用支配地位的通常概念也可以得出同样的结论:支配地位是"能够有利可图地提高价格的地位",行为人之所以需要从事掠夺性定价,是因为它不能通过提高价格来增加利润——只有在掠夺行为成功后,它才能够具有这种能力。

从对掠夺性定价的行为过程的分析中可以看出,行为人排斥

---

[1] Spectrum Sports,Inc.v.McQuillan,506 U.S.447,456(1993).参见 Christopher R.Leslie,Predatory Pricing and Recoupment,*Columbia Law Review*,November 2013,p.1747。

[2] 参见《欧盟支配地位滥用行为指南》第9至18段。

竞争者所依赖的并非"让消费者别无选择"的能力,而是依赖其比对手更强大的财力,更能承受得起亏损;只有在掠夺成功、将对手排挤出市场(或迫使其放弃扩大产出的打算)之后,才能使消费者陷入别无选择的境地,也就是说,掠夺性定价主要是谋求支配地位的手段,而不是对既有支配地位加以利用的方式;支配地位是掠夺性定价造成的结果,而不是其开始时的背景。因此,美国将其视为"企图垄断"行为在理论上是正确的,而这种企图是否有"成功的危险的可能性",主要取决于双方在财力上是否存在巨大的悬殊。

与其他支配地位滥用行为类型比较,可以看出其间的差别:(1)以搭售为例,当事人出售一种产品时,以买方接受另一种独立产品作为条件,这必须以行为人拥有支配地位为前提,否则消费者将转而购买其他人的替代性产品,而不会接受搭售条件。(2)价格歧视同样如此,当事人对同等交易的不同交易对象采用不同的价格,如果没有支配地位予以支撑,则受歧视的消费者也将把需求转向卖方的竞争者,从而使歧视行为无法维持。(3)过高定价行为更是如此,非支配企业提高价格等于在把消费者往竞争者那里驱赶。支配企业从事这几类行为之所以还能增加利润,是由于消费者的需求无法从其他人那里得到满足。而从事掠夺性定价时,消费者的需求却发生从其他经营者向掠夺者的反向流动,这是由于掠夺者的价格更低,而不是由于其他经营者无力增加产出。之所以需要掠夺,恰恰是由于其他人能够扩大产出,而掠夺的目的就是要阻止其扩大产出。

根据我国《反垄断法》第 17 条,要对掠夺性定价予以禁止,须证明行为人拥有支配地位,而掠夺往往并不拥有支配地位,这就出现了同一条文不同部分间的冲突。《欧盟运行条约》第 102 条也只禁止支配地位滥用行为,并列举了几类最典型的行为类型,其中并不包括掠夺性定价;后来其司法实践中遇到这种行为类型时,未经详细论证即视为新型的支配地位滥用行为,似乎补充了第102条在立法上的遗漏,却没有注意到这种解释与第102条的基本要求存在抵触。因此欧盟与我国一样,有必要考察一下美国《谢尔曼法》第2条上"企图垄断"这一概念的合理性,以及是否有借鉴的必要性。

(二)掠夺行为所需财力的来源

1. 如果掠夺者仅在掠夺行为所在的市场上从事经营活动,也就是说,该市场是其唯一的利润来源,则需要拥有巨大的市场份额,这一方面意味着相关市场的利润大部分落入了掠夺者的口袋,因而它比被排斥方更有能力承受亏损;另一方面,这也意味着被排斥人所拥有的消费者不太多,因而掠夺行为不需要付出过多的代价。在美国 A.A.Poultry 案中,被告的市场份额为10%,联邦第七巡回法院认为它没有能力从事掠夺性定价,[1]因为其竞争者所拥有的消费者太多了。

2. 如果掠夺者在若干个市场上从事经营,以来自一个市场上的利润作为补贴,在另一个市场上从事掠夺,则并不一定需要在后者拥有很大的市场份额,更不以拥有支配地位为前提。国际贸易中的倾销行为便是如此,但无论反垄断法学界还是 WTO 法研究中都很少注意到二者的关系,因而需要在此进行详细考察。

WTO《反倾销协议》第2条规定:"就本协定而言,如一产品自一国出口到另一国的出口价格低于在正常贸易过程中在出口国供消费用的同类产品的可比价格,即以低于正常价值的价格进入另一国的商业,则该产品被视为倾销。"对比一下其核心要件可以发

---

① 　A.A.Poultry Farms v.Rose Acre Farms,881 F.2d1396(7th Cir.1989).

现,这种行为本质上就是含有跨国因素的掠夺性定价行为：

(1)出口价格低于产品的正常价值

这一要件的本质含义是"出口价格低于成本"。所谓出口价格,是指"正常贸易中向他国出口的产品价格,也就是出品商将产品出售给他国进口商的价格"①。正常贸易中,出口价格不应低于其正常价值,而所谓正常价值,其衡量标准是相同产品在"出口国的正常市场价格"。这在外观上虽然是"出口价格"与"国内正常价格"的比较,本质上则是考察"价格"与"成本"的关系,所谓倾销行为,本质上就是在以低于成本的出口价格进入进口国市场。但进口国法院在审理案件时,无法到出口国对行为人的成本状况进行调查取证,而出口国在这一方面又不太可能给予司法协助,因此只能采用该产品在出口国的正常市场价格,即竞争性条件下的市场价格来代替成本的数据,其背后的理论依据是,在竞争性条件下,出口国的正常市场价格应趋近于产品的成本,出口价格低于成本,即意味着是在亏损销售,或者是在放弃原本可以正常获得的利润。②

---

① 参见左海聪主编:《国际经济法》,武汉大学出版社 2010 年版,第 195 页。

② "出口国正常市场价格"所体现的"成本"是产品的平均总成本,而不是平均可避免成本。低于平均总成本的价格只要对"国内产业"造成损害即可构成倾销,不需要证明其主观意图,这比反垄断法上对待掠夺性定价的态度更严厉,因为在反垄断法上,当价格高于平均可避免成本时,必须能够强有力地证明当事人具有"排斥竞争的意图",才能认定其行为构成掠夺性定价。由于反倾销制度是专门针对外国企业的,上述差异使得这一制度似乎有了天然的排外性,并越来越被指责为充当了某种贸易保护的手段。这一指责是有道理的,但如果缺少这一自我保护的安全阀,各成员方加入 WTO 的热情与信心则会受到减损。最好的方法是建立起国际统一的反垄断法律制度,从而将反倾销制度彻底取代,但在可预见的将来,这一目标还不具有现实性。

而如果出口国并非市场经济国家，其价格并非经由竞争而形成，则无法正确地反映成本，须另找一个实行市场经济的第三国作为替代，以该国的市场价格来代表产品的成本，其背后的理论依据是相同的：该产品在第三国的价格是竞争性的，比出口国的价格更能反映真实的成本。

（2）该行为对进口国国内产业造成损害

根据 WTO《反倾销协定》第 4 条，所谓"国内产业"是指"生产相同产品的国内生产商的总体，或者其产品的合计总产量构成这些产品国内总产量主要部分的生产商"。对这些生产商造成损害，翻译成反垄断法的语言，是指对相关市场拥有 50% 以上份额的竞争者们进行排斥，其后果是使行为人拥有支配市场的力量。这正是掠夺性定价行为的运行方式。要排斥如此多的竞争者须付出巨大代价，支撑其赔本销售的财力来自于它在其他市场——包括出口国市场所赚得的利润，但最终则要通过在进口国提高价格而得到补偿。

由于 WTO《反倾销协定》已经建立起系统的反倾销制度，对成员方具有约束力，因此当发生跨越成员方的掠夺性定价行为——倾销行为时，须诉诸这一协定，而不是各国的反垄断法，何况这一制度可以跨越各国反垄断法的差异，以及由此造成的法律冲突问题，而且还有 WTO 的争端解决机制来维护其公正性，因此比诉诸各国反垄断法更为高效。

但国内经济关系中也可能发生类似的补贴现象，比如经营者利用其在房地产市场上的利润，来支撑其在服装市场上的亏损价格，或利用在甲地域市场上的利润，来支持其在乙地域市场上的赔本销售。这些国内补贴行为的性质：只要这些降价行为确实意图排斥竞争者，并有"成功的危险的可能性"，同样应视为掠夺性定价予以禁止,而不必事先证明当事人拥有支配地位,否则会使这些行为漏网。国内案件中法院可以对当事人的成本进行直接调查,不必借助于"正常市场价格"以及"第三国市场价格"之类并不精确的媒介。

可见,掠夺性定价主要是用作非法获取支配地位的手段,而原告要证明这种行为有"成功的危险的可能性",须证明行为人在掠夺行为所在市场上拥有巨大的市场份额,或者证明行为人在若干个市场上从事经营,并从中积聚起雄厚的财力——这最终是为了证明排斥双方承受亏损的能力十分悬殊,因而掠夺是有可能成功的。

(三)行为人是否有扩大产出的能力

从事掠夺性定价的同时还需要扩大产出,而且产出扩大必须与降低价格同时发生,才能将受排斥人的消费者吸引过来。因此可以对行为人的产能状况进行前置考察,无论价格与成本的关系如何,如果在降价之时行为人尚无较多的过剩产能,则无法达成排斥的目的,因而一般不会是出于掠夺的意图。

二、回收掠夺代价并获得垄断利润的可能性

补偿掠夺代价的主要方式是在掠夺成功后提高价格,这时行为人须拥有"让消费者别无选择"的力量。这种力量可以是行为人单方拥有的,这时行为人须拥有支配地位;这种力量也可能来自于行为人与其他人之间的卡特尔或其他协调行为;在有些情况下,行为人还有其他获得补偿的方式,用于补偿的利润并不一定来自掠夺行为所在的市场。在考察"补偿的可能性"时,这三种情形都要考虑到。

（一）利用掠夺行为所在市场上的支配地位获得补偿

如果行为人仅在掠夺行为所在市场上从事经营,则它必须在这一市场上提高价格方能获得足够的利润来补偿损失,而提高价格需要拥有支配地位。

拥有支配地位须同时满足四个条件,既然掠夺成功,意味着行为人已经拥有庞大的市场份额(满足第一个条件);现有竞争者已遭驱逐或表示屈服,因而不再会大量增加产出(满足第二个条件);而掠夺性价格是低廉的价格,不会遭到买方的对抗,反而是吸引买方的手段(满足第四个条件),因此要判断掠夺者是否拥有支配地位,便主要取决于第三个条件是否满足,即相关市场的壁垒是否足够高,从而能够有效阻止潜在竞争者的市场进入。当然,在对方进入后,它仍然可以发起第二轮掠夺性定价,即美国法所说的限制性定价(limiting price)来将其驱逐,但只要进入壁垒不高,将不断有人被垄断利润吸引进来,因而这种限制性定价需要不断地重复进行,这等于公开宣告自己的掠夺意图,而且始终没有机会较长时间地提高价格以获得补偿。因此,这种降价—涨价的过程不宜反复发生,潜在竞争者的市场进入主要还是靠市场壁垒来阻挡。

芝加哥学派认为没有哪个市场的进入壁垒有如此之高。掠夺者首先付出了代价,要获得补偿必须把价格上涨到非常高的水平,且持续相当长的时间,而价格越高、持续时间越长,潜在竞争者越愿意冒风险进入这一市场,从而越发使得行为人无法较长时间地维持高价格。因此在该派看来,除非法律设有准入限制,否则新的市场进入是不可避免的,那么掠夺性定价行为就是不理性的,也就是不会发生的。

后芝加哥学派则批评道,芝加哥学派忽略了沉没成本作为进入壁垒的作用。如果需要发生大量沉没成本,则市场进入并不是招之即来的;沉没成本越高,潜在进入者在决定是否进入时就需要三思而后行;如果支配企业还实施过限制性定价行为,则进一步增加了进入失败的风险。不仅如此,掠夺人在排斥潜在竞争者时并不需要采用亏损价格,因此在掠夺成功后其价格提高的幅度也可以比较节制,不至于对潜在竞争者产生过于激烈的诱惑。因此掠夺性定价是有可能发生的,反垄断法必须调整。当然,如果市场壁垒不高,进入过于容易,则掠夺性定价的确是非常不理性的。

构成市场壁垒的因素很多,主要有资本壁垒、技术壁垒、知识产权壁垒、法律壁垒等,各种壁垒的存在与否及其作用如何,只能在个案中进行评价,但有时也存在更为简洁的办法,比如美国Matsushita 案①中,原告指控若干日本电子产品生产商之间存在卡特尔关系,二十多年来一直在从事掠夺性定价,旨在把美国竞争者排除出市场,然后再把价格提高回来。联邦最高法院认为长达二十年的巨大亏损是不可能得到补偿的,遂驳回原告的起诉,而不认为需要对市场壁垒状况进行分析。在这一点上,欧盟也持相同的态度,认为如果降价时间持续过长,则不可能是在从事掠夺性定价行为。②

(二)通过卡特尔定价来获得补偿

补偿并非只能来自单方提高价格的行为,而可能通过竞争者之间的协调来实现。比如上述 Matsushita 案中,被告们即被指控在彼此间达成了卡特尔,在掠夺成功后将共同提高价格,虽然它们中的任何一个都不拥有支配地位。法院既然认为如此巨大的亏损没有得到补偿的可能性,当然也不认为存在这样的卡特尔。

---

① Matsushita Electric Indus.Co.v.Zenith Radio Corp.,475 U.S.574,591,106 S. Ct.1348,1358(1986).

② 《欧盟支配地位滥用行为指南》第 73 段。

　　而在美国 Brooke 案①中,通过卡特尔来获得补偿的可能性引起了联邦最高法院的重视。该案发生在美国香烟产业,这一产业呈现出寡头垄断的结构,三家最大的企业拥有 80% 的市场份额,其中被告 Brown & Williamson(B &W)是第三大企业,市场份额为 12% 左右。原告 Liggett & Myers(Liggett)是家小企业,市场份额仅为 2. 3%。② 由于香烟有害健康,因而市场总需求在下降,出现了大量过剩产能,但与此同时各经营者的价格却一年上涨两次,而且步调基本一致。③

　　各经营者的香烟采用不同的品牌与包装,但 1980 年,原告出产一种无品牌的香烟,只用简单的黑白包装,售价比品牌烟低 30%。这对该市场原有的价格均衡造成冲击,于是被告 B&W 也生产一种无品牌香烟,比原告的无品牌香烟价格更低,而案件中相关证据表明,B&W 默示地给 Liggett 传递信息,只要后者将价格提高回来,则 B&W 也同样提高价格。④ Liggett 承受不起亏损,最后终于屈服,把价格提高到比较接近品牌烟的水平,然后提起诉讼,指控 B&W 的行为构成掠夺性定价。联邦地区法院判定被告败诉,但被联邦第四巡回法院推翻,后者认为,B&W 的市场份额只有 12%,"说它进行掠夺是令人难以置信的"。案件最终上诉到联邦最高法院。

———————

① Brooke Group Ltd.V.Brown & Williamson Tobacco Corp.,509 U.S.209,113 S. Ct.2578(1993).

② 这表明 B &W 的财力是 Liggett 的五倍多。

③ Mann H. M., *Industrial Market Structure and Economic Performance*, by Frederic M. Scherer, Social Science Electronic Publishing, 1990, 2 (2): 683-687.

④ Leslie C.R.,Predatory Pricing and Recoupment,*Columbia Law Review*,2013, 113(7):1695-1771.

联邦第四巡回法院所依据的逻辑是,12%的份额不足以拥有提高价格的力量,这表明该院对此前的 Matsushita 案缺乏必要的研究,没有意识到 B&W 的降价行为背后还有其他依靠力量,而不仅仅是依靠自己的力量。联邦最高法院则注意到了这种可能性,它原则上承认,竞争者之间有通过达成卡特尔来从事掠夺性定价的可能,但同时又觉得这种"可能性"几乎是"不可能"发生的:由于卡特尔成员"必须就如何分摊现有损失、如何分享将来的利润达成一致意见",而且"每个成员都还必须克制住进行欺骗的强烈动机",因此这种联合很难维持,而本案中几个寡头之间连卡特尔关系都没有,彼此间只能依靠"各种不确定的、模糊的信号""来使掠夺所造成的损失得到补偿,只能说是可能性最小的手段",①最终虽然明知被告的价格低于成本,而且确有排斥的意图,但仍然驳回了原告的指控。

联邦最高法院的分析具有明显的教条主义特点,而忽视了本案的基本事实,即品牌烟市场已经长期存在寡头间的默契,所以各经营者才能在产能已经过剩的情况下维持很高的价格,并且还能步调比较一致地每年涨价两次。这或者说明"各种不确定的、模糊的信号"已经发挥了作用,而且其运作十分有效,或者说明寡头们相互间在背后发生了进一步的协调,而并非只是依靠这些"不确定的、模糊的信号"。在面对原告的无品牌香烟所发起的价格冲击时,这种默契再次起作用了:B&W 以有限的规模而敢于发动掠夺性定价,显然是因为确信其他寡头的价格不会下降,自己在掠夺成功后仍然可以把价格提回来,其掠夺的代价不会白白付出。

---

① Brooke Group Ltd. V. Brown & Williamson Tobacco Corp., 509 U.S. 209, 113 S. Ct. 2590 (1993).

实际上,本案中所发生的很可能是比"寡头之间的默契"更紧密的协调关系。面对原告的价格竞争,每个寡头应当都有阻止的动机,但出面的偏偏是财力并不显著的 B&W,它一家付出代价,却让更大的两家寡头"搭便车",这很有些不自然,沿着这一方向追查下去,有可能发现三大寡头在背后存在着更紧密的卡特尔关系,安排 B&W 出面充当打手。联邦最高法院受制于传统的概念化理解,没有往这一方向追问。

如果三家最大寡头间达成了卡特尔,而不仅仅是寡头间的默契,则本案的案情就很容易解释了:(1)既然原告 Liggett 财力不强,B&W 出面掠夺即可将其制服,则最好让其他寡头置身事外,使B&W 的行为在外观上呈现为单方排斥行为,以免暴露出寡头间发生了卡特尔的事实。(2)之所以安排 B&W 出场,是由于其市场份额不大,与传统理论对掠夺者的力量要求不太符合,这比安排最大的寡头来从事掠夺更具有欺骗性。联邦第四巡回法院果然上当了,认为以 B&W 的有限市场份额从事掠夺"是令人难以置信的"。(3)它们之间也许还可以进一步约定,B&W 所受损失由各寡头分摊,实际上以三家寡头的财力来支撑 B&W 的掠夺行为。当然这需要进一步的证据,而该案判决没有往这一方向论证,因而没有提供这方面的信息。

当然,即使从 B&W 单方的利益来看,能够迫使原告涨价也是利润最大化的选择,哪怕由其独立承担掠夺代价也是值得的。但问题是,作为一个规模不大的经营者,它何以如此确信在其掠夺成功后,价格将回归到原有的水平,也就是持续了很多年的寡头垄断高价。这一确信只能来自另外两家大寡头的配合,而且它们事实上也的确在维持原有的高价,一直等待着 B&W 把 Liggett 的价格拉回来,而不是像在竞争性条件下那样竞相降低价格。B&W 显然对这种配合怀有充分的信心,因此它在提高价格时所依托的,是三家寡头所占有的80%的市场份额,而不只是它的那个12%;它所仰仗的是卡特尔的力量,而不是其自身的力量。

(三)用于补偿的利润可能来自其他市场,而不是掠夺行为所在的市场①

Brooke 案中,联邦最高法院所忽视的另一个基本事实是,B&W 的排斥行为事实上已经导致该市场上的价格大致回归到原来的水平,因而"补偿"已经成为事实,其判决中对"补偿的可能性"的否定与这一事实根本抵触。

产生这一误差的原因在于相关市场界定发生失误。在本案中,品牌香烟与非品牌香烟构成两个独立的相关市场,两种产品之间只有单向的替代性:品牌烟的消费者会部分地(但并非全部)流向价格便宜(质量当然也会较低)的非品牌烟,但后者的消费者不会反过来流向前者。原、被告及其他寡头间在品牌香烟市场上互为竞争者,掠夺性定价行为却发生在无品牌香烟市场上,在这一市场上主要是原、被告之间在进行较量。B&W 在整个香烟市场上虽然只有12%的份额,无力控制价格——这一市场的高价格是靠三家寡头共同控制的;但它的财力是原告的五倍多,因而在无品牌香烟上有能力,而且事实上已经迫使对方屈服。掠夺成功的后果是消除了无品牌香烟对品牌香烟的价格冲击,使得品牌香烟市场上的高价格得以维持,从而获得高额的利润来使其掠夺代价得到补偿。这是在无品牌香烟市场上付出掠夺代价,而在品牌香烟市场上得到补偿。

---

① 参见 Leslie C.R., Predatory Pricing and Recoupment, *Columbia Law Review*, 2013, 113(7):1695-1771。

第四节　软件产业中的掠夺性定价问题

掠夺性定价行为的认定十分复杂,《反垄断法》第 17 条的相关规定尚需进一步细化才能具有真正的可操作性,才能将掠夺性定价与竞争性的降价区分开来,确保在对前者予以有效禁止的同时,又不至于阻碍后者。这不仅需要对掠夺性定价的认定标准、构成要件、分析因素等形成明确的规范,而且需要通过对原理的更深入领悟来把握其中最核心的线索,才能将这些规范统一起来。总体说来,这套标准是围绕着"排斥竞争意图"的证明而整合起来的,在多数情况下,"意图"的证明主要采用推定方法,而推定的基本依据,则是看当事人的降价行为是否符合其自身利润最大化的需要。(1)考察价格与成本的关系,是为了明确在何种情况下对"意图"采用何种证明方法:"扩大亏损"的价格可直接推定为以排斥竞争者为目的,而其他情况下,则需要由原告对"意图"进行更直接的证明。(2)对于"回收可能性"的考察同样是对"意图"的推定分析:如果市场条件表明降价所致的损失不可能得到弥补,则行为人不会是出于掠夺的目的,否则与其利润最大化的企业理性相违背。有了这一主线,上文讨论所涉及的各种零散要点之间就有了清晰的联系,形成易于理解与适用的有机体。

软件产业中出现掠夺性定价行为时,当然也应遵循上述分析方法,同时又需要结合具体情况作出必要的调整。本书写作中尚未接触到这一领域的掠夺性定价的实例,因而下面的分析主要是基于理论推演,其可靠性如何,还需要将来的实践进行检验。

一、掠夺性定价的认定标准可能需要调整

认定掠夺性定价的基本成本标准是"平均可避免成本",价格低于这一成本者,直接推定为掠夺性定价;价格高于成本者,则需要对被告的掠夺意图进行证明。传统产业中,在不需要增加产能的情况下,平均可避免成本主要由平均可变成本构成;在需要增加产能的情况下,为增加这部分产能所付出的固定成本也属于可避免成本。

传统产业中,成本主要发生在进入生产环节以后,并通常表现为物化的生产要素,这些要素与产品生产之间的关系相对明确;非物化的要素,如购买许可、知识产权的成本金额及其用途、去向也比较清晰,往往有着合同与财务上的证据,比较容易确定,也有一定的稳定性。虽然在进入生产环节之前也可能有一定的研发成本,这构成固定成本的组成部分,但总体说来,进入生产环节后的成本占总成本中较大的比重。

而软件产品的成本基本上发生在研发阶段,而且研发成本高昂,但进入生产环节后,其边际成本微不足道,因此不太会发生很多可避免成本。(1)比如软件开发完成进入市场后,所需要的可变成本只不过是制作光盘的费用,几乎可以忽略不计,因此任何开发商都不存在产能的障碍,"平均可避免成本"主要表现为平均可变成本。当然,软件的销售中也许需要投入大量的推广、宣传费用,但这些费用与传统产业中厂房、广告等成本一样,是作用于全部产品的,而不是仅作用于增量产品,可视为固定成本,而不属于可避免成本。(2)软件的可变成本主要是制作光盘的费用,如果采用网上下载的销售方式,则几乎是零成本的,其定价再低,也不至于低于这一水平,如果采用"平均可避免成本"标准,等于是认定这一领域不可能发生掠夺性定价行为,而这样认定显然是过于

绝对的。

因此在涉及软件产品时,很可能不适宜采用平均可避免成本标准,而应当以平均总成本为准,其主要构成是固定成本(体现为研发成本)。经营者进行研发、生产、销售是为了增加利润,而不是为了亏损,因此其全部成本,包括可变成本与固定成本都是必须尽可能快地收回的。但与有形产品和服务相比,软件产品的无论哪一种成本都不太容易衡量,各种要素间的来龙去脉也不容易判明。本书写作过程中尚未接触到这一方面的具体案例,在此没有能力进行更进入的分析或猜想。在此问题上,高度期待经济学的研究成果。

二、掠夺性定价的认定须考虑经营模式的特点

这里主要是指"双边市场"模式的特点。在传统工业经济社会,经营模式是生产出商品进行销售,消费者购买商品并向对方支付对价。多数软件产品最初也是采用这种方式,如果定价低于成本(主要是研发成本),则会发生亏损。比如在很长一段时间内,所有安全软件都是采用这一模式,这一市场上的主要竞争性产品有 360、瑞星、卡巴斯基、江民等杀毒软件。

2009 年 10 月 20 日,奇虎宣布对其 360 杀毒软件"终身免费"。[①] 有观点认为这构成掠夺性定价行为,因为它显然符合这一行为类型的外观条件:(1)价格为零,无疑低于平均可变成本,可直接推定为掠夺性定价;(2)对其他杀毒软件产生排斥性,而把这些竞争者全部消灭以后,它将有能力再把价格提高到垄断性水平,

---

① 新浪科技:《360 推出永久免费软件 360 杀毒正式版》,2009 年 10 月 20 日,见 http://tech.sina.com.cn/i/2009-10-20/14053521995.shtml,2016 年 2 月 1 日访问。

从而收回掠夺的代价并获取垄断利润。

但奇虎宣布采用"终身免费"政策,显然并无以后再提高价格的可能性,否则将构成商业欺诈,甚至用不着反垄断法来过问。这似乎又不符合掠夺性定价的目的。

传统反垄断法理论无法解释这一行为,是因为这里悄然发生了从"商品销售"模式向"双边市场"经营模式的转变:360杀毒软件不再有偿出售以直接获取利润,而是通过免费提供来获取尽可能多的用户,然后以其用户数量在增值服务以及互联网广告业务获得更多交易机会。两端虽然涉及两个市场,但这两个市场构成同一笔交易不可分割的两个部分,经营者在一端付出成本,有助于在另一端增加利润,或者更准确地说,奇虎公司既在安全软件上付出成本,也在增值服务与互联网广告服务市场上付出成本,但只在后一市场上获得利润。在安全软件上所付成本的功效,大约相当于广告的作用:广告服务是免费向观众提供的,经营者并不企图也没有能力对广告收费,但其成本最终将通过销售更多的产品来得到回收。

将两端结合起来可以发现,奇虎公司虽然对其安全软件采用免费政策,但其交易过程中并未发生亏损;免费政策的目的是增加利润,而不是扩大亏损,只不过其利润是来自于另一个市场。这一行为也并不损害竞争,实际上,这一行为促使相关市场上的竞争层次得到极大的提升,自此以后,其他安全软件经营者也放弃了传统的收费政策,改而采用双边市场经营模式,竞争程度没有削弱,而消费者则得到了更多的便利。因此这一行为并不构成掠夺性定价,这进一步表明,掠夺性定价的本质特征并不在于价格与成本的关系,而是在特定市场结构条件下,价格与成本的关系所体现的排斥竞争意图。

第五章　拒绝交易行为的
反垄断法分析

　　拒绝交易行为的反垄断法调整过程十分典型地体现着反垄断法与民商法、知识产权制度的潜在冲突,因而是反垄断法研究中高度受重视的问题。经营者有权确定交易对象、交易条件并拒绝与不满意的相对方进行交易,这是契约自由的基本内涵,但在行为人拥有市场支配地位的情况下,拒绝交易有可能被用作排斥竞争者的手段,因此在一定条件下应基于反垄断法的理由强制其进行交易。这些条件的确定并不容易,需要在不同价值之间进行复杂的平衡,但究竟需要平衡哪些价值,又因拒绝交易的标的之不同而有差异:如果所拒绝的是一项有形产品或服务的交易,这种平衡主要在财产权的保护与竞争的维护之间进行;但如果所拒绝的是就一项知识产权授予许可,需要权衡的则是保护竞争与促进创新孰轻孰重。我国《反垄断法》第17条规定:"禁止具有市场支配地位的经营者从事下列滥用市场支配地位的行为:……(三)没有正当理由,拒绝与交易相对人进行交易;……"这一简明的规定显然需要更多的配套解释才能具有必要的可操作性,而欧盟竞争法通过一系列判例形成了十分详细的规则,是必不可少的借鉴对象。通过对这些判例的回顾可以发现,欧盟法自身对其形成的这些规则也曾长期存在认识上的隔膜,而这些隔膜的消解则有赖于对反垄断法原理达成更深入的领悟。因此对欧盟判例法的考察不仅有助于探明拒绝交易行为的反垄断分析方法,而且有方法论上的探索意义。

第一节　欧盟法涉及财产权的拒绝交易判例

一、早期判例

1974 年 Commercial Solvents Corporation（CSC）案①是欧盟关于拒绝交易行为的最早判例。硝基丙烷是生产 2—氨基正丁醇所必需的原料,后者又是乙氨丁醇的生产所不可缺少的,而乙氨丁醇是用于治疗肺结核的混合物。在硝基丙烷和 2—氨基正丁醇的生产中,CSC 具有全球垄断地位。尽管它曾拥有的有关专利大多已终止,但其他企业由于难以寻找销售渠道,也由于生产设备昂贵,开发费用巨大,因而仍难以进入该市场。

CSC 指示其意大利子公司 ICI 减少对意大利小公司 Zoja 的乙氨丁醇供应并提高价格。最初,Zoja 仍可从其他渠道得到 2—氨基正丁醇,自己生产乙氨丁醇,但不久后就没有了,因而向欧盟委员会指控,称 CSC 与 ICI 滥用了其市场支配地位,企图把 Zoja 从欧洲乙氨丁醇市场排挤出去。委员会认为乙氨丁醇对治疗结核病很重要,CSC 不向 Zoja 供应并无合理理由,于是对 CSC 处以罚款,并要求它立即恢复对 Zoja 的供应,价格不得高于以前的最高价格。

欧洲法院同意委员会的看法,即 CSC 和 ICI 在硝基丙烷和

---

① Istituto Chemioterapico Italiano and Commercial Solvent Corporation v. Commission. Cases 6–7/73 [1974] ECR 223:1 CMLR 309.

2—氨基正丁醇市场上占有支配地位,通过滥用这一地位,它们能限制乙氨丁醇市场上的竞争。拒绝向 Zoja 供应就是这样的滥用行为,这相当于在共同市场上排除一位主要竞争者,特别是由于它此前曾向后者供应,表明这种供应是双赢的,而后终止供应又不存在合理理由,表明这种拒绝供应意在排除竞争对手,因此认定 CSC 的拒绝交易行为构成支配地位的滥用。该案中,CSC 的行为对消费者也产生损害,不过委员会及法院主要关注的是其行为对竞争结构的影响。

而 1978 年 ABG① 案中,当事人的类似行为却被认定为存在合理理由,因而是合法的。该案的背景是 1973 年开始的石油危机,被告 BP 公司在此期间大大减少对荷兰 ABG 的供应,被欧盟委员会认定为支配地位滥用行为,其依据是,BP 在此期间减少了对所有荷兰消费者的供应,但对 ABG 减少了 73%,而对其他人则平均减少 12.7%。委员会认为占有支配地位的供应商有义务平等地与固定客户进行交易,这应被确立为一般原则。本案中,委员会认为 BP"无客观理由,对可比较的购买方以不同方式减少其供应,并因而使其中一些购买者在竞争中处于不利地位的任何行为",构成对其支配地位的滥用。

欧洲法院同意委员会所确立的原则,但不同意委员会对当事人间关系的认定,它指出 ABG 并不是 BP 的固定客户,二者间并无长期的合同义务,相反,ABG 仅是偶然的客户,BP 在供应能力不足时为优先供应长期客户而减少对 ABG 的供应是可以理解的,而没有义务对两种客户按相同比例减少供应。实际上由于自己从科威特和利比亚得到的原油供应减少,BP 在危机发生 12 个月之

① British Petrolum v.Commission.Case 77/77〔1978〕ECR 1513;3 CMLR 174.

前就已经减少了对 ABC 的供应,并要求后者以后更多地通过其他渠道来满足需求——这似乎是想表明,ABG 有足够的时间去开发其他供应渠道。因此欧洲法院认为 BP 并未滥用其支配地位,遂撤销了委员会的决定。

　　这两个案例发生在欧盟竞争法早期阶段,遵循着反垄断法调整支配地位滥用行为的一般思路:支配地位的存在意味着相关市场上并不存在有效的竞争,拥有这一地位的企业如果从事进一步限制竞争的行为,通常是不应允许的,除非其产生的积极效果能够超过其限制性效果。按照这一思路,拒绝交易行为在满足以下条件时构成支配地位的滥用:(1)行为人是支配企业;(2)拒绝交易对竞争者产生严重的排斥效果;(3)拒绝交易没有合理理由,因而只能认为是出于排斥竞争者的目的。这没有反映出拒绝交易行为的跨市场特点,也没有为"严重的排斥效果"提供评价标准,因而只是粗线条的,此后的 Bronner 案在这些方面都进行了细化,形成了明确的要件,这固然增进了法律的明确性,但对要件的强调又在一定程度上造成了与原理的隔膜。

二、Bronner 案[①]

　　被告 Mediaprint 在奥地利日报市场上具有支配地位,并经营着该国唯一的"送报上门"服务体系,派人在每天一大早将报纸送到订户手上,这比通过邮局投递报纸迅捷得多。经营另一家日报的 Bronner 由于发行量小,没有能力自己建立一个这样的体系,便请求 Mediaprint 将自己的报纸也纳入其"送报上门"服务体系,并

---

　　① 　Oscar Bronner GmbH & Co.KG v.Mediaprint Zeitungs-und Zeitschriftenverlag GmbH & Co.KG, Mediaprint Zeitungsvertriebsgesellschaft mbH & Mediaprint Anzeigengesellschaft mbH & Co.KG.Case C-7/97[1998] ECR 7791(ECJ)。

愿意支付合理的费用。这一请求遭到拒绝,Bronner 遂指控对方行为构成支配地位的滥用。欧洲法院的判决指出,支配企业的拒绝供应行为必须"同时满足"三个要件,才构成滥用行为:(1)拒绝行为有可能消除二级市场上所有的竞争;(2)这种拒绝没有合理理由;(3)对请求获得该许可的人来说,该产品或服务是其从事自己的活动所必不可少的,没有实际的或潜在的替代品。①

可以看出,与前两个案件所形成的粗略规则相比,这一判决进行了大量补充,其中最重要的是在此前的 Magill 案判决的基础上,进一步揭示了拒绝交易行为的运行过程。CSC 案及 ABG 案中都没有十分清晰地注意到,拒绝交易行为总共涉及两个市场,彼此间存在上下游关系:上游市场由产品或服务组成(在 Bronner 案中,是"送报上门"的服务);②下游或称二级市场则是用上游产品或服务来生产的另一种产品或服务(在 Bronner 案中,是"日报")。拒绝交易行为可能产生的主要反竞争效果,是上游市场的支配企业通过拒绝交易来阻止其他经营者进入下游市场,从而在下游市场上获得、维持支配地位,也就是说,拒绝交易行为与其所引起的损害后果并不发生于同一市场。在 CSC 案及 ABG 案中,法院的分析中没有清晰反映出拒绝交易行为的完整运行过程。

在具体要件的构成及其理解上,Bronner 案判决也作了下列重要补充,但与此同时,这种细化又把注意力引向技术性的要件分析,有可能引导人们把要件作为分析的出发点,而不是以反垄断法原理为依托,从而妨碍读者对这些要件的意图与准确含义达成透

---

① 欧洲法院 Bronner 案判决第 41 段。Case C-7/97[1998] ECR 7791(ECJ)。
② 这是 Bronner 案判决中所作的相关市场界定。现在看来这一界定是不准确的,上游市场应当包括各种销售报纸的方式,而不限于"送报上门"方式。

彻的领会,在面对复杂模糊的案情时,还有可能偏离支配地位滥用行为的一般分析方法。这主要体现在"可能消除所有的竞争"与"必不可少"两个要件的理解上。

1. Bronner 案判决只规定了三个要件,但由于这些要件只适用于"支配企业"所从事的拒绝交易行为,因此本质上也和 CSC 案及 ABG 案中一样,将"行为人拥有支配地位"看作是要件之一。在对上游市场与下游市场进行区分后可以看出,这一支配地位是指当事人在上游市场的地位,而其利用这一地位从事拒绝交易行为的目的,则是在下游市场排除竞争,为自己赢得第二个支配地位,从而在下游市场拥有提高价格的能力。

2. 因此接下来应当考察,拒绝交易行为是否有可能在下游市场带来第二个支配地位,没有这种可能性的,不会产生损害效果,不构成支配地位滥用行为。Bronner 案中的"可能消除所有的竞争"要件与"必不可少"要件的功能即在于此。

(1)在下游市场上"可能消除所有的竞争"要件

对于 CSC 案与 ABG 案所说的"产生严重的排斥效果",Bronner 案进一步细化为"消除下游市场上的所有竞争",而不像 CSC 案中那样,关注的是对某一个竞争者的排斥。实际上这一细化是此前的 Magill 案判决所作的贡献,但 Bronner 案中予以重申并作了更清晰的表述。

反垄断法对支配企业的拒绝交易行为进行审查,并非要否定其契约自由,而是为了防止其在下游市场由此获得支配地位,最终是为了确保下游市场存在竞争性的价格形成机制。拒绝交易行为如果消除下游市场"所有的竞争",无疑便消除了这一机制,这时应通过强制交易来引入新的竞争者,从而重建这种机制。对某一个竞争者"产生严重的排斥效果"并不必然影响到这种机制的存亡,因此 CSC 案与 ABG 案的表达不准确,Bronner 所作的补充是有必要的。

但这一补充本身尚需要补充一个关键的环节,即"所有的竞争"应当如何理解。如果严格进行字面解释,意味着拒绝行为人必须成为下游市场上的"唯一经营者",而不存在任何竞争者,否则即不得对其实施强制交易,哪怕该市场上已经不存在竞争性的价格形成机制。这样理解与反垄断法的原理存在着冲突,因为支配地位的获得取决于竞争者的产出能力,而不单纯是看竞争者存在与否。另一方面,这一要求也并不符合当事人从事拒绝交易行为时的真实心态——其动机是在下游市场上获得提高价格的能力,支配地位就是拥有这种能力的地位,但这种地位的获得并不以把市场上的竞争者全部"清空"为前提。Bronner 案中,拒绝许可行为并不妨碍对方通过邮政、报摊等方式销售报纸,因此没有消除下游竞争的可能性,也就没有对"所有的竞争"的含义作出更深入的解释。

(2)"必不可少"

与 CSC 案、ABG 案以及 Magill 案相比,Bronner 案增加了一个"必不可少"要件,即被告所控制的上游产品必须是其他人"进入下游市场所必不可少的",才能符合强制交易的条件。从含义上看,这与"可能消除所有的竞争"要件很像是同一回事:既然该产品是进入下游市场所必不可少的,则拒绝交易将消除该市场上"所有的竞争";反过来,如果下游市场所有的竞争均被消除,说明竞争者们找不到其他进入方法,因而该产品就是进入下游市场所"必不可少"的。从功能上看,二者也基本重合,满足其中一个要件即可说明,拒绝交易能够在下游市场上给行为人带来支配地位,或者说,可以在下游市场消除竞争性的价格形成机制。因此有人说，"'必不可少'这一概念与'可能消除所有的竞争'是同义反复"①。Bronner 案本身也并未对增加这一要件的意义进行说明。

与"所有的竞争"一样，"必不可少"这一表述也十分僵硬，似乎意味着行为人的产品是进入下游市场的"唯一途径"，但这同样不是获得支配地位的必要条件：即使存在其他进入方式，只要其产出能力不足以阻止行为人提高价格，则该市场上就不存在竞争性的价格形成机制，这时即应通过强制交易来引入有效的竞争。因此"必不可少"要件的解释应当受到一定的限制，它不是以其他进入渠道的有无为标准，而应以其他渠道能否带来充分扩大产出的能力为标准，否则将构成强制交易的障碍。Bronner 案判决中没有注意到这一问题。

但在 Bronner 案中，这些缺陷并没有呈现出来。该案中，除了"送报上门"方式外，各种报纸还可以通过邮政、报亭等渠道进行销售，虽然这些渠道不如"送报上门"服务便捷，但其方便程度上的差异可以通过价格低廉等方面的努力来弥补，因此很容易判明，"送报上门"服务并非进入下游市场所必不可少的。不仅如此，实际上由于这些销售渠道的存在，Mediaprint 在上游市场也并不拥有支配地位，它只能控制"送报上门"这一种销售方式，但并不能摆脱其他销售方式的竞争压力。因此其拒绝交易行为只是对 Bronner 一家竞争者具有排斥性，既未消除上游市场不同销售渠道之间的竞争，也没有消除下游日报销售市场不同报社之间的竞争。

---

① Net Le, What does "Capable of Eliminating all Competition" Mean, *European Competition Law Review*, 2005, 26(1), p.6.

第二节　欧盟法涉及知识产权的拒绝交易判例

Bronner 案虽然存在上述不足,但其所确立的基本规则得到高度认可:当财产权的保护与竞争的维护相冲突时,欧盟法认为前者须向后者让步,通过对个体财产权的限制,在下游市场上维持竞争的存在。但如果拒绝行为的客体是一项知识产权的许可,则需要在创新与竞争之间进行权衡,维护竞争的价值通常要让位于保护创新的需要。这后一认识主要源自 Magill 案的判决。

一、Magill 案①

该案中,被告 RTE 是爱尔兰广播与电视管理机关,基于国内法的授权,它负责广播与电视节目的编辑,并对其所制定的节目表拥有著作权。RTE 的出版物上刊载 24 小时的节目单(周末则为 48 小时),有一家周刊 Magill 打算刊登每周七天的电视节目单,RTE 遂指控它侵犯自己的著作权,而后者则向欧盟委员会提起指控,认为 RTE 拒绝授予著作权许可的行为构成支配地位的滥用。

当时,爱尔兰市场上尚没有每周电视指南这种产品,而其他成员国都有,这表明爱尔兰消费者对此存在着需求。Magill 要出版每周电视指南,则必须得到 RTE 的著作权许可,因而后者的拒绝许可就阻碍了消费者所需要的这种"新产品"的出现。欧洲法院认为这超出了著作权的功能,构成支配地位的滥用,强制 RTE 将其著作权向 Magill 授予许可。

根据欧洲法院的判决,在以下情况下,支配企业拒绝许可著作

① Case No.T.69/89 [1991] 4 CMLR 586.

权的行为构成支配地位的滥用：（1）拒绝授予许可阻碍了一种新产品的出现，而对这种产品，存在着潜在的消费者需求；（2）拒绝授予许可没有合理理由；（3）知识产权人通过消除二级市场上的所有的竞争，把该二级市场保留在自己手中。①

这一案件发生在 Bronner 案之前，但该案本身并未对其所确立的要件作出很简洁的概括，人们后来对该案进行援引时，往往是引用 Bronner 案中所作的重新表述。将"对竞争者产生严重的排斥效果"要件发展为"消除所有的竞争"要件是 Magill 案的功劳，Bronner 案在此基础上又引申出"必不可少"要件；Magill 案的另一项功劳是增加了一个"新产品"要件，这体现了知识产权与一般财产权的差异，但该案本身对这一要件也没有进行充分阐发，而有待 IMS 案予以补充。

二、IMS 案②

IMS 案中所涉及的也是著作权拒绝许可行为，欧洲法院在该案中将 Magill 案与 Bronner 案中所确立的要件结合起来，形成了完整的分析套路。

IMS Health GmbH & Co.OHG（IMS）公司所从事的业务，是对德国各个地区的药品销售额的情况进行调查，统计出数据并作出调研报告，将这些资料向制药企业出售。这种调研报告是采用一种"砖结构"（brick structure）来展示的，而 IMS 所采用的是由 1860

---

① Magill 案判决第 54—56 段，Case No.T.69/89［1991］4 CMLR 586.Bronner 案判决第 40 段，Case C-7/97［1998］ECR 7791（ECJ），以及 IMS 案判决第 38 段，C 418/01［2004］ECR I -5039（ECJ）。
② IMS Health GmbH & Co OHG v NDC Health GmbH & Co KG, C 418/01［2004］ECR I -5039（ECJ）.

块"砖"所组成的砖结构,①在德国法属于受著作权保护的数据库。
这个 1860 砖结构是 IMS 花了 30 年时间开发并完善的,②非常符
合客户们的需要,最终成了事实上的行业标准,客户们只接受采用
这种结构所提供的数据资料。

　　IMS 的一名前管理人员辞职后成立一家公司,采用另外一种
砖结构来提供这种资料,但用户们都不接受。该公司改而采用一
种与 1860 十分相似的结构。IMS 向德国法兰克福地区法院起诉,
指控对方侵犯自己的著作权。德国法院认为这一案件的核心问题
在于 IMS 的拒绝许可是否构成支配地位滥用行为:如果不属滥
用,则其著作权应当受到保护;而如果构成滥用行为,则应判令
IMS 将其著作权授予许可,允许它的竞争者们使用 1860 砖结构。
由于对此没有把握,德国法院决定中止自己的诉讼,请求欧洲法院
作出先决裁定。③

　　欧洲法院的回答是:"一家企业拥有支配地位,又拥有砖结构

---

①　即把德国划分成 1860 个区域,每个区域用一个砖形的方框来代表,将该
　　区的销售额数据填进该方框里。See Estelle Derclaye, The IMS Health De-
　　cision and the Reconciliation of Copyright and Competition Law, *European Law
　　Review*, 2004 29(5), p.688.

②　See Burton Ong, Anti Competitive Refusals to Grant Copyright Licences: Re-
　　flections on the IMS, *European Intellectual Property Review*, 2004, 26(11),
　　p.505.

③　IMS 向法兰克福地区法院起诉,这是国内诉讼;NDC 向委员会提起申诉,
　　这是欧共体的行政程序。这两种程序可以并存,但国内法院所做的判
　　决,不能与委员会所做的行政决定,或其将要作出的行政决定相抵触。
　　成员国法院在审理涉及欧盟法的案件时,如果对欧盟法的某些内容没有
　　把握,可以就这些问题向欧洲法院提起先决裁定程序,请求后者对这些
　　问题作出回答。后者只能对成员国法院提出的法律问题进行回答,而不
　　过问事实问题,也不裁判当事人之间的争议。然后由成员国法院根据这
　　一回答继续审理自己的案件,最后作出判决。

的知识产权,而这种知识产权又是在某个成员国提供医药产品地区销售额资料所必不可少的,那么,该企业拒绝许可另一个打算在同一成员国提供同类资料的企业使用该结构时,如果符合以下条件,则构成条约第82条意义上的滥用行为:

——请求许可的企业打算在供应该种资料的市场上,供应知识产权人所没有供应的新产品或新服务,而对于这种新产品或新服务,消费者存在着潜在的需求;

——这一拒绝行为没有客观合理的理由;

——这一拒绝会在提供该国药品销售额资料的市场上,排除所有的竞争,从而使这一市场保留在自己手中。"①

这一回答的内容可分解为两个部分:(1)第一段话在外观上似乎只相当于案情介绍,但其内容实质上确立了两个要件:第一,被告在上游市场拥有支配地位。第二,其所拒绝许可的知识产权是进入下游市场所必不可少的。(2)第二段话则正是对 Magill 案中三个要件的重申,即"阻碍新产品的出现","消除下游市场上所有的竞争",并且"不存在合理的理由"。将这两段话中所含的信息结合起来,可以发现这正是在 Bronner 案所确立的三个要件之上增加一个"新产品"要件,以体现知识产权维护创新的特点。因此可以对 IMS 的结论整理如下:在知识产权许可市场上拥有支配地位的企业,如果拒绝对其知识产权进行许可,在同时满足以下四个条件时构成支配地位滥用行为,可强制其进行许可:(1)其知识产权是进入下游市场所必不可少的;(2)拒绝许可有可能在下游市场消除所有的竞争;(3)拒绝行为阻止了一种有消费者需求的新产品的出现;(4)这一拒绝没有合理的理由。

---

① 欧洲法院 IMS 案判决第 52 段,C 418/01 [2004] ECR I-5039(ECJ)。

上述四个要件中,前两个要件完全延续 Bronner 案的理解,而没有进行更多补充,因此 IMS 案的贡献主要在于对"新产品"要件的阐释。

三、"新产品"要件的意义及其基本判断标准

知识产权制度旨在保护创新,并促进创新成果的传播与使用,而其保护、促进的方式则是赋予当事人一定期限的排他性权利,在一定程度上减弱或排除其所面对的竞争压力,使其可以充分地从市场上获得利润来补偿其创新投入。也就是说,对竞争施加一定的限制正是知识产权用来促进创新的手段,而且是唯一的手段,反垄断法不能对此予以否定,否则将摧毁知识产权制度的根基。

通常情况下,知识产权的排他性并不足以构成反垄断法意义上的"垄断行为"。知识产权常被称为"垄断权",这一说法是误导性的。反垄断法所反对的是利用市场力量来"通过提高价格的方式实现利润最大化",而作为"垄断行为"纳入其管辖范围的,也只限于"有可能给当事人带来涨价能力"的行为。提高价格的能力受到竞争压力的制约,而竞争压力来自于所有互具需求替代性的产品。知识产权的排他性只能及于其权利客体,但这一客体本身还要受到替代性产品的竞争压力,这种情况下权利人并无提高价格的可能性,因而并不拥有反垄断法意义上的"垄断力"。既然制定了反垄断法,"垄断"一词的含义即应以反垄断法的理解为准——在中国反垄断法上,"垄断"一词的含义已经够混乱的了,不应再给它增加一种不必要的含义。

不过有些情况下,知识产权的客体本身可以构成独立的相关市场,不存在替代性产品,这时专利权的排他性的确可以为权利人带来支配地位,使其获得提高价格的能力。但即便这种情况下反

垄断法也应予以谷忍。权利各体构成独立的相关市场,表明权利人的创新具有格外重大的价值,因此应允许其在市场上获得充分的回报,而没有义务向其他人进行许可,让后者瓜分。欧洲法院在 Magill 案中指出,并在 IMS 案判决中重申:"根据已经确立的判例法,知识产权人的权利包括排他性的复制权,因而其拒绝授予许可的行为,哪怕是支配企业拒绝授予许可,这本身并不构成支配地位的滥用。"①反垄断法不能单纯基于维护竞争的理由而对知识产权施加限制。

但如果排他权的行使会妨碍知识产权制度本身宗旨的实现,则应施加必要的限制。概括地说,知识产权的宗旨主要有两个方面:(1)保护创新者获得经济回报以鼓励其创新的积极性;(2)促进创新成果的传播与利用。如果知识产权人并不生产某种下游产品,而其他经营者又因为得不到其权利的许可而无法进入该下游市场,则应对其进行强制许可以促进创新成果的利用,从而使消费者的需求得到满足。这是通过对具体知识产权的限制来促进创新成果的传播与利用,强制许可虽然是依反垄断法进行的,却是服务于知识产权制度本身的宗旨,与后者并不抵触。因此如果请求人打算推出一种全新的产品,知识产权人并不生产这种产品,则后者不得拒绝授予许可,否则会妨碍创新成果的传播与使用。不过这种情况下权利人通常也并无拒绝交易的动机———一项知识产权可能有若干个使用领域,对于自己并未进入的使用领域,为什么不通过许可来增加利润呢?

因此需要对"新产品"一词作出更具体的解释,才能明确其含

---

① 欧洲法院 IMS 案判决第 34 段,C 418/01〔2004〕ECR I -5039(ECJ)。这里所说的判例法,指 Magill 案判决第 49 段。

义及意义。但 IMS 案判决只明确了"仅仅对权利人已生产的产品
或服务进行复制,并不构成新产品",①而没有就"复制"的认定提
供一般性的解释。这可能是由于 IMS 案的案情没有提出这样的
需要:由于德国每个地区的年度药品销售额是客观的,如果采用相
同的砖结构,则每块"砖"上所填的数字也将是相同的,很容易判
明请求人所要推出的产品正是对 IMS 产品的复制。

尽管留下很多问题,但总体说来,经过上述各案的递进式发
展,人们一度乐观地认为,关于支配企业拒绝交易行为的反垄断分
析方法已经趋近成熟,在个案中只需要直接套用要件即可:对一般
的拒绝交易行为适用三个要件,而如果所拒绝的是知识产权许可,
则需要多满足一个"新产品"要件。但在"必不可少"要件、"消除
所有的竞争"要件的理解,以及"新产品"的认定方法上,还有一些
重要界限需要澄清,否则有可能发生要件与原理之间的背离,导致
错误的判决。这些任务是由 2007 年欧盟初审法院的微软案判决
完成的,虽然在少量细节上仍然有进一步完善的空间。

四、对 Magill 案中"新产品"要件的意义的反思

Magill 案与 IMS 案中,当事人所拒绝的都是著作权许可,因此
人们常常着眼于外观,将这两个案件视为同一类型,而没有意识到
其间存在着一些虽然细微却是本质性的区别。

在 IMS 案中,当事人的支配地位完全来自于对 1860 砖结构所
拥有的著作权,而这一著作权之所以成为"必不可少",完全是当
事人自身努力及其所作投入的结果。必须保障著作权的排他性以
使其努力得到充分的回报,这种回报也是经营者从事创新的动力

---

① 欧洲法院 IMS 案判决第 49 段,C 418/01〔2004〕ECR I -5039(ECJ)。

源泉。反垄断法并不反对这一点，相反，如果强制其进行许可，一方面将抹杀其获得竞争优势的机会，损害这种投入的积极性，另一方面，被许可人也将失去创新的动力，只需要等着其他人创新成功后"搭便车"就行了。

而 Magill 案中，虽然 RTE 对其编排的电视节目拥有著作权，但这一著作权的支配地位却是由政府的授权造成的。政府授权其提供的是公共服务，因此它有义务向消费者提供充分的信息，以作为享受特权的对价——参照其他成员国的情况，一次性提供一周的节目预告才能算是充分的信息。RTE 每天只公布 24 小时（周末为 48 小时）的节目预告，这可以视为利用支配地位减少产出的行为，其目的无非是让消费者每周买它六张报纸，而不是每周买一张，因此也可视为在变相地提高价格。

因此与 Bronner 案一样，应当强制其向 Magill 进行许可，通过引入竞争来压低市场价格，哪怕 Magill 所要提供的并不是一种新产品。也就是说，这一案件的核心要素并不在于著作权，而在于 RTE 滥用政府授权所带来的支配地位，认定其违法时本不需要"新产品"要件。

假设对案情作如下调整：RTE 自己也提供每周电视节目指南，但其售价相当于报纸原价格的六倍，这时 Magill 打算出版相同的指南，因而请求 RTE 授予著作权许可。如果按照该案及 IMS 案所确立的条件，RTE 应当有权拒绝交易，因为对方所要推出的只是一种"复制品"——与 RTE 的产品完全相同。这种结果好像是与反垄断法的基本理念相抵触的。在把著作权因素与政府授权因素的作用区分开来后，可以发现 RTE 的著作权很难说有多少创新价值，其支配地位也并非著作权带来的，而是政府授权所致，政府授权并无创新性需要保护，这时应当采用 Bronner 案的标准，而不是 Magill 案和 IMS 案的标准;既然 RTE 的价格太高,就应当允许竞争性产品出现来形成竞争性的价格。而在 IMS 案中,权利人则应当有权采用其认为适当的价格来获得充分的回报。实际上它的终端价格并不能完全摆脱竞争的压力:如果它的研究报告定价过高,则药品生产企业也许最终会转向竞争者的砖结构。因此允许其拒绝许可并不会破坏消费者保护与创新保护之间的平衡。通过比较可以发现,即便在外观十分相似的情况下也需要对个案情况进行具体分析,准确判明支配力量的来源,从而将 Magill 案与 IMS 案区分开来,只有在后一案件中,力量才来自于知识产权,因而才需要"新产品"要件。要件可以简化操作,提高案件分析的效率,但并不是最终的判断标准,而且有可能与基本规则、原理发生冲突,这时应以后者为准。

第三节　2007 年欧盟初审法院微软案[1]

一、案情简介

1998 年,太阳公司请求微软公司向其提供必需的兼容性信息,以使其工作组服务器操作系统(以下简称"工作组系统")能够与微软公司的个人电脑操作系统(即 Windows 系统)兼容。这些信息构成数据库,受著作权保护。请求遭到拒绝后,太阳公司于当年 10 月 10 日向欧盟委员会投诉,后者最终认定微软公司拒绝许可著作权的行为构成支配地位的滥用。[2] 微软公司不服,向欧盟

---

[1]　EC Mocrosoft [2007] ECR Ⅱ-3601.

[2]　欧盟委员会进行调查期间,又发现微软公司从事了搭售行为,最终认定这两种行为均构成支配地位的滥用而予以禁止。欧盟初审法院在这两个问题上均维持了委员会的原处理结果。

初审法院①提起诉讼。②

二、欧盟初审法院的总体分析框架

在诉讼过程中,微软公司认为本案中涉及知识产权的许可,应适用前述从 Magill 案至 IMS 案所确立的四个要件,③而它的行为并不满足这些要件,④因而不应强制其进行许可。

欧盟委员会则认为:(1)要评价当事人的行为是否构成支配地位滥用行为,应当依据的是《欧盟运行条约》第 102 条(当时是《欧盟条约》第 82 条),而不是机械套用上述四个要件。⑤ (2)本案发生于软件产业,在这一产业中,"社会整体利益"要求软件间

---

① The Court of First Instance。现改名为 the General Court,应译为"普通法院"或"一般法院"。本书使用其在审理微软案时的名称。

② 这一案件共涉及三个市场,即"个人电脑操作系统"(client PC operating systems,以下简称"电脑操作系统",)市场、"工作组服务器操作系统"(work group server operating systems,以下简称"工作组系统")市场,以及"媒体播放器"(streaming media players)市场。"工作组服务器"用于在小型局域网内的个人电脑用户之间建立网络关系,使其能够共享某些功能与服务。按欧盟委员会的分类,这些功能与服务主要有三种:(1)共享储存文档;(2)共享打印;(3)成组和用户管理。比如同一公司内部各部门之间需要以这种方式来共享文件,同一办公室里各员工的电脑通过这种方式共用一台打印机,等等。这种服务器的操作系统是不同于"电脑操作系统"的另一种产品,需要在电脑操作系统上运行,而在电脑操作系统市场上,微软的 Windows 系统拥有支配地位,当事人双方在这些问题上均无争议。

③ 欧盟微软案判决第 291 段。EC Mocrosoft [2007] ECR Ⅱ - 3601 at [927]。

④ 欧盟微软案判决第 300 段。EC Mocrosoft [2007] ECR Ⅱ - 3601 at [927]。

⑤ 欧盟微软案判决第 303 段。EC Mocrosoft [2007] ECR Ⅱ - 3601 at [927]。

实现兼容;而 IMS 案中则不存在兼容问题,没有公共利益的考虑,因此该案所形成的规则对本案缺乏针对性。① （3）本案中微软公司拒绝提供与其 Windows 系统相兼容所需要的信息,这将消除工作组系统市场上的竞争,损害消费者的利益。② （4）微软公司以前对这些兼容性信息一直是进行披露的,Windows 系统是操作平台,与其兼容的应用软件越多,平台的价值也越大,③因此披露兼容性信息符合其自身的利益,只是当其自己的工作组系统在市场上发展起来之后,其 Windows 2000 版才停止披露,这显然是出于排斥其他工作组系统的目的。④

　　不过在上述简短分析后,欧盟委员会仍然决定围绕 IMS 案所确立的四个要件进行抗辩,因为在它看来,即便是采用这些要件也足以认定微软的行为违法,而不必直接以《欧盟运行条约》第 102 条为依据。⑤ 这使其论证重心转变为对 IMS 案四个要件的技术性分析,而没有依托反垄断法原理达成一般性的指引,特别是就"兼容有利于整体社会利益"这一因素的作用等更具宏观性的问题进行深入探究;初审法院的判决同样以这四个要件为直接依据,而没有进行更深层的原理探讨。这对学术研究而言是十分可惜的,不过初审法院的分析过程仍然为理论提炼提供了大量线索与素材,

---

① 欧盟微软案判决第 303 段。EC Mocrosoft［2007］ECR Ⅱ - 3601 at ［927］。

② 欧盟微软案判决第 306 段。EC Mocrosoft［2007］ECR Ⅱ - 3601 at ［927］。

③ 欧盟微软案判决第 651—654 段。EC Mocrosoft［2007］ECR Ⅱ -3601 at ［927］。

④ 欧盟微软案判决第 307 段。EC Mocrosoft［2007］ECR Ⅱ - 3601 at ［927］。

⑤ 欧盟微软案判决第 309 段。EC Mocrosoft［2007］ECR Ⅱ - 3601 at ［927］。

并且确实基本解决了以往的判例法上所遗留的问题,因而仍然不失为经典性的判例。

初审法院对 Magill 案、Bronner 案及 IMS 案进行回顾后,认为根据这些案件所形成的判例法,支配企业拒绝对其知识产权进行许可,如果同时满足以下条件,构成支配地位滥用行为:(1)所拒绝的产品是进入相邻市场从事某种经营活动所必不可少的;(2)这一拒绝行为会消除该相邻市场上所有的有效竞争;(3)这一拒绝行为阻碍着具有潜在消费者需求的新产品的出现;(4)这一拒绝行为没有合理理由。[①] 在依据这四个要件进行分析后,最终认定微软公司的行为全面满足这四个条件,因而强制其向原告提供相关兼容性信息。

这四个要件并不是对 IMS 案判决的简单重复,因为其第二个条件由"消除所有的竞争"变成了"消除所有的有效竞争"。这不仅仅是字数的增减,而具有全局性意义,并且影响到其他各项条件的理解。这一判决的另一重要贡献在于对"新产品"的认定提供了更多的指引,弥补了 IMS 案判决的主要不足。

三、欧盟微软案判决中对 IMS 案中各项要件的发展

初看起来,微软案判决仍然沿用着以前判例法的结构,采用着大体类似的要件,但由于增加了"有效竞争"的限定,实质上却发生了重大的改造,使得前两个要件的含义发生了变化,进而在本质上消除了其作为要件的必要性;另一方面,该判决为"新产品"的认定提供了明确依据,这也是对以往判例法的重要发展。

---

① 欧盟微软案判决第 332、333 段。EC Mocrosoft［2007］ECR Ⅱ-3601 at［927］。

（一）拒绝交易的标的是进入下游市场从事"有活力的竞争"所必不可少的

微软公司认为，欧盟委员会要求其披露的那些兼容性信息并非进入工作组系统市场所必不可少的，市场上还存在五种替代性方法，这些方法可以使竞争者的工作组系统与 Windows 系统"实现有效竞争所要求的最低水平的兼容"。① 不仅如此，事实上市场上存在很多种工作组系统，它们并未得到微软的兼容性信息而仍能生存下来，也说明这些信息并非必不可少。②

初审法院经过调查后认为，消费者在决定购买哪一种工作组系统时，关键因素是该系统与 Windows 系统的兼容度，而微软所说的五种方法无法提供"消费者所能接受的兼容度"，采用这些方法即使能够进入市场，也只能成为"边缘化的竞争者"，而"'必不可少性'的判断须以'有活力的竞争者'为标准"。③

虽然判决中没有进一步解释，但根据反垄断法原理可以判断，所谓"有活力的竞争者"应理解为"有效的竞争者"，与边缘性竞争者的根本差异在于，有效竞争者具有充分扩大产出的能力，能够满足消费者的转向需求，从而能够阻止微软公司在下游市场获得支配地位。边缘性的竞争者则没有这种力量，其所采用的进入方法产能有限，不能带来竞争性的价格形成机制，因而需要采用强制交易来迫使微软开放其设施，在下游市场上引入有效的竞争者。因

---

① 欧盟微软案判决第 345 段。EC Mocrosoft［2007］ECR Ⅱ - 3601 at［927］。

② 欧盟微软案判决第 343 段。EC Mocrosoft［2007］ECR Ⅱ - 3601 at［927］。

③ 欧盟微软案判决第 360 段。EC Mocrosoft［2007］ECR Ⅱ - 3601 at［927］。

此"必不可少性"强调的并非"进入方式"的唯一性,而是强调"有效的进入方式"的唯一性,微软所说的五种方法不能带来"有效的进入",因而并不妨碍认定其兼容性信息具有"必不可少性"。这一点是对 Bronner 案判决遗留问题的重要补充。

微软说到市场上还存在很多种工作组系统,这并不妨碍上述兼容性信息的"必不可少性",因为这些工作组系统以往正是通过微软的这些兼容性信息进入市场的,而不是采用另外五种方法;现在由于微软的拒绝许可行为,这些竞争者正处于"边缘化"的过程中,因为它们找不到其他方法来维持"有活力"的竞争。

(二)拒绝交易有可能消除下游市场上所有的"有效竞争"

微软公司认为,根据 IMS 等案所确立的要件,拒绝许可行为必须有可能消除下游市场"所有的竞争"才会违法,而本案中微软的拒绝许可行为已持续六年,市场上仍存在大量竞争性的工作组系统,比如 IBM、Novell、Sun、Linux 等,[1]其市场份额合计起来高达40%,这一事实与"消除所有的竞争"相矛盾。[2]

初审法院则指出,由于无法与 Windows 系统达到必要的兼容度,竞争者们的工作组系统正处于"被消除"的过程中,而如果不对微软进行强制许可,其兼容度将变得越来越差,迟早要被消除干净,这一市场将只剩下微软的工作组系统。因此法院的考察应当具有前瞻性,竞争者目前尚未全部消失的事实并不妨碍"消除所

① 欧盟微软案判决第 442 段。EC Mocrosoft ［2007］ECR Ⅱ-3601 at ［927］。
② 欧盟微软案判决第 452 段。EC Mocrosoft ［2007］ECR Ⅱ-3601 at ［927］。

有的竞争"的认定。① 根据《欧盟运行条约》第102条,当行为对竞争产生扭曲时即应将其禁止,而不是非要坐等到竞争者被排斥干净后才能禁止。②

但这一论证没有体现出增加"有效"二字的意义。必须存在"有效的竞争者"才能造成竞争性的价格形成机制,边缘化的竞争者无论最终是否被淘汰,都不足以带来这样的阻力,因此其存在并不妨碍"消除所有的有效竞争"的认定。本案中,其他工作组系统的提供商均不是有效的竞争者,就算能够在市场上长期存在下去,也不应成为进行强制许可的障碍,何况它们正处于被消除的过程中。

（三）阻碍某种存在消费者需求的新产品的出现

初审法院认为,微软公司的拒绝许可行为构成《欧盟运行条约》第102条(b)项所禁止的"限制生产、销售或技术开发,从而使消费者蒙受损害",其合法性应依这一条文来判断,所谓"新产品要件"只是适用第102条的具体操作方法,其本身不应成为评判是非的最终标准。③ 这一立场明确了"要件"与"规则"的效力关系,也进一步澄清了在要件的解释与适用过程中,应当以法律的规则作为最终的标准,而在规则的理解上,往往又要以反垄断法原理为依托。这是反垄断法比较突出的特点之一。

更何况在本案中,竞争者们并未对微软的产品进行复制。一

----

① 欧盟微软案判决第455段。EC Mocrosoft［2007］ECR Ⅱ-3601 at［927］。

② 欧盟微软案判决第561段。EC Mocrosoft［2007］ECR Ⅱ-3601 at［927］。

③ 欧盟微软案判决第632段。EC Mocrosoft［2007］ECR Ⅱ-3601 at［927］。

方面,竞争者们请求许可的既不是微软的界面执行数据,也不是其软件代码,而是兼容性信息,而"仅有兼容性是无法进行复制或克隆的";①另一方面,竞争者的产品如果"增加了实质性的因素"则不属于复制,而本案中许多工作组系统在实施效果、安全性和功能等重要指标上比微软的产品更优越,②如果能够与 Windows 系统很好地兼容的话,很多消费者会选择这些产品,而不是微软的工作组系统;同时这些产品间的竞争将促使它们不断进行创新,其创新的成果又将引导消费者以后的需求。因此其他各种工作组系统并非对微软产品的复制,而是构成新产品,但由于兼容性的障碍,消费者不得不舍弃这些新产品的优点,③而只能选择微软的工作组系统,尽管后者的许多性能并不理想。这又导致竞争者们的创新成果无法得到回报,其创新能力也将被削弱甚至消除。④ 因此微软的拒绝许可行为既损害消费者的利益,又阻碍相关市场上的创新进程。

这一论证的主要意义在于澄清了"复制"的含义,从而从反面明确了"新产品"的认定标准:所谓"复制"并非指一模一样,也并不着眼于技术上的创新性,而是指不存在能够吸引消费者需求的差异,不会对消费者的选择产生影响。"复制"或"克隆"产品不能给消费者带来新的选择,而只是瓜分了知识产权人的利润,妨碍其

---

① 欧盟微软案判决第 655 段。EC Mocrosoft［2007］ECR Ⅱ－3601 at［927］。
② 欧盟微软案判决第 634、640、635 段。EC Mocrosoft［2007］ECR Ⅱ－3601 at［927］。
③ 欧盟微软案判决第 651—654 段。EC Mocrosoft［2007］ECR Ⅱ－3601 at［927］。
④ 欧盟微软案判决第 636 段。EC Mocrosoft［2007］ECR Ⅱ－3601 at［927］。

创新投入的充分回收,所以是不允许的;但在本案中,如果不是存在兼容障碍的话,不同工作组系统间的差异本当成为影响消费者选择的决定性因素,因而相互间构成不同的产品。

（四）没有合理的理由

微软认为知识产权有促进创新的功能,既包括促进微软的创新,也包括迫使竞争者进行自己的创新,而如果对微软采取强制许可措施,一方面将抹杀其获得竞争优势的机会,最终损害其创新投入的积极性,另一方面又将把竞争者养成懒汉,使其失去创新动力,而宁愿坐等其他人创新成功后再去请求强制许可。

初审法院认为,在对行为的合法性进行评价时,应对强制许可的正负效果进行比较。(1)在本案中,强制许可所可能导致的负面效果,是微软公司对其产品被他人"复制"、"克隆"的担心,而不是指"微软的创新动力受到削弱",因为相关调查表明,这一产业中正常的经营者都会向第三人披露其兼容信息,以方便他人的产品与自己的产品兼容,从而增强自己产品的吸引力,没有谁认为这种披露会损害自己从事创新的动力。[①] 微软自身以前也对兼容性信息进行披露,而没有认为这对自己有损。(2)本案中进行强制许可所可能产生的积极效果,则是使得各种工作组系统不仅能够生存,而且相互竞争并进行不断的创新,从而使得整个产业的创新进程得以推进,最终满足消费者在量上不断增长、在质上不断提高的需求。两相比较,初审法院最终认定,对微软进行强制许可的积极效果大于消极效果。

---

① 欧盟微软案判决第 710—712 段。EC Mocrosoft［2007］ECR Ⅱ-3601 at［927］。

反垄断法反对经营者利用市场力量提高价格,因而其所要维护的竞争是有效的竞争,而不是边缘性的竞争,因此微软案中增加了"有效竞争"的限定,这不仅纠正了以往各判例"要件化"过程中发生的一些偏差,而且实质上消除了"必不可少"要件与"消除所有的竞争要件"的独立性——说到底,它们只不过是判明行为人是否在下游市场拥有支配地位的考察手段,但其表达方式及其作为要件的独立性却掩盖了这一点,使得考察手段经常被当成了考察标准本身。既然如此,最好将拒绝交易行为的分析方法重新进行表述,以增强表达效果的透彻性:拒绝交易行为在以下情况下构成支配地位滥用行为:(1)拒绝行为人在上游市场拥有支配地位。(2)这一拒绝行为有可能在下游市场上为行为人带来支配地位。这不排除下游市场上仍然存在边缘竞争者,只要后者缺乏大量增加产出的能力;也不排除还存在进入下游市场的其他渠道,只要这些途径无法容纳大规模的市场进入。获得这一地位并非由于其产品的优越或其他效率,而是利用其在上游市场的支配地位传导而来,因而构成反竞争效果。(3)这一行为无法产生足够的效率来补偿其负面效果,因而不存在合理理由。(4)如果所拒绝的是对知识产权进行许可,则需要额外满足一个"新产品"要件。

与 IMS 等案件所形成的套路相比,这一改造大致实现了向反垄断法原理,以及向支配地位滥用行为一般调整方法的回归,即行为的合法性取决于其正负效果间的比较权衡,并且为正负效果的考察提供了较充分的空间,而不必受制于几个要件的束缚。这也是欧盟初审法院的态度,其微软案判决中反复强调,判决支配地位滥用行为违法性的最终标准是《欧盟运行条约》第 102 条,判例法规则的解释必须以这一条文为基准,不得与之相抵触,而在以往的反垄断法研究中,人们经常把判例法作为独立的法律渊源而孤立地理解，很少会想到判例法与成文法产生冲突的可能性，更没有认识到机械套用导致错误结果的概率其实是非常高的——在这一方面，微软案判决同样是一个很好的例子。该案中微软受到指控的另一项行为是对其媒体播放器与 Windows 系统进行搭售，这一行为被初审法院认定为非法。该院套用关于搭售行为的传统判例法，但没有意识到由于媒体播放器软件的免费性及其安装、卸载的简便性，这一搭售行为并不阻碍消费者选择其他媒体播放器，因而对竞争者并无排斥效果，反垄断法原本不必过问。如果能够贯彻其对拒绝交易行为进行分析时所采用的忠实于原理与规则的态度，这一错误是可以避免的。我国虽然不是判例法国家，但反垄断法的有效实施同样高度依赖判例经验的积累，在这些经验的梳理与解释上，也需要始终立足于反垄断法的基本原理与基本规则，才能保障对要件的正确理解与适用。这是欧盟微软案判决从正反两方面同时带给我们的重要启示。

第四节　我国的相关规定之评析

在我国已经发生的重要案例中，尚无涉及拒绝交易行为的，但可以预知这种案件迟早会发生，而欧盟法的上述做法可以为我们提供系统的借鉴。相比之下，我国相关立法尚比较简单，在此需要作必要的梳理。

一、《反垄断法》第 17 条

《反垄断法》第 17 条本身的规定十分简单："禁止具有市场支配地位的经营者从事下列滥用市场支配地位的行为：……（一）没有正当理由，拒绝与交易相对人进行交易；……"因此需要以配套立法作进一步的解释。

二、关于拒绝交易行为一般分析方法的规定

拒绝交易属"非价格垄断行为",由国家工商行政管理总局负责查处。2010年《工商行政管理机关禁止滥用市场支配地位行为的规定》第4条对这种行为的调整方法作了较长篇幅的补充:"禁止具有市场支配地位的经营者没有正当理由,通过下列方式拒绝与交易相对人进行交易:

(一)削减与交易相对人的现有交易数量;

(二)拖延、中断与交易相对人的现有交易;

(三)拒绝与交易相对人进行新的交易;

(四)设置限制性条件,使交易相对人难以继续与其进行交易;

(五)拒绝交易相对人在生产经营活动中以合理条件使用其必需设施。

在认定前款第(五)项时,应当综合考虑另行投资建设、另行开发建造该设施的可行性、交易相对人有效开展生产经营活动对该设施的依赖程度、该经营者提供该设施的可能性以及对自身生产经营活动造成的影响等因素。"

这一条文分为两款,却很难澄清这两款之间,以及第1款内部5项规定之间的关系。第1款前4项应当是并列关系,主要是对"拒绝"的方式进行列举,包括拒绝新的交易,也包括中断已有的交易;可以采用直接拒绝的方式,也可以采用"设置限制性条件"的方式达成变相的拒绝;包括完全的拒绝,也包括减少交易数量等。从上文对欧盟法的讨论可以看出,这些列举内容并不是拒绝交易行为的本质性因素,也不可能列举穷尽。需要明确这种行为

在什么条件下构成支配地位的滥用,这比表现方式的列举更重要。

该条将第 5 项单列出来,并不强调拒绝的方式,而是强调拒绝行为构成滥用行为的条件,似乎与前四项规定呈互补关系,而不再并列:无论采用前四种方式中的哪一种,必须满足以下两个条件方构成滥用:(1)拒绝的客体构成"必需设施";(2)拒绝行为没有"合理理由"。语法上相并列的 5 项规定却遵循着两种不同的逻辑,在立法技术上是需要改善的。

对于最重要的内容,即"必需设施"如何认定,该条第 2 款列举了许多因素,却没有提供判断的标准,而后者比前者重要得多。在修订时需要结合本章前文中的讨论,作进一步的补充。

三、关于知识产权拒绝许可行为的规定

在拒绝交易的客体为知识产权时,则采用国家工商行政管理总局 2015 年《关于禁止滥用知识产权排除、限制竞争行为的规定》第 7 条规定的标准与方法:"具有市场支配地位的经营者没有正当理由,不得在其知识产权构成生产经营活动必需设施的情况下,拒绝许可其他经营者以合理条件使用该知识产权,排除、限制竞争。

认定前款行为需要同时考虑下列因素:

(一)该项知识产权在相关市场上不能被合理替代,为其他经营者参与相关市场的竞争所必需;

(二)拒绝许可该知识产权将会导致相关市场上的竞争或者创新受到不利影响,损害消费者利益或者公共利益;

(三)许可该知识产权对该经营者不会造成不合理的损害。"

第 1 款的内容大约相当于上一规定的第 5 项,在此可以比较一下:"禁止具有市场支配地位的经营者没有正当理由,通过下列

方式拒绝与交易相对人进行交易：……（五）拒绝交易相对人在生产经营活动中以合理条件使用其必需设施。"区别仅在于将拒绝的客体限定为知识产权。但该条同样没有阐明"必需设施"的一般认定标准，也没有澄清知识产权都带来哪些特殊性，需要对一般规则作出怎样的调整。

第2款试图为"必需设施"提供一个认定标准，形成可操作的要件：

（1）第1项试图强调"进入下游市场所必不可少"性，这与Bronner案的第一个条件的意图相当，但第1项没有展示拒绝交易行为的运行过程，因而并没有把话说清楚。行为人利用其上游市场（即设施本身所在市场）的支配地位，通过拒绝交易阻止他人进入下游市场，或对下游市场的现有竞争者"断奶"，从而将其驱除。这一行为涉及两个相关市场，第1项没有意识到这一点。

（2）第2项仍然没有明确在哪一个市场上"对竞争和创新"产生不利影响，而且没有明确这种"不利影响"的含义与判断标准。只要求拒绝行为"对相关市场上的竞争或者创新受到不利影响，损害消费者利益或者公共利益"，这是不够的，这种不利影响必须达到"在下游市场消除所有的有效竞争"、"消除了竞争性的价格形成机制"的程度，才能强制其进行交易，而在第2项中看不到这层意思，也无法容纳"新产品"要件的含义。

（3）必需设施的权利人通常有权拒绝交易，在自身会受到"损害"时更应当这样，不管这损害是不是合理的——而且很难想象"损害"在什么情况下才会是"合理的"。参照前文的讨论，可以了解第3项需要针对的，是知识产权人能够许可（前提是不会对其造成损害）而拒不许可的情形，知识产权人可以采用产能用尽、保密需要等"合理理由"进行抗辩,并对这些理由负有举证责任。

　　总体说来,这三个法律文件尚需要进一步的补充立法予以完善,至少应当明确以下内容:支配企业从事拒绝交易行为时,如果符合以下条件,则构成支配地位的滥用:(1)拒绝行为人在上游市场上控制着其他经营者进入下游市场所必需的设施,后者没有任何办法寻找到替代性的进入渠道。准确地说,所谓上游市场就是指该设施所在市场。(2)下游市场不存在任何有效的竞争,而利用上述设施是在下游市场引入竞争的唯一途径。(3)拒绝交易没有合理的理由。这几个条件是在有形财产权与竞争之间进行权衡,竞争优先。(4)如果拒绝的客体是一项知识产权,则增加一个条件,即请求人打算在下游市场上推出的是一种新产品,而在"新产品"的认定上,强调的不是其科技上的先进性,而是看它能不能带来影响消费者选择的新特点。

　　软件产品通常享有著作权的保护,著作权人的拒绝交易行为也须满足上述四个条件,才能对其进行强制许可。欧盟微软案正是软件著作权拒绝许可案件,但从其判决书的论证过程可以看出,软件著作权的分析方法与其他著作权的分析方法并无本质性的差异,不仅适用同样的标准,而且也大致采用同样的方法。如此看来,至少在这一行为类型的反垄断法分析上,软件产业的外在特点并未给传统反垄断法理论带来多大的挑战。

　　值得进一步关注的是,微软案判决第 691 段还强调:"必须记住,拒绝许可知识产权一般并不违法,但特殊情况下例外。判例法上明确了条件:(1)该知识产权是能够许可的;(2)维护有效竞争有利于公共利益。本案中就出现了这些例外情形。"而其第 305

段也指出,在软件产业中,"兼容有利于整体社会利益"在欧盟立法上已经得到确认,因此对兼容性所需要的信息进行披露是符合社会整体利益的。① 基于公共利益的理由而限制知识产权是可以理解的,但无疑也需要符合一定的条件,但由于判决的论证是围绕着 IMS 案所确立的要件体系进行的,因而这一理由没有得到展开,未能深入考察对软件产业的"兼容性"特点应当赋予怎样的重要性。"兼容性"是软件产业所特有的,它基于什么理由构成公共利益,需要符合哪些条件,都需要借助于具体的案例考察。微软案没有能够完成这一任务,因而只能期待着以后的案件来提供讨论的机会。

---

① 欧盟微软案判决第 305 段。EC Mocrosoft［2007］ECR Ⅱ - 3601 at［927］。

第六章　限定交易行为的
反垄断法分析

　　《反垄断法》第 17 条第 1 款第 4 项所规定的行为类型可以简称为"限定交易"，是国内反垄断法研究中比较空白的领域，而执法实践却走到了学术研究的前面，2016 年国家工商总局在经过四年的调查后，认定利乐公司的搭售行为、限定交易行为与"回溯性折扣"行为构成支配地位的滥用，处以高额的罚款。这一决定立即引起学界的广泛关注并成为学术研究的重点话题，但由于理论准备尚不充分，相关评论大多没有深入决定书中论证过程的细节并从中进行必要的理论提升，因此有继续加强研究的必要。

第一节　限定交易行为

一、限定交易行为的概念

　　《反垄断法》第 17 条第 1 款规定："禁止具有市场支配地位的经营者从事下列滥用市场支配地位的行为：……（四）没有正当理由，限定交易相对人只能与其进行交易或者只能与其指定的经营者进行交易；……"其文字十分简约，需要以学理进行大量的补充才能使其具有必要的可操作性，而国内现有研究尚没有涉及这些问题。在这一方面，欧盟竞争法可以提供很好的借鉴，而利乐案则成为难得的分析素材与载体。

　　欧盟法以前常用"单一品牌"(single brand)这一术语,来指称卖方要求买方只能与自己进行交易,而不得与自己的竞争者进行交易的情形,其主要负面影响是对其他卖方产生排斥。根据排斥的程度,又分为"不得竞争限制"(non-competition)与"数量强制义务"(根据中文表达习惯,本书将其分别称为"独家交易"与"数量限制")两种情形,前者要求买方对该产品的全部或接近全部需求都必须从该卖方这里购买,而不能购买其他卖方的竞争性产品;后者则只要求其购买量达到约定的水平,在完成这一购买量之后方可购买其他人的竞争性产品。通常说来,约定的购买量在买方总需求量中占有极大的比重,这同样会对其他竞争者产生排斥,比如要求买方对相关产品70%的需求必须从自己这里购买,虽然竞争者还能争夺余下的30%的购买量,但其竞争空间仍然是有限的,只是受到排斥的程度稍弱一些。这两种限制一般需要以合同条款予以明确,因而构成硬性的合同义务;而采用"返点"等诱惑方式也可以达成同样的效果,因此在欧盟法上也将其视为"单一品牌限制"的表现形式。① 利乐案中则将返点作为独立的行为类型,与

---

　　① 欧盟委员会2010年《关于纵向限制的指南》(Guidelines on Vertical Restraints,2010/C 130/01)第129段规定:"所谓单一品牌协议的主要内容,是迫使或引诱买方将其对特定产品的购买量集中在某一个生产商身上。其主要形式有'不得竞争限制'和'数量限制'。前者是指强迫或引诱买方将其在某个市场80%以上的需求只从某一个生产商那里购买。这并不是说买方只能直接从该生产商那里购买,而是说买方不能购买(其他生产商的)竞争性产品(或服务)用来转售,或用来生产。对买方的'数量限制'比'不得竞争限制'的排斥性弱一些,即卖方与买方达成协议,约定或引诱后者将其需求集中从前者这里购买。数量限制可以采用约定最低购买量、约定库存量等方式,也可以非线性定价方式,比如采用有条件的返点、二部定价(即'固定费'加上'每单位的价格')等。"

欧盟的上述做法有别,本书讨论以该案的分析为重要依托,因此也对两种情形分别讨论。实际上返点的主要积极效果在于扩大卖方产品的销售量,而通常的限定交易行为并没有这一特点,因而利乐案的处理也是可行的。

欧盟委员会 2009 年《关于查处支配地位滥用行为的指南》①中没有采用"单一品牌"概念,而称之为"排他性购买"(exclusive purchasing)行为,但其对"排他性购买"的定义则是"要求特定市场上的客户只从支配企业这里购买,或主要从支配企业这里购买",②因此实际上既包括"不得竞争限制"的情形,也包括"数量强制义务"的情形。

有些卖方为了规避关于限定交易的规定,设计出一种变通方式,欧盟竞争法上称为"英国条款"(English Clauses),即卖方在施加限定交易义务时向买方承诺,如果买方发现其他卖方的价格更优惠,则可以要求自己提供同样优惠的价格,如果自己不能提供这样的价格,则买方有权购买其他人的产品。这似乎与限定交易有很大区别,因为从字面上看,卖方并不禁止买方购买竞争性产品。但欧盟竞争法认为,这种英国条款与限定交易有同样的排斥效果,因为买方在获悉存在更低的价格后,必须首先向作为对方当事人的卖方要求降低价格,而只要后者能提供同样的价格,该买方仍须从他这里购买。此外,买方要想得到这一待遇须对他人提供了优惠价格的事实进行证明,包括要求指明是谁提供了这种优惠价格,

---

① Guideline on the Commission's Enforcement Priorities in Applying Article 82 of the EC Treaty to Abusive Exclusionary Conduct by Dominant Undertakings, 2009/c 45/02.以下简称"欧盟委员会 2009 年《关于查处支配地位滥用行为的指南》"。

② 欧盟委员会 2009 年《关于查处支配地位滥用行为的指南》第 33 条。

这往往成了对垄断协议进行监督的手段,卡特尔往往采用这种方式来监督有哪些成员偷偷背离了卡特尔价格,而买方则被他们用作了一个个免费的密探。

比如 Hoffmann-la Roche 案①中,Hoffmann-la Roche 公司的"忠诚返点"(详见下文)被欧洲法院认定为支配地位滥用行为,该公司即以"英国条款"来辩解。依该条款,如果买方能从其他生产商那里得到更低的价格,则它可以要求 Roche 调整到这一价格,如果 Roche 不调整,则该买方可以购买其他生产商的产品而不会失去 Roche 所给予的返点。欧洲法院认为这一条款并非有利于购买者,恰恰相反,倒是为了向 Roche 提供大量市场信息,尤其是竞争者的价格和市场战略。它通过这种方式取得的信息更能加强其支配能力,因而"英国条款"在本案中的效果是更进一步削弱了市场的竞争结构。

相比之下,我国《反垄断法》第 17 条第 4 项的字面含义有些过于狭窄了,"限定交易相对人只能与其进行交易或者只能与其指定的经营者进行交易",大约相当于严格意义上的"不得竞争限制",而无法包括"数量强制义务"。这两种限制的差异仅在于对买方束缚的程度不同,从而导致对其他卖方的排斥程度有别,但其排斥竞争者的本质是一致的,反垄断分析方法也相同,因此在具体执法与司法过程中或配套立法中需要进行弹性化的处理,使"限定交易"一词能将这两种情况均涵盖进来。本书中对限定交易一词即作此种广义理解。

国家工商行政管理总局 2010 年《工商行政管理机关禁止滥用市场支配地位行为的规定》第 5 条旨在对《反垄断法》的规定予以

---

① Case 85/76 [1979] ECR 461,541:3 CMLR 221,290.

补充说明,但未能充分达到预期的目的:"禁止具有市场支配地位的经营者没有正当理由,实施下列限定交易行为:(一)限定交易相对人只能与其进行交易;(二)限定交易相对人只能与其指定的经营者进行交易;(三)限定交易相对人不得与其竞争对手进行交易。"与《反垄断法》本身的规定相比,这一条文没有增加信息量,前两项是对《反垄断法》第17条第1款第4项的分解,并无必要;而第三项则是对前两项的重复:只能与自己或自己指定的人交易,当然意味着不能与其他人进行交易,这是一个问题的两个方面,本质上是一回事。

限定交易通常是卖方对买方施加的,因而属于纵向限制,但影响的却是品牌之间的竞争,在行为人拥有支配地位的情况下,往往可以采用这种手段来对其他卖方进行排斥,从而消除或减弱来自其他卖方的压力,以便使自己的支配地位得到延续甚至加强。按照支配地位滥用行为的一般反垄断分析方法,当支配企业从事排斥性行为时,一般可直接认定为垄断行为,然后允许其证明这一行为是具有"正当理由"。前一步骤是对反竞争效果的考察,后一步骤则由当事人证明其限定交易行为是追求某种积极效果所必需的。

二、限定交易行为的竞争效果

(一)限定交易行为可能产生的反竞争效果

1.有可能成为卖方维护支配地位的手段

这种行为的主要反竞争效果,是使买方无法购买其他卖方的产品,从而对后者产生排斥。在竞争性条件下,卖方一般无力施加这种限制,因为这会减少买方的选择自由,增加买方的负担,最终会导致买方的需求转向其他人,而这对卖方自身是不利的。这时买方还有其他卖方可以选择,没有理由屈从于这种限制;同时,由于行为人并无支配地位,其限定交易行为所束缚的买方必定数量有限,竞争者们还有足够的销售渠道可以选择,也不会受到严重排斥。因此非支配企业的限定交易行为不受反垄断法管辖。但如果行为人拥有支配地位,情况则不同了。

依据《反垄断法》第 17 条,"本法所称市场支配地位,是指经营者在相关市场内具有能够控制商品价格、数量或者其他交易条件,或者能够阻碍、影响其他经营者进入相关市场能力的市场地位。"对其核心要素进行提炼后,可以发现这本质上是指行为人能够通过提高价格的方式来实现利润最大化的地位,其衡量标准是"控制商品价格"的能力,即"通过提高价格的方式来增加利润"的能力,而控制"数量或者其他交易条件"则只是"控制商品价格"的手段,"能够阻止他人进入相关市场"只是"控制商品价格"的必要条件,都不是标准本身。在竞争性条件下,当事人提高价格时消费者需求会转向其他经营者的竞争性产品,从而导致其利润减少,而支配企业却有能力通过提高价格来增加利润,其根本原因在于其他经营者无力提供足够的产出来满足消费者的转向需求,导致消费者别无选择,只能接受支配企业的条件。因此支配地位的认定需要同时满足四个条件:(1)当事人的生产能力须在相关市场总生产能力中占有极大的比重,这是"其他经营者无力扩大产出"的前提条件,主要考察依据是当事人的市场份额;(2)相关市场上现有竞争者缺乏扩大产出所需要的产能;(3)潜在竞争者无力进入市场;(4)买方没有对抗力量。①

---

① 许光耀:《反垄断分析的基本框架及其对相关经济学研究的基本需求》,《价格理论与实践》2015 年第 11 期。

不过在支配企业提高价格时,消费者的转向意愿始终是存在的,而竞争者们必定会努力扩大产能,增加产出,从而使越来越多的消费者摆脱"别无选择"的状况,这将使支配企业逐步受到削弱,直至最终失去支配地位。而采用限定交易行为则可以消除这些竞争压力——竞争者们也许能够增加产出,但增加的产出卖不出去,因为有许多买方受合同义务的约束,或受返点的诱惑,仍然只购买支配企业的产品。这将阻止现有竞争者扩大产出,让潜在竞争者无法进入市场,从而阻碍竞争压力的生成与增长,最终使其支配地位可以长期维持下去。支配地位本身是一种摆脱了竞争压力的地位,理论上,其所从事的任何进一步排斥竞争的行为都可能是有害的,因此需要认定为垄断行为而纳入反垄断法管辖范围,如果当事人不能提出合理的理由,则可以认定其非法。

但如果当事人的排斥能力过小,则似乎没有担心的必要。因此在认定当事人拥有支配地位后,还需要进一步考察当事人的市场份额大小,采用的是哪一种限定交易方式,以及其所从事的交易中有多大比例是采用限定交易方式进行的,从而判明在相关市场所有买方的总购买能力中,被支配企业采用限定交易方式所控制的部分占有多大的比重——在外观上,限定交易所控制的是买方的购买活动,但本质上所要控制的则是买方的购买能力。

假设支配企业的市场份额为80%,可以对比一下以下几种情形之间的差异:(1)该支配企业对自己的每个买方均施加"独家购买"义务。这时它在相关市场上所控制的购买能力占比为80%。这80%购买能力对其竞争者是"不开放的",排斥性严重。(2)如果它只在自己10%的交易中施加"独家购买"义务,则其所控制的购买能力为8%。对竞争者的排斥性差不多是微不足道的。(3)如果它所采用的是"数量限制",要求所有买方80%的需求从自己

这里购头,则所控制的购买能力为 64%。(4)而如果仅在自己
10%的交易中采用上述数量限制,则控制力仅为 6.4%。显然,上
述几类情况并非全都能对竞争者产生足够的排斥力:在第一、三两
种情况下,排斥性是严重的,而对第二、四两种情形,反垄断法就不
需要过问。在反垄断法上,市场份额具有某种参考或筛选作用,对
于市场份额过小者,不必再进行更进一步的审查,比如在支配地位
的认定上,欧盟委员会认为"如果企业在相关市场的市场份额低
于 40%,该企业不太可能具有市场支配地位",可以不再审查下
去,不过"在特定情形下,尽管占支配地位的企业的市场份额低于
40%",仍然可能拥有支配地位。① 40%这一数据并无决定性作
用,但也确实并非毫无意义,究竟有多少参考价值,需要在个案中
结合其他因素进行判断。

如果拥有支配地位的是买方,同样可以采用限定交易行为,要
求卖方的产品只能向自己供应,这将使其他买方得不到这些产品
的供应,因而竞争力受到削弱,特别是当卖方的产品深受消费者喜
爱时更是如此。

2.有可能用作垄断协议的手段

不具有支配地位的若干经营者同时采用限定交易方式,各自
控制一批销售商,则可以阻止第三人扩大销售量,并使潜在竞争者
无法进入市场。假设五家最大的卖方各占 18%的市场份额,其中
每一家均无力单方通过限定交易方式来对竞争者进行排斥,但它
们如果达成垄断协议,则可以控制 90%的购买能力,外部竞争者
可以利用的销售渠道只有余下的 10%,无法获得维持基本生存所
需的销售量。欧盟法往往将这称为"同类纵向限制的累积效应"

---

① 欧盟委员会 2009 年《关于查处支配地位滥用行为的指南》第 14 段。

（cumulative effect），①意思是，在对纵向协议进行考察时，不能仅限于对本案当事人的具体协议就事论事，而应考察其竞争者们所采用的同类纵向限制的总体情况，但对于应当如何考察这种"网络效应"，欧盟没有很清楚地提供指引。

因此本书试图进一步明确澄清，对所谓网络效果的考察，重在判明卖方之间是否达成了排斥其他竞争者的横向垄断协议，而采用限定交易行为作为达成或维持该协议的手段。这种垄断协议很难直接证明，因此需要借助于"协同行为"这一概念进行推定，而限定交易之有无可以成为进行推定的重要线索。协同行为的要件有二：（1）若干当事人之间出现行为的一致性；（2）这种一致性并不符合正常的（也就是竞争性的）市场条件，甚至不符合行为人自身的利益。在存在"同类纵向限制的网络效应"情形下，这两个要件均得到满足，可推定为协同行为，而协同行为是垄断协议的一种表现形式：若干竞争者同时从事限定交易行为，这符合第一个要件；这种限制有可能得罪客户，通常是对卖方自身不利的，因而每个卖方单方作出这种决策都似乎是不理性的，除非它们之间达成了共同这样做的协调。当然，构成垄断协议并不必定是非法的，当事人还可以证明其行为符合豁免条件。

因此在对限定交易行为进行反垄断法分析时，首先考察是否存在支配地位滥用行为。如果当事人并无支配地位，则接下来考察它是否被用作了垄断协议的手段，而其前提是至少有两家经营者同时在采用限定交易行为，并且它们的市场力量总和足以带来

①　欧盟委员会 2010 年《关于纵向限制的指南》第 121 段规定："所谓累积效果，即其他人所采用的同类协议的市场覆盖率——不管这种限制是'强加的'（即协议所规定的限制或义务主要由一方当事人承受）还是'同意的'（双方当事人均承受限制或义务）。"

提高价格的能力。无论作为垄断协议还是作为支配地位滥用行为,其反垄断法分析标准同样是正负效果的比较,同时还需要对各限定交易方式的负面效果进行比较,只允许采用限制性最少的方式,比如不得竞争限制与数量强制义务都有助于解决"搭便车"与套牢问题,但由于前者的限制性显然更强,如果采用数量限制义务足以实现同样的积极效果,则不应施加不得竞争义务,因为它并不是实现效率"所必不可少的"。

(二)限定交易行为可能产生的积极效果

与垄断协议的调整方法一样,支配企业的排斥性行为被认定为垄断行为后,如果当事人能够证明这是实现某种积极效果所必需的,则可构成《反垄断法》第17条所说的"正当理由",不受禁止。限定交易行为可能产生的积极效果主要有:

1. 防止套牢

假设一家矿山企业为争取与一家钢铁公司的交易机会,专门铺设一条通往该公司的铁路以方便送货。这一投资属于沉没投资,一旦交易终止,不可能转向其他用途。这使它在双方的关系中居于弱势地位,对方如果以终止合同作为威胁而提出苛刻要求,它将缺乏对抗力量,处于被"套牢"状态。为加强自我保护,这种合同中往往会规定买方的最低购买数量,或对买方施加独家购买义务,禁止其购买其他卖方的矿石,以此来抵消买方压低价格的能力。如果对这种限定交易行为予以禁止,则会阻碍这笔交易的达成,反而是损害效率的。①

当然,允许施加这种限制是有条件的。首先,矿山所作投资必须是专门针对与该钢铁公司间的这笔交易的,否则不会出现被后

---

① 欧盟委员会2010年《关于纵向限制的指南》第107(d)段。

者套牢的问题。其次,这一投资是长期的,而且是巨额的,如果是服务于短期目标,则目标结束后限制即告解除,不足以发生套牢后果。最后,双方的风险严重失衡,比如本例中,如果这笔交易终止,钢铁公司并无风险,而矿山投入到这条铁路上的投资则全部无法收回,这种情况下,哪怕这家矿山拥有支配地位也有防止套牢的需要。①

2. 防止竞争者"搭便车"

有些情况下,买方的经济力量有限,或不愿为销售卖方的产品进行过多的投资,因而需要卖方为之提供相应的经营条件,比如有时卖方会主动提供自己所拥有的经营场所,或从第三人那里租来经营场所,供买方在此经营该卖方的产品。比如许多加油站业务就是如此;在欧洲,酒吧行业也常采用这种方式。这种投资既有助于增强品牌内部的竞争,也有助于品牌之间的竞争,但卖方往往也会对买方施加不得竞争义务,要求买方不得在这些场所经营其他卖方的竞争性产品。一般说来这种限制是可以允许的,否则卖方将没有动力作出这笔投资,这些销售渠道也许就根本不会存在,因此其他卖方的产品当然也得不到这些销售渠道。也就是说,这一限制本身并没有使竞争条件恶化。

(三)利乐案中对限定交易行为的分析

利乐公司是著名的包装设备、包装材料及包装纸生产商,国家工商行政管理总局于 2016 年认定其滥用了在中国大陆"液体食品纸基复合材料无菌包装设备市场"、"液体食品纸基复合材料无菌包装设备的技术服务市场"、"液体食品无菌包装用纸基复合材料市场"的支配地位,没有正当理由实施搭售行为、限定交易行为以

———————

① 欧盟委员会 2010 年《关于纵向限制的指南》第 107(d)段。

及忠诚折扣行为,处以 667724176.88 元罚款。这里只关注其中有关"限定交易行为"的部分。①

所谓"液体食品"可以牛奶为例。牛奶包装盒的制作材料(处罚决定书中称为"包材")由纸板(又称"原纸")、聚乙烯、印刷油墨、铝箔等多层复合结构组成,其中最重要的是"原纸",其成本占包材原料总成本的一半以上。而原纸有牛底纸、白底纸两种类型,相比之下,牛底纸在成本与性能上比后者更有优势,在下游市场上,用牛底纸制作的包材无疑比用白底纸制作的包材更有竞争力。

到 2014 年止,中国大陆市场上只有一家企业能够进行牛底纸的批量生产,即佛山华新包装股份有限公司及其子公司珠海经济特区红塔仁恒纸业有限公司(以下简称"红塔公司"),其产品的唯一客户是利乐公司,而利乐公司对它施加限定交易限制,禁止其产品出售给第三人,这使得其他包装材料生产商无法得到牛底纸,而只能使用白底纸,因而其生产的包材在下游市场上相对于利乐的产品处于竞争劣势。这些限制的具体内容有:(1)"限制红塔与其他包材厂商就牛底纸项目进行合作。"利乐与红塔于 2011 年签署的《谅解备忘录》约定:"(红塔的)该生产能力将用于在合作协议约定的三年内,排他性地为利乐及其关联公司生产液态包装原纸"。(2)"限制使用有关技术信息,妨碍红塔向其他包材厂商提供牛底纸。"如 2012 年 12 月双方签署的《供应与合作协议》第 5 条第 5.3 款规定,红塔"(a)除了为利乐生产产品外,不可使用利

---

① "返点"本可算作是限定交易的一种特殊方式,但《反垄断法》第 17 条第 1 款第 4 项的措辞本身无法容纳这一含义,因此工商总局依据第 17 条第 1 款第 7 项,将其认定为"国务院反垄断执法机构认定的其他滥用市场支配地位的行为"。第 17 条各项只是对主要滥用行为类型的举例,并不是穷尽性列举,因此这样做是可行的。

乐技术信息,(b)不能向利乐之外的任何人士销售或者以其他方式提供任何使用利乐技术信息生产的产品,或协助任何人士从事上述活动"。① 相比之下,前者的限定交易方式比较直接,而后者则通过对技术信息的控制等方式来达成限定交易的目的,可以称为"间接的限定交易行为"。

国家工商行政管理总局认为,上述两项"限定交易行为不具备正当理由,且损害了包材市场的竞争",因此依据《反垄断法》第17条第1款第(4)项认定其违法。在论证过程中,行政处罚决定书考察了四个方面的问题:(1)红塔自主拥有牛底纸生产专利技术,并没有利用利乐公司的专利技术。(2)"红塔向第三方供应牛底纸并不影响其与利乐的合作"。② 因为牛底纸的生产主要由原纸供应商研发、生产的,其"工艺参数的制订、原材料的采购、生产设备的操作和生产过程的控制等"均由原纸供应商即红塔公司完成,利乐作为客户并无重大投入。(3)利乐限制红塔使用的所谓"利乐技术信息"并非利乐专有的,而属于行业公知信息。(4)而且上述信息中有许多是生产牛底纸所必需的,否则其质量会受到影响,因此对这些信息的使用限制阻碍红塔向第三人供应质量合格的牛底纸,从而损害包材市场的竞争。③

从功能上看,这四个方面的问题可以分为两个部分:(1)前三个问题的考察结果表明,利乐公司既没有知识产权需要保护,也没

---

① 国家工商行政管理总局"利乐案"行政处罚决定书,工商竞争案字〔2016〕1号,第30页。
② 国家工商行政管理总局"利乐案"行政处罚决定书,工商竞争案字〔2016〕1号,第32页。
③ 国家工商行政管理总局"利乐案"行政处罚决定书,工商竞争案字〔2016〕1号,第33页。

有作出重大投入需要防止套牢,它向对方提供的信息也都不构成商业秘密,并无对第三人保密的需要,因此从事限定交易行为并无积极效果可以追求,也就是说,没有"正当理由";(2)第四个问题上的考察则表明,对所谓"利乐技术信息"的使用限制对竞争者具有排斥性,构成垄断行为。

这一分析的结论是正确的,但其过程中先进行"正当理由"的考察,然后才关注其排斥性效果,与支配地位滥用行为的一般分析步骤刚好相反:通常应由执法机构或原告应证明支配企业的行为对竞争产生排除、限制,构成垄断行为,受反垄断法管辖,然后再由当事人自己来证明其行为具有正当理由。此外,利乐公司施加了两项限制,而在第四个问题的考察中,只认定间接限定交易行为具有排斥性,而忽略了对第一项限制即直接限定交易行为的排斥性进行认定。

第二节　返　　点

一、返点的概念

欧盟法将返点视为限定交易的一种方式,其英文措辞为rebate,在中文字典里对应的译法可以是"回扣",但由于"回扣"二字在中文里主要为贬义,因而国内反垄断法研究中常将其译作"返点",即生产商以合同价格向经销商出售产品,并规定一定期间(如一年)的购买量标准,如果经销商达到了这些标准,则生产商将其已付价款的一定比例予以返还,从而鼓励后者大量地与自己进行交易。这等于降低了交易的价格,但降价不是在交易当时进行的,而是在事后根据一定期间的总购买量来决定。这种手法主要适用于较长期间的大批量的商业交往,而与 discount 有所不同,后者在中文里的对应术语为"折扣",它是在具体交易进行时发生的,是根据该笔交易的交易量确定的,交易时支付的实际价格为折后的价格,其影响一般只及于本次交易,不会对买方下一次的购买决定产生影响,而不像返点那样,买方先要在每笔具体交易中支付原价,而在合同期届满时,卖方再根据其所规定的标准予以部分返还,在完成卖方所规定的购买量门槛之前,买方不敢转向购买其他人的产品,因而其排斥性强于折扣。二者虽然都有鼓励对方扩大购买量的功能,但在对买方的约束力上,二者的效果有很大差异。折扣不太会产生排斥性效果,一般不受反垄断法管辖。

在利乐案中发生的是"返点"行为,但工商行政管理总局的利乐案中,则将其称为"回溯性折扣",这是没有必要的。一方面,这一术语使人感到返点是折扣的某种表现形式,这是误导性的,返点与折扣在反垄断法上完全是两回事;另一方面,"返点"中的"返"字足以表达"回溯"的意思,重要的术语应尽可能简短,何况"返点"二字在国内商学两界已经约定俗成,并非生造。

返点如果是单纯取决于买方的购买数量,则通常能够体现规模经济的要求,因而是有效率的。通常情况下,商品的价格不应当低于其平均总成本,要进一步降低价格,须进一步降低平均总成本,而销售数量的增加有助于实现这一目标,这主要是由于固定成本要由产量来分摊,产量越多,则平均固定成本越低,从而导致平均总成本越低,这使得价格也可以随着降低。在生产商看来,如果某个买方购买量大,对于自己平均总成本的降低有着突出贡献,则卖方有理由对其降低价格,以体现对方这种贡献的价值,从而吸引其更长期、更大量地从自己这里购买。这通常是增进社会总产出的,因而是反垄断法所鼓励的。

但另一方面,返点对买方产生诱引效果,这种效果也将对竞争者的产品造成排斥,使后者的交易机会减少。实际上所有竞争行为的目的都是与竞争者争夺消费者,这种排斥本身并不是应受谴责的,关键的问题在于排斥的力量来源。竞争性条件下,返点只是对价格的减让,是价格竞争的方式,并不能够阻止买方的需求转向其他人——至少在"返点合同期"满以后,买方可以转向其他卖方,这时其购买量已经清零重新计算,它可以选择从甲卖方这里重新计算,也可以选择从乙卖方那里重新计算而与甲完全脱离。

但在卖方拥有支配地位时,买方则没有这样的自由。由于相关市场上的商品大部分是由支配企业所供应,因而多数消费者不能完全脱离它,因为其他卖方提供不了足够多的产出。能够转向的需要数量以其他卖方的产出能力总和为限,超过这一限度的部分得不到满足,只能仍然从支配企业这里购买。例如支配企业的市场份额为80%,这大致意味着其在相关市场总产出能力中占有80%的比重,则该市场80%的需求只能从它这里得到满足,因为其他卖方总共仅能满足20%的需求。支配企业采用返点方式可以利用对这些"不可转向的需求"的束缚,影响消费者对另外20%需求("可转向的需求")的购买决定,阻却消费者购买竞争者的产品,这种返点常被称为"忠诚返点",与合同性的"限定交易"有同样的排斥效果,因而通常被视为限定交易的一种方式。

二、忠诚返点可能产生的排斥性效果

返点一般并无防止"搭便车"、防止套牢的功能,其主要积极效果在于扩大买方产品的销售量,从而实现规模效益。但"忠诚返点"的目的不在于扩大自己产品的销售,而在于把买方束缚在自己身上,使其无法从其他卖方那里购买产品,或限制其从其他卖方那里购买的数量,从而对后者产生排斥,阻碍后者增加产出,最终导致相关市场的总产出减少。因此忠诚返点行为的违法性认定主要取决于对其排斥性的分析,而不必像对其他限定交易行为那样,经常需要进行全面的正负效果权衡。

其次,如果返点只针对部分买方,则还会在不同买方之间造成价格歧视,这会影响它们在下游市场上的竞争,同时也可以造成对部分买方的剥削,比如有的买方没有能力转换供应商,而只能从支配企业这里购买产品,支配企业便不给予返点,从它身上榨取尽可能多的利益;而对于那些转换能力较强的购买商,则给予大量返点以求稳住它们。这种歧视性的返点主要是出于剥削前一类客户的目的,在性质上属于价格歧视行为,返点只是进行歧视的手段,因而在评价其合法性状况时,应采用反垄断法关于价格歧视的分析方法,而不必将返点作为独立的行为来对待。

本书讨论所针对的主要将返点用作排斥性手段的情形,其所针对的并不是那些跑不掉的客户,而是那些最可能跑掉的客户,这些客户对该支配企业的忠诚度不高,有能力转换供应商,因而支配企业要求其必须达到一定的购买量才能得到返点,从而使这些客户不得不重新考虑自己的选择。比如 Hoffmann-la Roche[1] 中,欧盟委员会认为 Hoffmann-la Roche 滥用了其在七种维生素市场的支配地位,原因之一在于它与大购买商订立了"忠诚返点"条款,这迫使买方不得不从 Roche 购买自己的几乎全部需求,而不敢去选择其他供应来源。委员会认为这不论是否伴有返点均构成滥用行为——换成我国《反垄断法》第17条的用语,即支配企业的限定交易行为构成滥用,而限定交易可以采用返点方式,也可以采用其他方式。案件上诉到欧洲法院后,该院认为,施加这种压力本身

---

① Case 85/76 [1979] ECR 461,541;3 CMLR 221,290.

与竞争的正常运作不相容,因为这使得购买者的行为不是出于自主的选择,而是由于其对支配企业的依赖关系,如果它从其他人那里购买,要冒失去支配企业返点的风险,从而束缚了其选择的自由。

三、对返点的排斥性进行反垄断法分析时的考察因素

(一)返点门槛是采用比例标准,还是数额标准

卖方需要为其返点政策规定一定的门槛,买方的购买量须达到门槛方可得到返点,而门槛的确定方式对于返点的排斥效果有重要影响,因而是重要的分析要素。(1)采用"购买比例标准"通常具有较强的排斥性,比如要求买方对同类产品的需求中,有80%必须从该卖方这里购买。按这一标准,返点的获得与买方的购买量无关,有的买方从卖方这里仅购买 85 万元即可以获得返点,因为这达到了其总购买量 100 万元的 85%;而另一家买方购买7000 万元也得不到返点,因为这低于其总购买量 1 亿元的 80%。卖方给予这种返点没有合理的动机,因为前者对其成本降低的贡献度显然小于后者,因此通常可推定其旨在排斥竞争者。(2)如果采用具体的购买数量标准,比如规定买方必须购买 10 000 件产品,或要求买方必须提供一定量的服务(如必须为该种产品的促销作出多少努力,根据其参与促销的程度给予不同比例的返点),则通常能够体现规模效率的要求,不过仍然必须关注这一购买量在买方的总需求量中所占的比重。比如在买方总需求量为 15 000件产品的情况下,要求其完成 10 000 的购买量意味着控制了其需求量的 66.7%。这后一情况称作"目标返点",同样是忠诚返点的表现形式,即虽然采用数量指标(而不是购买比例标准),但实质不在于扩大销售量,而在于减少买方购买他人产品的机会,从而对

竞争者产生排斥。

（二）返点门槛是统一适用，还是"量身定做"的

如果对所有的买方统一适用同一个数量标准，则一般不太会是出于排斥竞争的目的，因为买方力量有大小之别，这一标准对小买方来说可能太高了，高到其永远达不到的地步，因而对它不会有吸引力；而对大买方来说又太低了，跨过门槛很容易。但这一原则需要结合个案的具体情况来适用，如果能确定这些标准是精心设定的，比如，支配企业的多数买方的购买量差不多，都与门槛差距不大，则也可以认定其具有很强的排斥性。

如果卖方所采用的标准不是"统一"的，而是针对不同的买方量身定做不同的数量标准（或者采用利乐案行政处罚决定书中的用语，采用"个性化"的数量标准），其增进忠诚度的效果则强烈得多。这可以表现为直接对每一个买方规定具体的门槛，也可以通过递进或累进的门槛与标准来实现，比如规定购买量达到 100 万时得到 5% 的返点，达到 150 万时得到 10% 的返点，依次类推下去。虽然这些规定是统一适用的，但与上述单一的普遍标准不同，这种递进的标准体系可以使不同规模的买方均受到引诱或激励：购买量为 80 万的买方将为获得 5% 的返点而努力购买 100 万，而购买量为 130 万的买方则会努力增加到 150 万，因为只需要增加六分之一的购买量，其获得的返点额即可增加一倍。

有时卖方更愿意将返点标准模糊化，规定得不太明确，也会产生同样的效果，买方只有在大大超过门槛以后，才能确信自己可以得到返点。比如欧盟的 Michelin① 案中就存在这样的问题。Michelin 公司在荷兰重型汽车轮胎市场上拥有支配地位，它对其经销

① Case 322/81〔1983〕ECR 3461〔1985〕CMLR 282.

商规定销售目标,达到目标者给予一定的返点,但其返点政策缺乏透明度,没有客观标准,甚至不以书面形式明确销售目标与返点率的具体数额。欧盟委员会认定这一行为构成支配地位的滥用,并认为这种返点必须具备两个条件,才能被认定为正常的商业行为:(1)必须为购买人所知;(2)必须有客观依据,给经销商的返点金额应与其完成的购买量或所提供的服务相称。而 Michelin 的行为不透明,并不满足这两个条件。Michelin 上诉到欧洲法院,后者认为,由于经销商的购买量是有限的,上述模糊性导致经销商必须超量购买 Michelin 的产品,确保能够得到返点之后才敢与其他生产商进行交易,因而具有强烈的排斥性。而且 Michelin 每年直到年终才对经销商的购买量进行检查,经销商在检查通过后,已经没有时间再去购买其他人的产品了。因此这一政策有助于加强 Michelin 的市场地位,并使竞争者进入荷兰重型汽车轮胎市场时面临更多障碍,应认定为支配地位滥用行为。

(三)总量返点与增量返点

所谓"总量返点",即以买方的全部购买量为返点对象,只要达到所规定的门槛,所有的购买量均可得到一定比例的返点,而达不到门槛则一分钱也得不到。这当然具有很强的排斥性。"增量返点"则只对超过门槛以后的部分给予返点,其排斥效果相对小一些,因为买方达不到门槛时损失的返点数额要小得多。

可以举例说明。支配企业规定一个购买量门槛(比如购买1000 万元),买方超过这一门槛后(比如购买 1200 万元),则全部购买量均可获得一定比例的返点(比如 5%,返利总额为 60 万元)。购买量为 900 万元的买方将力争再努力购买 100 万元,然后可以得到 50 万元的返点,而如果卖方没有采用返点措施,买方的这 100 万很可能是打算从其他卖方那里购买的。因此这种返点能够加强买方对该卖方的"忠诚度",从而对其他卖方产生排斥效果。一般说来,规定的门槛越高,给予的返点率越高,排斥性就越强,因为返点率越高,买方越有动力追求返点;而规定的门槛越高,则买方越需要从该卖方这里购买更多的产品,它从其他卖方那里购买的产品也就越少。

但如果卖方采用的是"增量返点",如规定每购买 100 万元即可获得 5% 的返点,则买方购买 900 万元时可获得 45 万元返点,与购买 1000 万元相比只损失 5 万元,买方所受到的束缚程度就弱一些。通常情况下,增量返点不太会产生严重的排斥性,一般不太会构成支配地位滥用行为。

当然,如果支配企业并非在所有的交易中都采用返点政策,则其排斥性取决于其实际采用这一政策所控制的购买量的占比。一般说来,采用返点政策从事的交易所占比重越大,则排斥性越大,而如果只在 10% 的交易中采用这一措施,则排斥性就是有限的。

但有时行为人旨在排斥特定的竞争者,只对该竞争者的客户提供返点,而不及于其他买方,则需要考察这些客户对于该竞争者的重要程度,比如在该竞争者的销售额中所占的比重,而不取决于这些客户在相关市场总销售额中所占的比重。有时卖方还会对这些特定客户采用"无条件的返点",即只要其从自己这里购买即给予返点,而不管其购买量的大小,则更可能是出于排斥竞争者的目的,因为这些客户对其成本的降低基本上没有贡献。

四、利乐案中对返点行为的分析

(一)忠诚返点的类型

利乐案处罚决定书中指出,"2009—2013 年间,利乐公司在包材业务上实施的折扣种类多达数十种,其中追溯性累计销量折扣和个性化目标折扣属于忠诚折扣",①并最终认定这两种行为违法。

1.追溯性累计销量折扣

决定书中为简洁起见,又将其简称为"追溯性累计折扣"。由于"累计"二字的阻隔,读者已经不太容易准确领会"追溯性"与"折扣"之间的关系。这一术语所表达的并不是"追溯性地进行累计的折扣",而是"累积的追溯性折扣",而"追溯性折扣"就是返点的意思。因此这一概念相当于前文所说的"总量返点"。

决定书对这一术语进行定义:"追溯累计折扣指客户一定时期的购买量达到特定数量阈值时,该客户会得到某个单价折扣,该折扣追溯适用于这一时期该客户的所有累计购买量,当达到更高的阈值时,折扣幅度更高,即折扣幅度按照销量阈值表现出累进的特征。"这一定义强调的核心因素有二:一是"累计"二字表明,这是按买方的总购买量给予返点,而不是增量返点;二是"累进"二字表明,利乐规定的标准不是单一的,买方在完成某个购买量后,如果继续增加购买量,达到某个更高的标准,还可以得到更大幅度的返点,而不是为不同规模的买方只提供一个单一的标准。所谓"累进",本质上是"量身定做"的一种手段,这一层含义原本是十分重要的,但并未纳入"追溯性累计折扣"这一名称里去,因而未能体现出来。如果采用本书的措辞方法,则可以将其称为"累进总量返点"。

决定书中进一步将"追溯累计折扣"细分为"单一产品追溯累

---

① 国家工商行政管理总局"利乐案"行政处罚决定书,工商竞争案字〔2016〕1号,第34页。

计折扣"与"复合产品追溯累计折扣"两种类型。① 这一区分是没有必要的。与"总量返点"(或称"累计返点")相对的是"增量返点",与"累进返点"相对的是"单一返点",二者都可以只施加于"单一产品",也都可以施加于多种产品即"复合产品",反垄断法应当区别对待的是前两组概念,而不是第三组。至于决定书中所说的其他几十种折扣,也应认定其属于"总量返点"还是"增量返点",如果属于后者,无论是施加于单一产品还是施加于复合产品,一般均不会产生显著的排斥性效果。

2. 个性化采购量目标折扣

决定书中将其简称为"目标折扣"。这一术语中已经完全没有了"回溯性"的成分,因而与"返点"的字面含义离得更远了。但其实质所指是很清楚的,即"针对每个买方量身定做的目标返点"。这是比"累进总量返点"更直接的量身定做方法,直接对不同买方规定不同的购买量数额,而不像累进总量返点那样,规定的标准是统一适用的,但采用累进的标准来让买方自己对号入座。尽管有形式上的差异,二者的本质是相同的,因此本书倾向于将累进总量返点视为"个性化目标返点"的一种类型。

根据处罚决定书的定义,"个性化采购量目标折扣一般是以特定客户一定时期内采购产品达到或超过目标比例或个别固定的数量为条件给予的折扣。"这主要是"返点"的定义,特殊之处仅在于增加"个别"两个字,以体现这是"个性化返点"的定义。经过对案情的考察,执法机构认为"本案中,利乐的目的折扣往往由利乐根据具体客户的情况量身定做,通常具有特别的背景,具有很强的

---

① 国家工商行政管理总局"利乐案"行政处罚决定书,工商竞争案字〔2016〕1号,第35页。

目标性",①这一目标通常会占买方总需求量的很大比重,对"＊＊公司"确定的购买量门槛甚至相当于该公司"三年半的产量",无疑会造成对其他卖方的严重排斥。②

决定书中还认定,利乐公司除忠诚返点外,尚有其他返点行为,包括"在既定政策范围以外还给予部分客户额外的折扣,称为特别折扣(SD)或例外折扣;利乐公司还针对特定的包材种类和包装内容物采用特定的包材折扣,称为品类折扣(CD)。特别折扣、品类折扣往往与累计折扣同时使用"。③ 这里缺少了一些论证环节。决定书中明确认定的忠诚返点只有两种,这意味着"特别折扣"、"品类折扣"本身并不是忠诚返点,因此应当进行更进一步的分析,判明其属于增量返点还是总量返点,是单一返点还是累进返点,才能判明其是否属于忠诚返点。

(二)对忠诚返点行为竞争效果的分析

决定书的这一部分较多地采用了经济学分析方法,阐明忠诚返点所产生的诱导效应及其原因:

1.在买方的购买量达到"阈值"时,其"总支付"会出现"陡降","即在阈值近的实际价格为 0 甚至负数",由于这一"总支付倒挂现象,客户们为了以更低的总价获得更多的产品,当采购量接近该阈值时,往往会继续采购直到该阈值数量"。④

---

① 国家工商行政管理总局"利乐案"行政处罚决定书,工商竞争案字〔2016〕1 号,第 36 页。
② 国家工商行政管理总局"利乐案"行政处罚决定书,工商竞争案字〔2016〕1 号,第 36 页。
③ 国家工商行政管理总局"利乐案"行政处罚决定书,工商竞争案字〔2016〕1 号,第 37 页。
④ 国家工商行政管理总局"利乐案"行政处罚决定书,工商竞争案字〔2016〕1 号,第 38 页。

　　反垄断法深受经济学的影响,利乐案的处理过程本身就是很好的说明;但经济学的研究也需要更多地了解反垄断法学的思维方式,才能将两个学科更好地融合起来并进行必要的通俗化。上述分析过程并不符合消费者作出购买决定时的通常心态:买方所追求的不是从卖方这里获得更多的产品,而是获得一大笔返点;其关注的是返点的总额,这一总额来自于所有单位的价格降低,而不是阈值附近的那几个产品——实际上阈值附近的实际价格也并不为0,而与其他单位的产品价格同进退。为了获得这一笔返点而宁可不情愿地多购买一些卖方的产品以达到阈值,这使买方受到束缚,并由此对竞争性卖方产生排斥。这种排斥不是由于该卖方的产品更好,而是由于其对支配地位的利用,因此是反垄断法所反对的。

　　2.对于支配企业的返点行为何以能够排斥竞争,决定书中也进行了详细的经济学分析,这是该案中最重要的理论推进。它借鉴了欧盟委员会2010年《关于纵向限制的指南》中的术语,将"客户的需求"区分为"不可竞争部分需求"与"可竞争部分需求",认为"忠诚折扣是反竞争机制主要在于支配地位企业利用不可竞争部分需求限制和影响可竞争部分需求",①利乐的行为即属此类,因而是违法的。这一划分大致相当于前文所说的"可转向需求"与"不可转向需求"的划分,但既然"需求"是从"客户"的角度进行划分,采用"可转向"这一表述方式可能要优于"可竞争",因为后者显然是出自竞争者的视角,而不是采用客户的口吻。

---

① 国家工商行政管理总局"利乐案"行政处罚决定书,工商竞争案字〔2016〕1号,第39—42页。

在竞争性条件下,卖方扣除返点后的实际价格最终趋近于成本,谁给予的返点少将失去消费者,而能够给予多少返点,取决于其利润来源基础——竞争性卖方的利润只能来源于"可转向需求",而支配企业除这一来源外,还控制着数量更加庞大的"不可转向需求",因而在同等返点率的情况下,其返点总额要大得多:一个市场份额为80%的支配企业给予10%的返点,在数量上相当于一个市场份额为20%的竞争者给予40%的返点,而这是后者所无法承受的。本案中利乐公司在三个相关市场上均处于支配地位,其排斥竞争者的力量源泉即在于此。

(三)忠诚返点的抗辩理由

支配企业的排斥性行为一般可直接推定为垄断行为,然后由当事人证明其合理性,后一举证责任应由当事人承担,比如支配企业可以证明,返点措施是获得成本优势所必不可少的,而且这种效率可以传递给客户。购买量越大,则单位产品成本越低,而这种成本节约已通过返点传递给了客户。但这种成本节约必须是具体的,而且,产生节约的原因是由于返点措施带来了购买量的增加,因而返点也只应规定统一的数量目标,而不应采用购买量比例门槛,或针对每个买方分别规定其不同的门槛,因为采用统一的数量目标即可以吸引客户,而后两种方法具有较强的排斥性,超出了"必不可少"的限度。

或者,如果施加限定交易限制是出于防止套牢的目的,则需要证明其有防止套牢的需要,即某个具体交易关系中,其所作的投资是长期的,短期内无法收回,而双方所作的投资严重不对等,从而使自己处于容易被要挟的弱势地位。即便在这种情况下,也需要选择限制性最少的手段,比如如果对买方施加购买数量限制即足以对抗,则不得施加独家购买限制。但如果对方未来的需求量不稳定,因而无法准确规定其购买量,则采用独家购买限制或返点措施可能是更好的方式。

　　而本案中,利乐公司没有就其返点行为提出合理性抗辩,因此执法机构最终认定其违法。实际上忠诚返点一般不可能产生积极效果,因而通常也不存在什么合理的理由。

第七章　搭售行为的反垄断法分析

　　在经营者滥用市场支配地位的各种行为类型中,搭售是比较常见的一种,在软件产业中,搭售行为似乎更为常见,微软公司在美国以及欧盟屡屡因此遭遇诉讼不仅引起全世界的广泛关注,而且促使人们对调整此类行为的传统方法进行深刻反思。美国反托拉斯法曾长期对搭售适用本身违法规则,虽然自芝加哥学派兴起后,人们已认识到搭售有可能产生众多积极效果,但司法上仍长期在本身违法规则的框架内进行修补,以求在把效率因素考虑进来的同时又不动摇传统的范式;随着软件等新经济产业的发展,人们对传统模式进行更彻底的检讨,越来越发现传统范式的勉强,因而美国关于搭售行为的调整方法正呈现着从本身违法规则向合理规则的转变。欧盟法并不直接采用本身违法规则,但对搭售行为也曾长期采用本身违法的思维,而且 2007 年欧盟初审法院关于微软案的判决①似乎表明,这一思维仍然没有得到根本扭转,因而反倒落后于美国的进展。我国《反垄断法》第 17 条第 5 项禁止具有市场支配地位的经营者在交易时,"没有正当理由搭售商品或者附加其他不合理的交易条件",这一规则的适用中也要考虑到上述进展并加以必要的借鉴。

---

　　①　EC Mocrosoft [2007] ECR Ⅱ-3601 at [927].

第一节 搭售行为概述

一、搭售的概念及认定其"本身违法"的条件

所谓搭售(tie-in),简单地说是指卖方销售某种产品、服务时,须以买方接受第二种产品、服务为条件,其中前一种产品称为"搭售品"(tying product),后一种产品称为"被搭售品"(tied product)。买方在支付对价、购买了卖方的被搭售品以后,就不会再去购买其他生产商的同类产品,从而在被搭售品所在市场上,对卖方的竞争者产生排斥作用,因而是反垄断法所关注的问题。

在外观上,搭售是卖方对买方所施加的条件,不一定符合买方的意愿,在卖方拥有支配地位的情况下,有可能存在支配地位滥用行为问题;同时,搭售又是卖方与买方之间的纵向协议,如果有不止一个卖方各对自己的买方从事搭售行为,则可能共同对第三人产生排斥,因而这些卖方之间有可能存在垄断协议问题。因此在美国法上,搭售行为有可能违反《谢尔曼法》第1条,也有可能违反《谢尔曼法》第2条;在欧盟竞争法上,《欧盟运行条约》第101条、第102条都将其纳入自己的管辖范围。总体说来,搭售行为与其他纵向协议关系一样,只有当构成支配地位滥用行为,或充当横向垄断协议的手段时,反垄断法才予以禁止。本书主要将其作为支配地位滥用行为来考察。在这两种情况以外,搭售行为不受反垄断法过问,"现在人们越来越一致地认为,绝大多数搭售对竞争是无害的。"①

---

① 参见[美]赫伯特·霍温坎普:《联邦反托拉斯政策——竞争法律及其实践》,许光耀、江山、王晨译,法律出版社2009年版,第445页。

美国反托拉斯法曾长期对搭售行为持严厉态度,比如1958年 North Pacific Railway Co.案判决中,联邦最高法院明确对搭售行为适用本身违法规则:"'搭售协议除了压制竞争以外,很难用于什么其他目的。'这种协议使得竞争者无法自由进入搭售品市场,这并不是由于施加数量限制的当事人的产品更好,或价格更低,而是由于它在另一个市场上具有力量或影响。同时,买方被迫放弃其对产品的自由选择。由于这些原因,如果当事人在搭售品市场上具有市场力量,足以对搭售品市场上的自由竞争产生明显的限制,并对'并非少量的'州际贸易产生了影响的话,则搭售协议本身是不合理的。"①在法院看来,搭售必定压制竞争,而且只会压制竞争,不可能有什么正当的目的,因此当然是违法的。

1958年尚属哈佛学派的影响占主导地位的时期,上述判决主要着眼于行为的负面影响,否则它应当注意到现实生活中难免发生一些中小企业从事的搭售,并追问一下它们从事搭售的原因——它们缺乏必要的市场力量,因而不太会是企图压制竞争的。不久以后芝加哥学派占了上风,在其影响下,人们注意到搭售行为也有可能产生效率,但奇怪的是,美国各联邦巡回法院并没有很快转向适用合理规则,而仍然固守着本身违法规则,但又对本身违法规则作了重大歪曲。虽然不同法院在具体操作方法上存在一定的差异,但一般说来,要对搭售行为适用本身违法规则,一般应当满足四个要件:(1)搭售品和被搭售品是各自独立的产品;(2)卖方实施了强制,使得买方事实上不得不接受被搭售品;(3)卖方在搭售品市场上拥有相当大的经济力量,来强制买方接受被搭售品;

---

① North Pacific Railway Co.et al v.United States,356,U.S.(1958),5-6.

(4)搭售行为在被搭售品市场上产生了反竞争效果。① 联邦最高法院则没有就此阐明过自己的系统标准。

从功能上看,这四项要件可分为两组:

(1)前两个要件的作用在于判明行为是否构成搭售。搭售是两种不同产品的组合,同一产品的不同组成部分之间不构成搭售关系。强制是指使消费者没有其他选择,而只能对搭售行为予以接受,搭售行为造成他不得不接受他原本不愿接受的结果。强制的方式可以表现为合同约定,如果买方不接受被搭售品,则卖方拒绝向其出售搭售品;也可以表现为技术或物理上的捆绑,让买方无法拆卸;也可以表现为其他经济手段的压力或引诱,比如虽然提供分开购买的机会,但价格要贵得多;等等。在"强制性"的判断上,应当着眼于消费者整体的需求,而不是局限于个别消费者,比如绝大多数消费者购买汽车时是希望购买整车的,这不构成车身对轮胎的搭售,哪怕有个别消费者确实希望分开购买后自己拼装。

(2)后两个要件则是评价搭售行为合法性的标准,即产生"反竞争效果"的搭售受到禁止:行为人须在搭售品市场上拥有支配地位,因为只有这样的企业才有能力强迫买方接受其被搭售品,否则消费者的需求将转向其他经营者的替代性产品;但支配企业从事搭售并不必然产生反竞争效果,②因而"反竞争效果"又构成独立的要件。"即使对有市场力量的卖方来说,搭售安排也通常是

① 参见[美]赫伯特·霍温坎普:《联邦反托拉斯政策——竞争法律及其实践》,许光耀、江山、王晨译,法律出版社2009年版,第433页。
② 学者们常以鞋子的销售为例:即使支配企业也必须将左脚鞋与右脚鞋一同销售,因为将二者分开销售的成本太高。再如支配企业在销售设备时,出于安全需要,可以要求买方同时购买其所生产的某种配件。

竞争性的,因而,必须另外独立地证明它具有反竞争效果。"①这里的反竞争效果,主要是指对被搭售品市场上的竞争者产生排斥效果。如果再追问一下搭售何以能够产生这种排斥效果,就可以发现根本原因在于一个"售"字:搭售行为是一种搭在一起"销售"的行为,消费者为行为人的被搭售品付了一道钱,因此不再愿意另花一道钱去购买其他人的替代性产品。这当然是"搭售"二字中固有的含义,但可能由于这一含义过于基本,反而很难引起注意,这也是欧盟微软案②中出现偏差的关键性原因之一,该案中,由于被搭售品是免费的,消费者没有为此付出代价,因而搭售行为未必能够阻碍消费者同时选择其他人的替代性产品,只要后者同样是免费的。也就是说,搭售免费品未必会对竞争者产生排斥。

从上述四个要件可以看出,美国法上适用于搭售行为的"本身违法规则"与通常意义上的"本身违法规则"存在重要的区别。在适用通常的本身违法规则时,只考察行为的性质,原告只需要证明当事人的行为符合某种"本身违法行为"类型的构成要件,法院即可认定该行为非法,而不再对其具体影响进行考察。比如原告证明了被告的行为构成横向的固定价格协议、限制产出协议、划分市场协议后,法院即认定其非法,并不需要准确界定相关市场,也无须认定当事人的市场力量,更不需要考察该行为所产生的具体影响如何——既不考察其积极效果,也不考察其消极效果。

但在对搭售行为适用本身违法规则时,则仅限于"具有市场力量的企业所从事的、产生反竞争效果的搭售行为",这需要界定

---

① [美]赫伯特·霍温坎普:《联邦反托拉斯政策——竞争法律及其实践》,许光耀、江山、王晨译,法律出版社2009年版,第446页。

② EC Mocrosoft [2007] ECR Ⅱ-3601 at [927].

相关市场,认定行为人在搭售品市场上拥有支配地位,并须确认行为产生了反竞争效果,"而在真正的本身违法规则下,这其中的任何一条都是不需要的"。①"真正的本身违法规则"的主要长处就是省却这些分析步骤,从而提高司法效率,而"适用于搭售的本身违法规则"又把这些步骤添加了进去,与合理规则相比并不节约多少司法成本。但另一方面,这一套标准与合理规则又有本质差异:合理规则要求在详细分析案情的基础上,对行为的积极效果与消极效果进行比较权衡,而依据上述标准,支配企业的搭售行为只要产生"反竞争效果"就予以禁止,并不考察该行为的效率,以及这种效率能否抵消其反竞争效果——这又保留了本身违法规则最大的弊端,即有可能过于武断,在个案中有可能枉杀一些有效率的行为。

　　欧盟竞争法传统上对支配地位也采取严厉的态度。《欧盟运行条约》第 102 条(原第 82 条)规定:"一个或多个企业滥用其在共同市场上,或在其重大部分中的支配地位,如果有可能影响成员国间的贸易,则被视为与共同市场不相容而被禁止。这类滥用主要有:……(d)使合同的缔结取决于贸易伙伴对于额外义务的接受,而无论是依其性质还是按照商业惯例,该项额外义务均与合同的标的无关。"②在其适用上,以往比较拘泥于条文的字面规定,对搭售持比较严格的态度。但近年来欧盟对搭售行为的效率有了更多的认识,因而也借鉴美国的进展对该条的适用进行了改革。

---

① 李剑:《搭售的经济效果与法律规制》,中国检察出版社 2007 年版,第16 页。
② 从字面来看,该条只禁止合同性搭售,但在判例法上不限于此,技术捆绑等形式也属于搭售。

二、关于搭售行为的经济学理论

(一)哈佛学派与芝加哥学派的分歧

对满足上述四个要件的搭售行为适用本身违法规则,其理由主要是哈佛学派的"双重垄断理论",或称"杠杆理论"。[①] 在哈佛学派看来,卖方在搭售品市场拥有支配地位,意味着它能够在该市场获得垄断利润;如果它又迫使买方同时购买其被搭售品,则会使被搭售品市场的竞争者受到排斥,从而使其在搭售品市场的力量被传导到被搭售品市场,最终在后一市场也获得支配地位。取得这第二个支配地位并不是由于其产品的竞争优势,而纯粹是由于买方对其搭售品的依赖性;它原本在搭售品市场获得一份垄断利润,取得第二个支配地位的结果是使其能够在第二个市场获得第二份垄断利润,而两份垄断利润的危害性当然大于一份垄断利润。依据这样的理解,搭售行为当然是不能容忍的。

芝加哥学派则指出,获得两个垄断地位并不能增加行为人的垄断利润。将甲、乙两种产品搭配在一起销售时,市场所能承受的最高总价格是一定的。如果行为人在甲产品已经采用了最高垄断价格,则只能在乙产品采用竞争性价格,否则总价格超过了消费者的承受能力,甲产品的销售量就会减少。垄断利润只有一份,行为人可以将其分解到甲、乙两个市场各赚一部分,也可以在甲产品市场将其全部赚到手,这两种情况下所依据的同样是其在搭售品市场的支配地位,并不需要创设第二个支配地位;另一方面,即使获得第二个支配地位也不能进一步提高总价格,因而无法增加其总利润。基于这一"单一垄断利润"理论,芝加哥学派认为企业从事

[①] 　参见[美]赫伯特·霍温坎普:《联邦反托拉斯政策——竞争法律及其实践》,许光耀、江山、王晨译,法律出版社2009年版,第460页。

搭售不可能是为了获得第二份垄断利润,既然如此,搭售行为必定基本上是出于效率的考虑,比如搭售有助于减少交易成本,提高生产效率,实现规模经济,促进产品销售,降低开发风险等,因而反垄断法一般不应当予以禁止。

两相比较,哈佛学派夸大了搭售的负面效果,而又基本不考虑其积极效果,肯定是不全面的;芝加哥学派则相反,它致力于揭示各种限制竞争行为有可能产生的积极效果,这无疑优于哈佛学派,但与此同时往往又比较轻视这些行为的负面效果,因而也有不足。就搭售而言,该学派就没有注意到,搭售行为虽然无法赚取两份垄断利润,但还有其他反竞争的目的可以追求。

(二)后芝加哥学派的观点

后芝加哥学派同意"单一垄断利润"理论,也认为并不存在第二份垄断利润,而且即使是支配企业的搭售行为也是有可能产生效率的,因而不宜适用本身违法规则;但该学派也认为搭售的确能够产生严重的反竞争效果:

1. 它的确可以在被搭售品市场产生排斥效果,从而取得第二个支配地位,但其目的不是为了谋求第二份垄断利润,而是为了维持行为人在搭售品市场的支配性地位。比如,它利用在甲商品市场的支配地位搭售乙商品,最终在乙商品市场获得第二个支配地位后,反过来以乙商品来搭售甲商品。这使得消费者只能同时购买其两种产品,从而对甲、乙两个市场的其他经营者同时产生排斥,其他经营者要想进入甲商品市场,必须同时提供乙商品,否则将无法找到消费者,因为消费者为了获得支配企业的乙商品,必须接受其所搭售的甲商品;其他经营者要想单独进入乙商品市场同样不可能,它必须同时提供甲商品才会有消费者。这大大提高了市场进入的壁垒,甚至使其成为不可能,特别是甲、乙两种商品市场都存在规模经济,而两者的效率规模又不一致时,进入壁垒就更高了。

2. 在两种商品"前后继起",即一种商品逐渐取代另一种商品的情况下,支配企业可以通过搭售来维持其支配地位。如 VCD 市场的支配企业搭售 DVD,在 DVD 市场上排斥竞争者并最终取得支配地位。终于有一天 VCD 彻底被 DVD 淘汰了,但该行为人仍然是支配企业,而这一地位是通过搭售延续下来的,而不是由于其DVD 产品优越,搭售使其他经营者的 DVD 始终没有得到进入市场的机会。因此尽管搭售能够产生效率,但并不像芝加哥学派所说的那样基本上是合法的,而要具体案件具体分析。总之,后芝加哥学派认为前两派的观点都有失偏颇,而主张对支配企业的搭售行为全面适用合理规则,对其正负效果进行充分的比较权衡。

3. 搭售行为还可以起到掩护作用。如果搭售品价格受到管制,则搭售行为可以成为逃避管制的手段,受管制人可以对被搭售品收取高价,以补偿在搭售品上因为受价格管制而少嫌的利润;搭售人从事掠夺性定价行为、价格歧视行为时,也可以通过搭售把局面弄复杂,从而掩盖真相。①

三个学派都没有特别关注的是,搭售最基本的作用不一定是增加垄断利润,而是用作扩大被搭售品交易量的手段。在竞争性市场上,经营者会把价格降到竞争性水平,以尽量扩大自己产品的销售;而如果利用在另一市场的支配地位来搭售这种产品,则要省力得多,这种情况下,搭售行为的目的不一定是通过排斥竞争者而实现支配力量的传导,而主要是为了眼前的目标,即扩大被搭售品

---

① 参见[美]赫伯特·霍温坎普:《联邦反托拉斯政策——竞争法律及其实践》,许光耀、江山、王晨译,法律出版社 2009 年版,第 425—434 页。

的销售量,但如果其所凭借的不是自己产品的优越性,而是由于消费者对搭售品的依赖,则销售量的扩大是通过"反竞争的"排斥效果实现的,反垄断法对此同样反对。

第二节　美国法关于搭售行为的
法律规则的演进

在美国的司法实践中,前述理论进展并没有得到同步的反映,从总体上说,搭售案件的审理中仍在适用本身违法规则,但同时也努力在这一规则的框架下考虑效率的因素。这些考虑主要是借助第二个要件即"不同产品"要件的适用来进行的。"独立产品的界定是搭售行为反垄断理论的关键。这个问题也是一个重要的经济学细节,因为它包含消费者需求和消费者福利等基本理论问题。"①欧盟对搭售案件的审理中也要分析这一要件,但其分析比较单纯,而不必负载效率考察的内容,因而不像美国法那样"关键"。

一、独立产品要件

搭售行为是将两种互不相同的"独立商品"搭配在一起销售,比如将书桌与图书一同销售可以构成搭售,而书桌上安装抽屉则构成"单一商品"。但问题是,绝大多数商品都可以拆分成两个或更多组成部分,这些组成部分相互间究竟属于两种"独立商品"的简单相加,还是共同构成一种"单一商品",并不总是很容易判断。

美国1984年的Jefferson Parish Hosp.Dist.No.2 v.Hyde案确立

---

① J.Gregory Sidak, An Antitrust Rule for Software Integration, *Yale Journal on Regulation*, 2001, 18(Winter), pp.22-23.

了"消费者需求"标准,即如果对搭售品存在独立的需求,则两种商品是相互独立的。该案中,原告是一名麻醉师,他指控一家医院进行非法搭售,因为这家医院要求,如果医生想使用其手术室,必须使用其所指定的一家麻醉师事务所的麻醉师。① 这一标准所关注的是对搭售品有无独立的需求。霍温坎普也是这样看,"搭售的基本标准是:如果在一个运行良好的市场上,搭售品与被搭售品通常是分开销售的,则认为二者是独立的商品。注意,这里的相关问题是,在正常的竞争条件下,在销售搭售品时是不是一般不带被搭售品,而不是看出售被搭售品时是否带搭售品。例如,在汽车市场上,人们一般看到:(1)汽车的销售总是带轮胎的;(2)但轮胎却经常并不与汽车一起卖。""要证明汽车搭售轮胎,必须证明正常的市场条件下,汽车一般是不带轮胎销售的。如果不能证明这一点,则汽车与轮胎构成同一个单一商品,因而不构成搭售。"②消费者购买汽车时,希望购买的是整车,而不是分别购买车身与轮胎后自己组装。也就是说,消费者是将整车看作是"单一商品"的,这不是车身与轮胎的搭售。而如果着眼点在于"对轮胎的独立消费者需求",则可能发生偏差,比如汽车维修商对轮胎有独立的需求,并不同时购买车身,如果以此为据认定整车销售构成车身与轮胎的搭售,则是错误的。

与此相反,欧盟法则主要关注被搭售品的独立性,同时在操作上采用了更简便的方法。它并不一定直接考察消费者是否对两种商品各有"独立的需求",而主要是看有无生产商专门生产被搭售

---

① Jefferson Parish Hosp.Dist.No.2 v.Hyde,466 U.S.2,7,104 s.CT.1511,1556(1984).

② [美]赫伯特·霍温坎普:《联邦反托拉斯政策——竞争法律及其实践》,许光耀、江山、王晨译,法律出版社2009年版,第454页。

品,而不同时生产搭售品。不过这本质上仍然是在采用"消费者需求"标准,其背后的理论依据应当是,如果有生产商专门生产被搭售品,则表明消费者对被搭售品有独立的需求,否则该生产商是无法生存的;既然有独立的需求,则被搭售品就应当独立销售,而不应强制性地将其与搭售品一同销售。比如在欧盟的 Hilti 案①中,原告指控 Hilti 在射钉枪的销售中搭售这种工具所用的钉子,滥用了其在射钉枪市场的支配地位。Hilti 认为这种钉子与其射钉枪构成一个有机系统,因而属于同一商品的不同组成部分,而不是两种独立的商品。欧盟初审法院(现为欧盟一般法院)认为:"自 1960 年代以来,一直有独立的生产商在生产用于射钉枪的钉子。这些生产商中有的是专业化的,只生产钉子,甚至有的只生产特为 Hilti 的射钉枪所设计的钉子。这一事实本身就是有力的证据,表明与 Hilti 的射钉枪相兼容的钉子构成一个独立的市场。"也就是说,存在独立的钉子生产商的事实表明,钉子构成与射钉枪不同的两种产品,将两种不同产品强制性地一同销售即构成搭售。

　　但无论关注的是搭售品的独立性还是被搭售品的独立性,均属静态考察,关注的只是搭售行为发生时的市场状况,而没有将市场的发展考虑进去,因而只能适用于那些创新性不强、变动性不大的产业。而在有些情况下,两种独立商品结合后有可能产生新的效率,从而引导消费者新的需求,市场的创新性越突出,这种引导作用也越强,因此如果一味强调两种商品相互间既有的关系,就会忽视市场发展的趋势。这时真正需要关注的,是两种商品的"组合"是否拥有独立的消费者需求,从而构成一种"新商品"。美国

　　①　Hilti［1991］ECR Ⅱ-1439 at［67］.

法院现在经常采用"新商品"方法作为判定"独立商品"的手段：如果两种商品进行组合后构成一种"新商品"，则不再是"两种独立的商品"，因而不构成搭售——也就不再适用本身违法规则。这样，"独立商品"要件偷偷演化为"新商品"要件，本身违法规则不知不觉地实质上变成了合理规则。

强调"被搭售品的独立性"，关注的是被搭售品市场上的竞争者不要受到排斥，"对被搭售品存在独立需求"说明这些竞争者有存在的合理性，但只是当下的合理性；而强调"新商品的独立性"则落脚于消费者未来的需求，说明的是对商品进行组合的合理性，如果禁止进行这种组合，则会妨碍这种需求的实现。反垄断法的目的是保护消费者的利益，包括消费者未来的利益，对竞争者的保护必须服从于这一前提，不能用来阻碍合理的商品组合。

二、"新商品"标准

"新商品"的认定同样采用消费者需求标准，即消费者对组合后的商品有独立的需求，或者说，有相当数量的消费者只购买组合后的商品，而不再分开购买。

但如果案件发生在这种组合行为出现不久，由于消费者的需求反应会有一定的滞后性，对组合商品的独立需求尚未现实地大量存在，或者，在新旧商品更替的过渡期间，对老商品仍然存在大量的独立需求，这时如果过度执着于"消费者需求"标准则可能会不合理地妨碍"新商品"的认定，因此必须对"消费者需求"作前瞻性推断。这一推断的基本思路是：组合后的商品要想被认定为新商品，必须是能够拥有独立的消费者需求；而要拥有独立的消费者需求，必定是由于它能够产生某种效率。

　　比如在美国 Jerrold Electronics 案①中,被告开发了一种闭路电视系统,要使用天线、增压接收器以及电缆线。被告将这几种部件装配在一起销售,被指控为非法搭售,因为这三种部件原本是分开销售的。法院认为,闭路电视系统是一种新生事物,用户对其操作方式并不了解,如果由用户自己分别购买各种部件自行安装,则很难保证质量,而这又会损害生产商的声誉。因此法院认定,在该商品投放市场初期,被告的打包销售是合理的,但在消费者熟悉其用法之后,上述三种部件应分开销售。在这里,法院将过渡期的打包行为认定为"新商品",因而该行为就不属于搭售,从而规避了本身违法规则。法院认定商产品的依据是消费者的需求,而分析消费者需求时所依据则是打包行为所可能产生的效率。这样一来,"消费者需求"的证明实质上转变成"效率"的证明,因此在"新商品"的认定上,法院本质上是在进行效率分析,而效率分析原本属于合理规则的内容。美国法适用于搭售行为的本身违法规则具有很大的特殊性,不过即便如此,从其四个构成要件来看,也并不需要进行效率考察——但在实际操作中,却将效率分析悄悄塞进了"独立商品"要件的考察过程,与合理规则并无区别。

　　可以看出,与关注"搭售品"或"被搭售品"的独立性相比,"新商品"标准显然更能容纳效率的考虑,也更能关注市场的发展趋势。它本质上仍是采用消费者需求标准,但并不依赖消费者当下的需求,而是通过对效率的分析来预测消费者未来的需求。多数市场的发展是动态的,消费者的需求也是动态的,因而反垄断法所采用的标准也应具有动态性。如电脑的数据处理器、存储器、驱动

---

① United States v. Jerrold Electronics Corp., 187 F. Supp. 545 (E. D. Pa. 1960), 365 U. S. 567, 81 S. Ct. 755 (1961).

器曾经分别是独立的商品,20 世纪 60 年代后,IBM 公司将它们集成一个产品包,有些小公司一直专门生产与 IBM 处理器相连接的外接设备,现在这些小公司受到损害,于是指控 IBM 的行为构成搭售,但这种组合现在已成为电脑的基本配置。在软件产业,许多原本相互独立的功能不断被并入平台软件,这种"功能集成"有利于降低产品成本,简化应用软件生产商的产品设计,并有利于应用软件更好地与平台软件相兼容,[①]因而在考察消费者需求时,格外依赖对其效率的前瞻性分析。在互联网产业中,这种现象就更普遍了。

　　到后来,美国一些法院已直接根据效率来认定"新商品",而渐渐抛开"消费者需求"分析。在 Jefferson Parish 案中,奥康纳(O' Conner)法官认为,"如果将两种商品打包的经济好处巨大,则不宜把这个产品包视为两种商品";波斯纳(Posner)也认为,如果将两种商品"联合提供有明显的效率",则应将其视为单一商品。[②]

　　不过从形式上看,"新商品"标准仍然只是在本身违法规则的框架下,用于考察本身违法规则的"独立商品"要件的方法,但由于这种方法融入大量的效率分析,因而实质上将本身违法规则转换成了合理规则。这种偷梁换柱的手法不仅不必要地掩盖了原本清晰的反垄断法理论依据,而且会打乱法律规则的明确性与稳定性,把简单的局面人为地复杂化了。更适当的做法是放弃本身违

----

① 以前,应用软件必须与各电脑生产商的硬件兼容,自出现平台软件(即操作系统软件,如微软的 Windows)后,则由它与硬件兼容,而应用软件只需要与它兼容。随着软件产业的发展,有一些应用软件的功能越来越具有基础性作用,因而有将其并入平台软件的需要。参见谷琛:《软件搭售安排的反垄断法调整》,湖南大学硕士学位论文,2008 年。

② [美]赫伯特·霍温坎普:《联邦反托拉斯政策——竞争法律及其实践》,许光耀、江山、王晨译,法律出版社 2009 年版,第 458、459 页。

法规则,而直接对搭售行为适用合理规则,把搭售行为的认定与效率的分析区分开来,各自构成独立的分析步骤。

三、向合理规则的演进

本身违法规则与合理规则的根本区别在于,前者并不对行为的效果进行具体分析,因而可以提高办案效率,而合理规则要求对行为的限制性后果及其所能产生的效率进行比较权衡,这需要全面考察案情,因而诉讼成本较高。但两种规则背后所隐含的原理是一样的,即行为的合法性取决于其正负效果的权衡:之所以对横向的固定价格、市场划分及数量限制适用本身违法规则,是由于它们的性质决定其不可能产生效率,或效率不可能超过其所造成的损害,因而没有必要在个案中进行具体的比较。但这样做有过于武断的危险,因而只有当对某种行为的运行状况有了充分了解、确信不会产生冤案时才可以这样做。以往对支配企业的搭售行为适用这一规则,是由于认定这种行为"除了压制竞争以外,很难用于什么其他目的",①但现在人们已经认识到,哪怕支配企业的搭售行为可以产生效率,因而必须具体情况具体分析,特别是人们对软件等创新性较强的所谓新经济产业中各种限制性行为(包括搭售行为)的影响还缺乏充分的了解,因而适用本身违法规则的确有可能导致妨碍效率的结果。

另一方面,适用于搭售行为的本身违法规则在办案效率上未必比合理规则高出许多:(1)与通常的本身违法规则不同,这一规则并不能省却界定相关市场、认定支配地位、考察竞争效果等分析环节,因为对搭售适用本身违法规则时,还需要证明行为人拥有支

---

① North Pacific Railway Co.et al v.United States,356,U.S.(1958),5-6.

配地位,以及该行为产生"反竞争效果";在"独立商品"要件的考察上,这一规则还需要进行大量的效率分析。也就是说,这差不多就是在适用合理规则,而本身违法规则的长处则是省却这些分析。(2)无效率的商品组合不构成新商品,适用本身违法规则予以禁止固然更为快捷,但适用合理规则也并不总是需要复杂的分析:认定某项限制具有合理性的前提,是它必须产生效率,不能产生效率的限制必定是不合理的限制,其合理性分析也就到此为止,不必更细致地进行下去。因此,对搭售行为改而适用合理规则不一定增添很多麻烦,因为它所适用的本身违法规则本身已经够麻烦的了。

而"新商品"标准虽然在本身违法规则中引入效率分析,却将效率的考察与反竞争效果的考察割裂开来:在考察"反竞争效果"要件时,只关注行为的排斥效果,而在考察是否构成"新商品"时则只分析效率,没有足够的空间对二者进行充分比较,而这种正负效果的比较本应是反垄断分析的重心。不仅如此,"新商品"标准把分析的重心放到搭售行为的构成要件上来,从而把"搭售行为的认定"与"搭售行为合法性的评判"混在一起,"是否构成独立商品"本来属于搭售行为的认定问题,却成了对其正负效果比较的过程,不易形成清晰的思路。

因此,在搭售行为的反垄断法调整上,美国司法实践中出现了从本身违法规则向合理规则转化的趋势,不过到目前为止,美国关于搭售行为的判例法尚不能为合理规则的适用提供示范,因此在其具体适用方法上,需要更多地从欧盟竞争法寻求借鉴。

第三节　欧盟法关于搭售行为的调整方法

欧盟竞争法对所有垄断行为进行分析的根本方法是相同的。

首先,考察该行为可能产生的负面效果,从而判明其是不是构成垄断行为;其次,考察其是否能够产生足够的积极效果,并对两种效果进行权衡。《欧盟运行条约》第102条的适用过程也基本如此,一般说来,其分析步骤有三:(1)考察当事人是否在相关市场上拥有支配地位。(2)如果当事人拥有支配地位,则考察其行为是否对竞争产生排除、限制。(3)该排除、限制是不是实现某种效果所必需,相关市场上是否仍然存在竞争压力。在欧盟竞争法早期,对这一条文的适用比较机械:支配企业一旦被认定从事了该条所禁止的行为,大多会被认定为非法,在相当程度上类似于在适用本身违法规则。但自20世纪后期以来,欧盟法也希望更多地进行市场效果的分析,根据《欧盟支配地位滥用行为指南》,支配企业从事搭售行为时,其反垄断法分析过程主要有以下步骤:

一、首先考察当事人的行为是否构成搭售行为

与美国的做法不同,这里对搭售的认定过程中不需要融入效率的分析,它只着眼于市场行为的静态考察,而不进行"新商品"的考察。根据《欧盟支配地位滥用行为指南》,所谓搭售,通常是指客户购买一种商品时,被要求从支配企业那里购买另外一种商品。① 在"两种产品是否构成不同商品"的认定上,基本的标准是消费者的需求,即在发生这一搭售行为之前,而不是之后,消费者对两种商品原本是不分开购买的。

1. 两种不同的商品

在"不同商品"的证明上,关注的是消费者过去的购买行为。可以采用"直接证据",即直接调查消费者的购买行为,如果能证

① 《欧盟支配地位滥用行为指南》第48段。

明其对搭售品的需求是从支配企业这里购买的,而对被搭售品的需求则从其他人那里购买,则应将其视为两种不同的商品。但还可以采用更简便的方法,如果能够证明市场上有的企业专门生产、销售被搭售品,而并不同时生产搭售品,则可以用作"两种商品构成不同产品"的"间接证据";或者,如果并不存在这样的生产商,则可以调查在竞争性条件下,经营者是不是倾向于将两种商品分开销售,这也可以间接地证明这是两种不同的商品。①

2. 强制性地结合在一起销售

搭售更本质的特点在于,它是"强迫"消费者同时接受两种不同商品。强迫的形式可以多种多样,主要包括合同约定、技术捆绑等。

(1)合同约定,是指在双方的买卖合同中约定,买方在购买合同商品时,必须同时购买另一种商品。

(2)技术捆绑,是指卖方在物理上将两种商品结合在一起进行销售,买方没有分开购买的机会,因此如果要得到搭售品,只好同时接受捆绑在一起的被搭售品。

(3)还有混合捆绑,即卖方虽然不采用技术捆绑方式,买方有分开购买的机会,但其所要支付的对价高得多,以至于远远不如接受搭售行为更为划算。② 比如卖方在甲市场上拥有支配地位,买方同时从卖方这里购买甲、乙两种商品时,价格分别是100元,如果单独购买甲商品,则价格提高到150元,而买方从其他经营者那里购买乙商品的竞争性价格是60元。这时对买方来说,接受该卖方的搭售才是利润最大化的选择。不管采用哪一种方式,其共同

① 《欧盟支配地位滥用行为指南》第51段。
② 《欧盟支配地位滥用行为指南》第48段。

效果是使消费者无法将两种商品分开购买。

　　不过需要注意的是,上述混合捆绑主要是利用对甲商品的价格操纵来进行的,而这种操纵能力是支配地位带来的。有时经营者会将若干种商品组合在一起销售,而对其中的一种或几种进行降价销售,从而使这些商品的总价格降低。这同样会吸引消费者,从而对竞争者产生排斥作用,但只要在其降价的商品市场上并无支配地位,则其对消费者的吸引力不是来自于市场力量的运用,因而反垄断法不予过问。这种行为将迫使竞争者进行同样的降价,最终是对消费者有益的。[①] 这时需要进一步关注的是,这一组合销售行为是否构成掠夺性定价。

二、是否在搭售品和被搭售品市场上产生反竞争效果

　　搭售行为须对竞争产生损害,"搭售或捆绑销售可能在搭售品市场或被搭售品市场上产生反竞争效果,或同时在这两个市场上产生反竞争效果"。[②] 后芝加哥学派认为这是搭售行为所可能产生的主要负面效果,而欧盟看到的负面效果则比该学派所看到的更多一些。

　　《欧盟支配地位滥用行为指南》同样认为,搭售行为可以将支配地位传导到被搭售品市场,从而获得第二个支配地位,尽管这个新的支配地位并不能带来第二份垄断利润,但它至少增加了行为人在被搭售品市场上的交易量,而这种交易量的增加是利用支配地位排斥竞争者来实现的。[③]

　　在有些情况下,支配企业会采用搭售手段,来维持其在搭售品

---

① 《欧盟支配地位滥用行为指南》第 61 段。
② 《欧盟支配地位滥用行为指南》第 52 段。
③ 《欧盟支配地位滥用行为指南》第 54 段。

上的涨价。① 假如制造某种商品需要有甲、乙两种材料，这两种材料在该下游商品中的比重通常是一比一，但这一比例可以进行调整，尽管这会使下游商品的品质有所下降，但这一下降没有超出可承受的范围。如果生产商想对自己生产的甲材料涨价，则买方可能会减少下游商品中甲材料的比重，而增加乙材料的比重，这会导致对甲材料的需求减少，从而使生产商得不偿失。现在生产商利用在乙材料上的支配地位，一比一地搭售甲材料，则可以保障其甲材料的销售量，从而维持其涨价的能力。这与后芝加哥学派的观点是一致的，该派认为搭售行为人在取得第二个支配地位后，可以利用这一地位，以被搭售品作为搭售品，反过来再对原搭售品进行搭售，从而使两个支配地位相互支撑，提高市场进入的壁垒，最终使其支配地位得以长期维持。有时相互捆绑的商品不止两种，则其种类越多，排斥性效果就越强。

此外，在水、电等受到价格管制的市场上，卖方获得利润的空间有限，因而更倾向于搭售其他商品来获得更多的利润，在这些市场上，搭售的目标则是对价格管制进行变相逃避，②排斥竞争者的目的反倒不重要了，因为这些市场一般具有"自然垄断"特点，再加上政府管制的原因，竞争者很难进入市场，并不需要从事排斥行为来维护支配地位。

三、搭售行为是否能够产生足够的效率

在认定搭售行为可能产生负面效果后，再进行专门的效率考察，而不必像美国法上那样，将其塞进"新商品"要件的分析中去

---

① 《欧盟支配地位滥用行为指南》第 56 段。
② 《欧盟支配地位滥用行为指南》第 57 段。

偷梁换柱。如果搭售行为能够产生效率,比如节约生产成本与交易成本,增进产品的功能、质量,或能够给消费者带来其他利益等,则可以不受禁止,其所产生的排斥效果可以容忍,但仅以"实现效率所必不可少"为限。

可以看出,与美国的以"新商品要件"进行了修正的本身违法规则相比,欧盟的分析框架并无本质的不同,分析的内容也完全一样,但其条理性、逻辑性则优越得多。在欧盟的分析框架中,"搭售行为"的认定充当着反垄断分析的初步起点。支配企业用来排斥竞争者的行为有许多类型,比如掠夺性定价、拒绝交易、价格歧视等,各种行为产生排斥的方式不同,可能带来的效率也有差异,因而必须对所涉行为进行初步定性,以作为分析的出发点。如果不能满足"搭售"的两个构成要件,则当事人的行为不构成搭售,没有必要再分析下去,除非该行为构成了其他排斥性行为类型;如果构成搭售,则根据搭售行为通常会产生的负面效果与积极效果进行比较权衡。

因此在这一框架中,搭售行为的认定过程中不需要融入效率的分析,只着眼于市场行为的静态考察,看卖方是不是将两种原本独立销售的产品,强制性地组合在一起销售,而不必根据能否产生效率而进行"新商品"的考察。效率的考察当然重要,但那是下一个分析环节的任务,而且由于有了一个单独的环节,不必同"搭售行为的认定"纠结在一起,进行效率考察与正负效果的比较时有着更充分的空间与针对性。在这里,"独立商品"要件仍然是搭售行为的构成要件,但搭售的认定本身已经不再像适用本身违法规则时那样成为问题的核心。在美国法,一旦构成搭售就凶多吉少了,而在欧盟法,搭售只是一个纯中性的概念,是否合法取决于后面的环节。

第四节　软件产业中搭售行为的
反垄断法分析

　　软件产业中最早引起人们关注的反垄断案件,就是软件搭售案件,特别是在美国与欧盟发生的微软案,在全世界反垄断法理论与实务界引起广泛争议。不过关于这两个案件的争议有不同的特点:在美国微软案发生时,虽然众说纷纭,但大家基本上都没有说出一个所以然来,而到 2007 年欧盟案判决后,越来越多的人倾向于提出批评意见。这表明在短短七年间,人们对于软件领域的特点给反垄断法带来的特殊课题已经有了一些比较成熟的思考。

一、美国微软案①

　　从 1994 年起,美国司法部对微软公司提起三次诉讼,这使人们有比较充分的理由对软件产业与反垄断法的关系开始进行深层的思考。这几个案件均属搭售案件,或其中含有搭售的内容。

　　1994 年,美国政府首次对微软公司提起诉讼,指控它实施了一系列违反《谢尔曼法》第 2 条的行为,其中包括将 Windows 操作系统与其开发的应用程序捆绑销售。双方最后达成了“同意令”(consent decree),禁止微软公司的上述搭售行为。同意令中还特别指出,这并不禁止微软公司开发其他“功能一体化产品”(integrated products),不过对于什么是功能一体化产品并没有作出解释,这导致了 1997 年美国政府第二次对微软提起诉讼。

---

　　① United States v.Microsoft Corp.,253 F.3d 34,90(D.C.Cir.),cert.Denied,534 U.S.952,122 S.Ct.350(2001).

　　第二次诉讼发生于 1997 年,①微软公司被指控在其 Windows
95 操作系统中置入"Internet Explorer"浏览器,严重违反了前述同
意令。微软公司则抗辩道,将浏览器与操作系统结合在一起属
"技术集成",是对操作系统的升级,因而属于"功能一体化产品",
而不是捆绑。哥伦比亚联邦地区法院认为这种搭售应予禁止,随
后微软向哥伦比亚特区巡回法院提出上诉。1998 年 6 月,上诉法
院作出终审判决,推翻初审判决,指出"技术上的搭售如果能够带
来好处,则应该被确认为合法的"。② 而在该案中,Windows95 操
作系统与互联网浏览器软件是不可分割的整体,这属于"功能一
体化",③将二者结合在一起有益于消费者。两种产品"功能一体
化"了,就不再是两种产品,而构成一种新产品。最后,它还对"功
能一体化产品"进行界定,即若干种产品合成一个产品来销售,会

---

① David A. Heiner, Assessing Tying Claims in the Contest of Software
　Integration: A Suggested Framework for Applying the Rule of Reason
　Analysis, *University of Chicago Law Review*, Winter, 2005.

② 转引自文学国:《滥用与规制——反垄断法对企业滥用市场优势地位行
　为之规制》,法律出版社 2003 年版,第 415 页。

③ "功能一体化"概念是 1980 年柯达公司案中提出的。1972 年,柯达公司
　推出了一款袖珍型照相机,并推出一种与之配套的新型胶卷,这种胶卷
　不能用传统的设备与材料冲洗,因而它要求只能在柯达冲洗店冲洗。其
　主要竞争对手贝克影像公司指控它把在胶卷市场上的垄断力运用于冲
　洗市场,这构成"垄断力滥用行为"。上诉法院则指出,"利用在一个市场
　获得的垄断力,来获得另一个市场的竞争优势,这当然违反了《谢尔曼
　法》第 2 条,即使它在第二个市场没有企图垄断的意图。但是,功能一体
　化的销售并没有违反《谢尔曼法》,不管该销售是否受益于与拥有垄断地
　位的市场的联系。"上诉法院认为,柯达公司所获得的利益是来自胶片加
　工的功能一体化,而非其在胶卷市场上的垄断地位。该案确认"功能一
　体化"销售是合法的,但对何谓"功能一体化"未作进一步说明。案情参
　见 Berkey Photo v.Eastman Kodak Co.,603 F.2d 263 F.2d 263,276,281(2C
　1979),cert.denied,444 U.S.1093(1980)。

产生很多优越性,而如果把它们独立销售后再由买方结合在一起使用,则不会产生这些优越性。① 这一判例说明,在认定"技术搭售"是否合法时,必须对其产生的效果进行具体的分析,这与传统的本身违法规则有很大区别,因为后者是不需要进行这些分析的。

1998 年 5 月,美国司法部、19 个州和哥伦比亚特区起诉微软公司违反《谢尔曼法》第 1 条和第 2 条,②以及各该州的反托拉斯法,国内学界所说的"美国微软案"一般是指这一次。原告共提出四项指控,其中一项是指控微软公司在 Windows 操作系统的销售中捆绑了 Internet Explorer 浏览器,构成非法搭售。电脑销售商在出售电脑前,须在其中安装操作系统软件及必要的应用程序软件。就操作系统软件而言,微软的 Windows 操作系统是必不可少的,因而电脑销售商须购买这一系统并将其安装在电脑上,然后出售给用户。浏览器软件属于应用软件,当时主要有微软的 Internet Explorer 与网景公司(Nescape)的 Navigator 两种。微软通过将其 Internet Explorer 浏览器置入 Windows 操作系统,使得每台电脑上均安装了 Internet Explorer 浏览器,同时又禁止电脑销售商将后者拆除,其最终后果是消费者所购买的每台电脑上都安装了 Internet Explorer 浏览器,这被指控构成搭售,并对 Navigator 产生排斥效果,哥伦比亚联邦地区法院于 2000 年作出一审判决,认定微软的搭售行为违反《谢尔曼法》以及所涉 19 个州的反托拉斯法,判令

---

① 转引自 David A.Heiner, Assessing Tying Claims in the Context of Software Integration:A Suggested Framework for Applying the Rule of Reason Analysis, *University of Chicago Law Review*, Winter, 2005。

② 此部分主要参考了 United States vs. Microsoft: Ill-considered Antitrust, Carfax Publishing Company, Mar 1998 和 Microsoft Case May Be Prelude to a Wider Antitrust Battle, New York Company, Feb 9, 1998。

微软公司将其 Windows 操作系统与 Internet Explorer 浏览器分拆。

　　该案涉及问题很多,其中最主要的有二:第一,在操作系统软件市场上,微软公司是否拥有垄断力;第二,微软公司的搭售行为是不是构成"垄断力滥用行为"。对于第一个问题,初审法院认为,在操作系统市场上,Windows 操作系统拥有 90% 的市场份额,而且其应用软件受知识产权保护,因此该市场进入壁垒很高,这使微软能把价格定在高于竞争性的水平,因而可以认定微软在这一相关市场上拥有垄断力。微软否认这一点,指出在这一市场上,市场份额不等于垄断力,并且虽然其产品不断更新,功能不断增强,价格却在不断下降,而并没有将价格定在竞争性水平以上,这都是符合消费者利益的。

　　关于第二个问题,初审法院指出,微软进行了搭售,还对各种客户免费提供 Internet Explorer 浏览器,后者构成掠夺性销售,这在很大程度上压制了网景公司的 Navigator 浏览器的竞争;不仅如此,它还在操作系统上设置障碍,阻碍微太阳公司的 Java 技术的应用,后者原本也可以用作操作平台,由于这种阻碍,进一步抑制了 Navigator 的竞争,因此,微软的行为构成"垄断力滥用行为"。微软公司则认为这是"集成"而不是"捆绑",因而不是传统意义上的搭售行为,并且对消费者是有益的;它也并未排斥竞争者,因为它没有锁定其操作系统,用户仍然可以很方便地安装其他浏览器,因而其他浏览器生产商并未受到排斥。

　　微软不服一审判决,向哥伦比亚特区巡回法院提起上诉,而该院则将案件发回初审法院,要求其按照合理规则进行重审。按特区巡回法院的意见,尽管搭售一般要适用本身违法规则,"但也有很有力的理由来怀疑,在一种电脑操作系统中结合进另一种软件功能,未必属于这种(应当适用本身违法规则)安排。对这样的结合适用本身违法规则,会不适当地造成犯错误的风险,以及对增进福利的创新造成阻碍的风险。"①它指出,只有当对某种商业关系有了大量的了解后,才能将其归类为本身违法的,而像"本案中的这种搭售行为,与最高法院所考察过的任何一个案件都不同",因而不能说对它已达成了大量的了解。② 最终美国司法部和微软公司于 2001 年 11 月达成一项协议,宣布双方进行庭外和解。

由于这一和解,该案没有作出判决,无法阐明进行合理分析的要点,这对反垄断法理论的发展而言是十分遗憾的。但就其案情来看,微软的 Windows 系统基于网络效果与锁定效果而拥有支配地位,并且其实施的搭售行为几乎要将主要对手 Natcape 驱逐出市场,而微软又未能证明这样做能够产生效率,因而其净效果应当是负值。此外,当时主要只有两家浏览器,将 Navigator 驱除后,浏览器市场上的竞争受到严重限制,这是一般的经济效率所无法补偿的,因此即使按合理规则分析,其行为大约也是会被禁止的。

但时过境迁,2007 年欧盟初审法院(现欧盟一般法院)对微软公司的同类行为作出与上述一审判决相同的处理时,理由可能就不充分了,其中最主要的差异是,由于用户对于互联网更为熟悉,以及"被搭售品"的免费特点,同样的"搭售"行为已经不足以产生排斥性了。

二、欧盟微软案③

(一)基本案情

1998 年,美国一家服务器和服务器操作系统供应商太阳微系

---

① United States v.Microsoft Corp.,253 F.3d 34,90(D.C.Cir.),cert.Denied,534 U.S.952,122 S.Ct.350(2001).

② 参见[美]赫伯特·霍温普:《联邦反托拉斯政策——竞争法律及其实践》,许光耀、江山、王晨译,法律出版社 2009 年版,第 474 页。

③ EC Mocrosoft [2007] ECR Ⅱ-3601 at [927].

统公司(SUN Microsystems)开发一种 Solaris 操作系统,①要求微软向其提供与 Windows 系统兼容所必需的信息,遭到微软公司拒绝,前者遂于 1998 年 10 月 10 日向欧盟委员会投诉,指责微软的上述拒绝行为构成支配地位的滥用。

欧盟委员会受理投诉后进行调查时,发现微软将其 Windows 媒介播放器与 Windows client PC 操作系统(以下简称"Windows 操作系统")捆绑销售,其行为方式与上述美国微软案中一样,将 Windows 媒体播放器置入 Windows 操作系统,要求电脑销售商②在电脑上安装 Windows 操作系统时,不得将其中的 Windows 媒介播放器拆除。欧盟委员会遂依职权对这一行为也进行了调查,并于 2004 年最终认定微软的这两种行为都构成支配地位滥用行为,要求微软不得再从事类似行为,并处以 4.97 亿欧元罚款。③ 微软公司不服,向欧盟初审法院起诉,请求撤销委员会的决定。

欧盟委员会认为,虽然搭售行为在软件行业中非常普遍,但由于微软的 Windows 在操作系统市场上拥有支配地位,其上述搭售行为使得用户在使用其 Windows 操作系统时,也必须接受其 Windows 媒介播放器,因此构成支配地位滥用行为。而微软则认为,Windows 媒介播放器与 Windows 操作系统的组合并非搭售,而是对 Windows 操作系统的升级,构成新的产品,因而其行为不构成搭售;而且这一行为并没有对竞争者产生排斥,即便构成搭售也不至于违法。

---

① Solaris 操作系统也充当其他软件运行的平台,其功能与 Windows 操作系统具有竞争性。

② 判决书中称为"原装设备生产商"(Original Equipment Manufacturer, OEMs)。

③ 2008 年 2 月,欧盟委员会以微软不执行上述判决为由,又处以 8.99 亿欧元的天文罚款。

欧洲初审法院于 2007 年作出判决,驳回了微软公司的请求。法院首先认定微软在操作系统市场上拥有支配地位,然后对微软从事的两种行为进行了详细的效果分析,这里只讨论其中关于搭售行为的分析部分。这一分析主要涉及四个问题:(1)Windows 媒介播放器和 Windows 操作系统是不是构成两种独立的产品;(2)如果构成两种产品,微软将其捆绑在一起是否具有强制性;(3)这一行为是否在媒体播放器市场产生排斥效果;(4)这一行为是否有合理的抗辩理由。微软并不否定自己在操作系统市场上拥有支配地位,但在上述四个要件上都提出抗辩,这些观点又都被欧盟初审法院否定。

(二)当事人双方的意见及欧洲初审法院的分析

1. Windows 媒介播放器和 Windows 操作系统是否构成两种独立的产品

(1)微软公司认为,将“媒体播放功能”纳入 Windows 操作系统是对后者的升级与完善,也是“适应技术发展和消费者需求变化的需要”,自微软于 1992 年将二者结合在一起后,这种结合已经成为惯例,二者虽然在物理上可以分拆,但如果缺少媒体播放功能,则 Windows 操作系统也就不会再被消费者接受了,也没有哪个经营者经营这种不带媒体播放器的操作系统。① 因此 Windows 媒体播放功能属于 Windows 操作系统的组成部分,二者构成同一个产品,而不是两种不同的产品。

(2)欧盟委员会则认为,Windows 操作系统和 Windows 媒介播放器属于两个独立的市场。

---

① 欧盟微软案判决书第 887 段。EC Mocrosoft［2007］ECR Ⅱ - 3601 at
［927］。

首先,欧盟委员会指控微软从事搭售行为,是指微软在Windows 操作系统上捆绑了"媒体播放器",而不是"媒体播放功能"。媒体播放功能"是指一般意义上不可分割的编码集合,它是操作系统的媒介基础载体,是媒介适用的平台,是操作系统的基本服务内容之一",①确实属于操作系统的组成部分;但媒介播放器是"在操作系统上运行的,包括解码、解压缩、部分数字音频和视频下载文档和网络流量的软件",②是可以与 Windows 操作系统相分离的,而且,市场上存在着一些专门生产媒介播放器的企业(如Realnet 公司),它们并不同时供应操作系统,这表明对媒体播放器存在着独立的消费者需求,③因此 Windows 操作系统和 Windows媒体播放器属于不同的产品。④

反过来,市场上也有一些企业只提供操作系统,而不同时提供媒体播放器,比如苹果公司的 Mac 操作系统和太阳公司的 Solaris操作系统中并不捆绑自己的媒介播放器,这从另一个角度表明这两种软件是互不相同的两种产品。

不仅如此,电脑销售商在销售电脑时,需要根据消费者的需求在电脑中安装软件,包括操作系统软件与媒体播放器软件。它们大多会安装 Windows 操作系统,但未必希望安装 Windows 媒体播放器,这也表明两种产品可以相互分离。⑤

---

① 以后注明判决书中的具体段落。
② 以后注明判决书中的具体段落。
③ 欧盟微软案判决书第 873 段。EC Mocrosoft〔2007〕ECR Ⅱ-3601 at〔927〕。
④ 欧盟微软案判决书第 880 段。EC Mocrosoft〔2007〕ECR Ⅱ-3601 at〔927〕。
⑤ 欧盟微软案判决书第 876、877 段。EC Mocrosoft〔2007〕ECR Ⅱ-3601 at〔927〕。

（3）欧洲初审法院进行审理后，接受了欧盟委员会的观点，认为 Windows 操作系统和 Windows 媒介播放器构成两种相互独立的产品。

2. 两种产品是否被强制性地结合在一起销售

（1）微软认为自己的行为并不具有强制性。首先，其 Windows 媒介播放器是免费的，消费者并没有为此支付费用；其次，微软也并没有要求消费者只能使用 Windows 媒介播放器，消费者完全可以将其删除，改而使用第三人的媒体播放器，微软并没有阻止消费者这样做。

（2）欧盟委员会认为微软的上述理由不成立。首先，微软对 Windows 媒介播放器的免费可能是表面性的，实际上其价格隐藏在 Windows 操作系统的价格里了，或者说，Windows 操作系统的价格实际上既包括其本身的价格，也包括 Windows 媒介播放器的价格，因此 Windows 媒介播放器实质上并不是免费的，只是没有单独收费而已。其次，微软禁止电脑销售商卸载操作系统中的 Windows 媒介播放器，使得终端消费者根本买不到不含有这种播放器的 Windows 操作系统，因而构成强制。虽然微软说自己并不禁止消费者改用其他人的媒体播放器，但事实上，既然消费者被迫拥有了微软的播放器，一般就不再使用其他生产商的播放器。Windows 媒体播放器拥有巨大的市场份额，就是这一捆绑所造成的结果。

（3）欧洲初审法院认为，由于微软禁止电脑销售商拆除 Windows 媒介播放器，①因此消费者要想获得 Windows 操作系统，

---

①　法院注意到电脑销售商可以安装其他媒体播放器，但它强调，即使安装了其他媒体播放器也不能拆除 Windows 媒介播放器，总之消费者无法逃脱 Windows 媒介播放器，因此构成对消费者的强迫。

就不得不接受 Windows 媒介播放器,从而满足了"强迫"要件。强制性地将两种产品捆绑在一起销售,构成搭售。

3. 是否对竞争产生了排斥

(1)微软认为自己的行为并无排斥性,因为 Windows 操作系统上除运行 Windows 媒体播放器外,同样可以运行其他媒体播放器,而且后者很容易从 Windows 用户的界面获得;消费者也可以采用微软开发的专门工具删除 Windows 媒体播放器。

(2)欧盟委员会则认为,微软原本只在 Windows 操作系统市场上拥有支配地位,而在媒体播放器市场上并无这种地位。但由于其捆绑行为,它在后一市场也获得了支配性的市场力量,其市场份额已达 60%多,而且可以预见,长此以往其市场份额将进一步增加,最终将会把其他浏览器排挤出市场,从而消除该市场上的竞争。

其次,委员会对 Windows 媒体播放器与其他媒体播放器的市场份额变化进行了考察。它指出,在 1999 年第二季度之前,Real-Player 是媒体播放器市场的领导者,其用户数量相当于 Windows 媒介播放器和 QuickTime 的两倍,但从 1999 年第二季度至 2002 年第二季度,Windows 媒介播放器的用户数量增加了 3900 万,相当于 Real Networks 和 Apple 媒体播放器用户增加量的总和。委员会认为这足以证明微软的搭售行为对其他媒体播放器产生了排斥效果。

(3)法院基本接受欧盟委员会的理由,认定微软利用其操作系统的地位,使得其媒体播放器拥有巨大的竞争优势,竞争对手的同类产品即使具有更强的"内在价值",也依然处于劣势地位,受到排斥。

4. 抗辩理由

(1)微软抗辩道,其上述行为能够产生效率,体现在四个方面:首先,这对应用软件开发商有利,将媒体播放功能纳入Windows操作系统中去,使应用软件开发商能够简化其软件的设计,减少编码,而编码越少,应用程序越不容易出故障,所要求的技术支持也越低。其次,Windows的媒体功能提供了一系列功能,比如能够播放音频和视频,以及通过网络下载音乐,这些都是消费者所需要的,有助于促进电脑的销售。再次,Windows操作系统和媒体功能捆绑,是技术发展的产物,也是长期行之有效的商业模式。最后,如果删除Windows媒体播放器,将会降低Windows操作系统的质量,会影响音频和视频的播放质量,因此既影响到应用软件的开发与设计,也会减少消费者的选择。

(2)欧盟委员会则认为,微软的抗辩理由只能说明其"Windows操作系统中置入Windows媒介播放器"是有效率的,但不能说明其"禁止电脑销售商拆除Windows媒介播放器"是有效率的,因此这一抗辩文不对题。如果不是由于这一禁止,电脑销售商可以根据消费者的需求来安装不同的媒体播放器,而这一捆绑行为阻止其这样做,既对消费者、电脑销售商有损害,也使其他媒体播放器生产商受到排斥,产生显著的负面效果;另一方面,欧盟委员会认为这一捆绑行为并没有产生新的产品性能,没有什么效率来弥补其所造成的损害。

因此欧盟委员会认为,微软的Windows操作系统应当提供两种版本,一种是安装了Windows媒介播放器的,一种是不安装Windows媒介播放器的,由消费者进行选择。这可以兼顾微软的持续创新,以及消费者的需求。

(3)法院认为欧盟委员会的处理方法可取。在法院看来,并无证据证明在删除Windows媒体播放器后,Windows操作系统会质量下降,从而影响到应用软件的设计与开发,因此可以认定这一搭售并不能带来效率;而且委员会的方案并不完全禁止微软将其媒体播放器与其操作系统结合,而只是要求其同时提供两种版本,使消费者、开发商可以自由根据自己的需求进行选择,并使媒体播放器市场上的竞争者受到的排斥减少到最低程度。

三、对美国微软案与欧盟微软案的比较

初步看来,欧盟微软案与美国微案的案情基本一样,差异仅在于被搭售品有所不同,在美国案中,被搭售品是 Internet Explorer 浏览器,在欧盟案中,则是 Windows 媒介播放器。这一差异显然是非本质性的。

与美国哥伦比亚联邦地区法院的初审判决一样,欧盟初审法院的判决也认定微软的行为非法,虽然其具体救济手段要温和得多。美国一审判决将微软的两项业务进行分拆,而欧盟的判决是只要求其同时提供两种操作系统版本。相比之下,美国一审判决显然还受到哈佛学派思维方式的支配,这种思路一般容易夸大行为的限制性所造成的负面影响,而不太容易想到该行为有产生效率的可能性,这也是美国法此前长期对搭售采用本身违法规则的根本原因;在救济手段上,则比较愿意采用干脆痛快的结构性手段。

欧盟竞争法并无本身违法规则,虽然欧盟委员会有时会采用这样的思维,但欧洲法院及欧盟初审法院则没有采用过这一规则,其对所有垄断行为的根本分析方法是相同的,即对行为的正负效果进行比较。这一分析框架可以避免本身违法规则的僵硬性,但在美国法属于本身违法的那些行为类型大多无法产生效率,因而与本身违法规则相比,欧盟的分析框架也并不更复杂多少。

本案中,欧盟初审法院就按这一框架进行了按部就班的分析,

　　最终虽然认为微软的搭售行为并无效率,但并不全然否定这种可能性,因而它并不完全禁止微软将其媒体播放器置入 Windows 操作系统,而只是要消除其"强制性":由于提供了两种版本,消费者完全可以选择不含 Windows 媒体播放器的电脑,并在购买后安装第三人的媒体播放器,从而消除了置入行为对竞争性媒体播放器的排斥性——消费者选择哪一种是基于自己的需求,而不是由于微软公司的搭售所迫。既然排斥性已经被消除,这一搭售行为不再构成垄断行为,反垄断法既不需要再审查下去,被告也不必再证明其行为能够产生效率。更准确地说,既然消除了强制性,该行为便不再构成搭售行为。

　　不过如果结合时代背景具体考察一下,可以发现欧盟案中微软的行为原本便不具有真正的排斥性,这与美国微软案存在着年代上的差别。美国微软案一审判决于 2001 年,当时互联网兴起不久,许多人对其使用方法尚不十分了解,因此对于浏览器、媒体播放器等应用软件的卸载、安装尚不熟悉,如果所购电脑里已经安装了 Internet Explorer 浏览器,电脑用户的确会怠于更换其他浏览器——主要是由于不会,而如果事后再去请求电脑销售商的帮助又十分麻烦,因此微软的搭售行为的确对其他浏览器产生排斥效果。

　　但欧盟微软案判决于 2007 年,人们对于互联网的操作已经十分熟悉,对互联网用户来说,多数应用软件的卸载、安装方法已成为常识,许多浏览器与媒体播放器甚至会随着其他操作自己安装上去。根据笔者自己的体验,在 2007 年时,所用电脑经常同时出现好几种浏览器、媒体播放器的快捷方式,笔者有时甚至没注意到它们是何时安装上去的。这些竞争性软件彼此并无冲突,互不妨碍,这种情况下,将 Windows 媒体播放器植入 Windows 操作系统不再会对其他媒体播放器产生排斥性,因而根本无须让微软提供两种版本。

不仅如此,浏览器、媒体播放器均属免费软件,这消除了产生排斥的根源。虽然微软在美国与欧盟都以这一特点进行过抗辩,但它只限于提出"免费"的事实,却始终无力阐明这一事实的意义,美国与欧盟法院也没有给予足够的重视,因而错过了更深层思考的机会。传统产品的搭售之所以能在被搭售品市场上产生排斥效果,是由于这些产品需要支付对价。消费者在花钱购买了支配企业的被搭售品之后,就不愿意再花一道钱去购买其他人的同类产品,而捆绑免费软件则不会产生这种排斥性,消费者不满意 Internet Explorer 或 Windows 媒体播放器时,完全可以另外下载一款,彼此间并不妨碍对方功能的发挥,而下载的全部成本只不过是几分钟时间。搭售是搭在一起"售"的行为,而免费软件不构成"售",它没有给消费者增添负担,并未妨碍其选择替代性软件。

由于搭售行为必须产生排斥性才会构成垄断行为,而欧盟微软案判决时,搭售行为已经不会产生排斥性,因此初审法院原本不必判定微软的行为违法。如果对市场进行一下追踪调查,估计可以发现没有多少消费者会刻意选择"不含 Windows 播放器的版本"。回头再来看看美国微软案,如果拖到 2007 年作出判决,也应当达成上述结论。

现在,欧盟微软案也已经过去十年,互联网产业中各种软件的整合已成为普遍现象,无论奇虎公司还是腾讯公司,其产品都形成一个庞大的平台,将诸多种功能整合在一起,一同安装到用户电脑上,比如笔者电脑桌面就有好几种 QQ 产品的快捷方式,包括 QQ即时通信软件,QQ 浏览器,QQ 音乐,QQ 旋风,QQ 游戏官网,除即时通信软件外,其他都不是本人主动安装的,笔者也从来不使用。

但这一点儿都不妨碍用户使用搜狗浏览器等竞争性产品,如果嫌这些图标占地方,拖到回收站里就可以解决;如果舍得多花几分钟时间,将这些软件卸载也并不麻烦,因此对于这些并无排斥性的行为不能套用传统的分析方法。反垄断法研究应当进行必要的理论提升,才能把握规则背后的精神实质,才能保持正确的分析方法而不被技术性的要件所迷惑。欧盟竞争法是世界各国借鉴的主要对象,却仍出现微软案中这样的偏差,一方面表明这种提升并不容易,另一方面也进一步体现了进行这种理论提升的重要性。

第八章 价格歧视行为的
反垄断法分析

　　在竞争性市场上,竞争压力会使经营者的价格趋近成本,因而它对所有消费者的价格应当是相同的。但由于市场信息透明度有限,实际上经营者经常对不同客户采用不同价格,一方面,这种行为有助于增加经营者的利润,而利润最大化是企业的本质属性;另一方面,在行为人拥有支配地位的情况下,这种行为又有可能产生排除、限制竞争的效果,因而有可能受反垄断法管辖。传统反垄断法对价格歧视往往持严厉的态度,在反垄断法中引入经济学分析后,人们发现这种行为方式在许多情况下能够产生重大的效率,需要对其积极效果与消极效果进行权衡。我国《反垄断法》第17条规定:"禁止具有市场支配地位的经营者从事下列滥用市场支配地位的行为:……(六)没有正当理由,对条件相同的交易相对人在交易价格等交易条件上实行差别待遇"。这一条文的适用同样要遵循上述考察方法。软件产业中发生价格歧视行为时,通常也应遵循同样的分析方法,但也有一些特点需要顾及。

第一节 价格歧视的概念及其条件

一、价格歧视行为的概念

关于价格歧视行为的最早立法是美国《罗宾逊—帕特曼法》,其

第1条(a)项第1款规定:"卖方就相同等级和质量的产品,对不同的购买人采用不同的价格,如果这种价格歧视的结果有可能大大减弱竞争,或有可能在任何种类的商业中造成垄断,或损害、毁灭、阻碍与那些给予这种歧视利益的人之间的竞争,或与那些故意接受这种歧视利益的人之间的竞争,或与他们的客户之间的竞争……则是非法的。"按这一规定,价格歧视行为如满足以下条件,则受到禁止:(1)行为人对不同交易对象采用"不同价格";(2)"不同价格"针对的是"同一等级、同一质量的产品";(3)对竞争造成的损害,包括对卖方所在市场上的竞争产生损害,也包括对买方所在市场上的竞争产生损害。

　　这一条文存在很多问题。比如欧盟竞争法只禁止支配企业从事的价格歧视行为,而《罗宾逊—帕特曼法》则没有这一限定,这使其广受批评,因为非支配企业从事价格歧视行为一般并无损害,这时受歧视的买方完全可以将需求转向其他人,因而反垄断法对此无须过问。另一方面,哪怕在竞争性的市场上,由于产品差异、信息不完全透明等原因,企业往往多少会有一点市场力量,能够对某些买方提高一点价格,对另一些买方降低一点价格。由于市场价格处于不断波动状态,这种零散的价格歧视十分常见,但其目的一般是增加利润,而不是排斥竞争者,反垄断法没有必要过问。真正损害竞争的是系统的、持久的价格歧视,其行为人必须具有市场支配地位,才能将受到不利待遇的买方束缚住,使其无法转向购买其他卖方的产品。我国《反垄断法》第17条与欧盟一样只禁止支配企业的价格歧视行为,可以避免美国法上的缺陷。①

---

① 关于支配地位的认定方法,我国《反垄断法》第三章有比较详细的规定,但在价格歧视案件中则往往不需要经过这么复杂的考察。一个卖方能够系统地、长期地从事价格歧视行为,这本身就说明它具有支配地位,否则受歧视的买方原本不会接受这样的待遇,而会将其需求转向其他生产商。

二、价格歧视行为的构成要件

(一)不同价格

《罗宾逊—帕特曼法》制定的背景是,当时美国刚刚出现大型连锁商店这种经营模式,这对传统的小零售店(往往是家庭经营的)造成巨大冲击,因为前者的购买量大,能够从供应商那里得到较低的进货价格。如果以现代反垄断法的观念来看,就会发现这时零售行业发生了经营模式的创新,正如目前网购正在冲击传统的商场一样,反垄断法不应当阻止这种经营模式的"升级换代"。但1936年的反垄断法没有多少经济学分析的观念,美国国会制定《罗宾逊—帕特曼法》的目的是保护中小零售商,而其手段则是禁止供应商对两种商店采用不同的价格,从而阻止连锁商店在零售价格上获得竞争优势,[①]这其实是对消费者有害的。

在这一理念的支配下,该法的实施过程中发生许多重大偏差,许多情况下甚至是反竞争的,其中最重要的误差在于,该法所关注的价格只是表面性的"交货价格",即买方在产品到手时总共支付对方多少钱,而忽略了两笔交易在内容上的差异:比如购买同样的商品,甲消费者支付了15美元,其中货款10美元,运费5美元;乙消费者支付10美元,自行提货。《罗宾逊—帕特曼法》看到的是两人所付款项不同,因而认为这构成价格歧视;相反,如果甲、乙两人都支付10美元,但乙自行提货,而卖方为甲免费送货(因此甲所付款项中,货款仅为5美元),则不是价格歧视,不受《罗宾逊—帕特曼法》管辖,因为甲、乙在收货时所支付的"价格"都是10美元。人们很快发现这两种情况下的处理都是不正确的,司法过程

---

① [美]赫伯特·霍温坎普:《联邦反托拉斯政策——竞争法律及其实践》,许光耀、江山、王晨译,法律出版社2009年版,第631页。

中也进行了一定的调整,对第一种情况,允许当事人以"价格差异有成本上的合理性"为由进行抗辩,但"这种抗辩往往被解释得很狭窄",因而"被告援引这一抗辩没有多少成功的"。① 而对第二种情况,则没有直接的办法。《罗宾逊—帕特曼法》的基本理念存在偏差,它关注的是价格差异,而不是价格歧视,学者们普遍认为该法对竞争来说弊大于利,美国"司法部自 1997 年后就不再执行该法,而联邦贸易委员会也基本上把它忽略不计了"。②

　　不适用该法,并不意味着价格歧视行为可以不受反垄断法管辖。不过必须澄清其含义。《罗宾逊—帕特曼法》所造成的误差使人们注意到要把"价格差异"与"价格歧视"区别开来,仅当价格的差异与成本的差异不对应时,才构成价格歧视。因此波斯纳指出,"经济学家采用价格歧视这一术语,指的是向不同客户销售相同产品时采用不同的价格,尽管其销售的成本是一样的。更准确地说,各笔交易中,销售价格与边际成本的比率互不相同。"③关注的核心问题不再是价格之间的差异,而是"价格与成本的关系"上的差异。其中第一句强调两笔交易的"价格与成本的差额"相等,这应当是针对两笔同等数量的交易,假设甲、乙均购买十个单位的产品,则两笔交易的价格差等于成本差时,不是价格歧视。后一句则可能针对不同数量的交易,比如卖方的边际成本为 8 元,但定价10 元,甲购买 10 个单位的产品,而乙则购买 1000 个单位的产品。

---

① 〔美〕赫伯特·霍温坎普:《联邦反托拉斯政策——竞争法律及其实践》,许光耀、江山、王晨译,法律出版社 2009 年版,第 633 页。

② 〔美〕赫伯特·霍温坎普:《联邦反托拉斯政策——竞争法律及其实践》,许光耀、江山、王晨译,法律出版社 2009 年版,第 631 页。

③ Richard Posner, *Antitrust Law*, Second Edition, University of Chicago Press, Chicago and London, 2001, pp.79-80.

若论成本、价格的总量,两笔交易相差甚远,但在"销售价格与边际成本的比率"上,两笔交易是相等的,都是 10:8,卖方从每个单位的销售上可以获得的利润都是 2 元。因此"更准确"的说法本质上是在说,所谓价格歧视是指两笔交易的"单位价格"与"单位成本"之差相等。

霍温坎普与波斯纳的意见基本相同,"如果某个企业进行两笔销售所得的回报率不同,则构成价格歧视。用技术性更强的说法,两笔销售的价格与边际成本的比率不相同时,则构成歧视。"①这里"比率"、"回报率"同样是为了消除两笔交易的数量差别所造成的干扰,上例中,甲所付价款为 100 元,所得回报为 20 元,回报率为 20%;乙所付价款为 10000 元,所得回报为 2000 元,回报率同样是 20%。这两笔交易不构成价格歧视。用"技术性更强的"算法,则是两笔交易的价格比率为 10000:100,边际成本比率为 8000:80,均为 100:1,不构成歧视。这两种计算都是着眼于价格的总额和成本的总额,不如转换为"单位价格"与"单位成本"的比较更为直接,更为通俗。

(二)同等交易

欧盟注意到美国法的问题,因而采用了不同的表达方式,但同样拗口,也同样需要进一步解释。《欧盟运行条约》第 102 条(c)规定:"一个或多个企业滥用其在共同市场上,或在其重大部分中的支配地位,如果有可能影响成员国间的贸易,则被视为与共同市场不相容而被禁止。这类滥用主要有:……(c)对同等交易的其他交易伙伴适用不同的条件,从而使其处于不利的竞争地

---

① [美]赫伯特·霍温坎普:《联邦反托拉斯政策——竞争法律及其实践》,许光耀、江山、王晨译,法律出版社 2009 年版,第 624 页。

位;……"认定价格歧视时,分析的重心变成了"同等交易"。

《罗宾逊—帕特曼法》采用的措辞是"针对相同等级和质量的产品",其背后的逻辑是,同一生产商的同一"等级"与"质量"的产品应当成本相同,因而价格也应当是相同的。但这一规定只能包含生产成本,而忽略了交易成本(包括运输成本等)。即使是完全相同的产品,如果交易成本有差异,则不构成欧盟法上的"同等交易"。如果一笔交易中买方只购买了产品,而另一笔交易中买方同时购买了产品与运输服务,必须在后者中去除购买服务的部分,才与前者构成"同等交易",然后再比较两笔交易的价格中,用来购买产品的部分是不是相等。这同样是在考察价格与成本之间的关系,与美国法上的界定方法在本质上是一致的,区别仅在于视角不同。美国着眼于价格差异有无成本上的理由,而欧盟则着眼于成本相同的交易在价格上是否存在差异。其背后的本质都是要考察两笔交易的单位价格与单位成本是否存在差异,或者"更准确地说",两笔交易的平均利润率的差异。

我国《反垄断法》第17条采用的措辞是"对条件相同的交易相对人在交易价格等交易条件上实行差别待遇",在其适用中也应当明确根据上面的讨论来理解。另外,同一项条文中两处出现"条件"一词,这是应当避免的,至少应澄清其间的差异。"条件相同"一词显然应当是"同等交易"的意思,归根结底是指成本相同;而"交易条件"则是指交易中的价格条件以及价格以外的其他条件,例如运输条件、交易地点、交货方式、付款方式等,这些条件上的差异通常最终会产生价格歧视的效果,比如卖方向一家买方提供运输服务,对另一家买方则不提供,则其效果等同于对前者降低价格;但如果前一买方需全额支付运输费用,则卖方从两笔交易所得的回报率并无不同,因而不是价格歧视。

第二节 价格歧视行为的反垄断法分析

以上要件分析属于传统的法律分析,旨在对所涉行为进行定性。但即使认定其构成价格歧视行为,仍无法判明其合法性状况,因为价格歧视既有可能损害竞争、损害消费者福利,也有可能产生增加产出、满足消费者需求的"效率",因而需结合具体案情对这两方面的效果进行权衡。

一、价格歧视行为通常是有效率的

本书在阐述其他行为类型的反垄断分析方法时,在介绍完行为的构成要件后,一般先要考察其可能产生的消极效果,然后再阐明它有可能带来哪些积极效果,并就二者的权衡方法进行不同程度的演示。这是反垄断法的一般分析方法与步骤。但本章则将效率的考察提前,因为在经济学研究看来,价格歧视行为通常是增进社会总产出的,并花费很多精力探讨在各产业、各种市场条件下如何寻找最合理的价格歧视方法。这与反垄断法对这个术语赋予的含义似乎有方向上的抵触,因此需要先看看他们是怎么说的。

"经济学家一般认为,价格歧视在能够增进产出时,是增进福利的。在固定成本或沉没成本高、边际成本低的产业,价格歧视可能会促进竞争……在新经济领域的高技术市场上尤其如此。但价格歧视也有可能反竞争,损害效率。竞争法则要将两者区分开来。"①区分的主要标准,是看该行为是否能增进社会总产出。

---

① Alison Jones and Brenda Sufrin, *EC Competition Law, Text, Cases, and Materials*, Third Edition, Oxford University Press, p.441.

市场上如果存在不同的客户群体,每个群体愿意为该产品付出的最高价格(称为"保留价格")不同,则采用单一定价必定无法充分满足消费者的全部需求,因为这个单一定价必定会高于保留价格最低的客户所能支付的水平,他们只好放弃购买,社会总产出即无法实现最大化。此时如果允许行为人采用差别定价,则有可能增进社会总产出。经济学上往往将价格歧视分为三种类型来讨论:

1."一级价格歧视"是指卖方对每个消费者都按其保留价格进行销售,这可以使社会总产出达到最大值。这种情况下,卖方尽可能多地赚了钱,而部分消费者付出的价格比较高,但没有高过其愿意支付的程度,因而其购买意愿没有受到损害,这笔交易仍然发生了,社会总产出并没有减少。

经济学研究认为,现实中卖方不可能了解到每个消费者的保留价格,因而一级价格歧视不会实际发生,只能用作分析模型。但事实上,现实中近似的情况是有的,很多人有过与小摊小贩讨价还价的经历,每笔交易的价格取决于还价的结果。目前国内经济学研究的主要缺陷在于未能阐明这种分析的意图,没有明确为反垄断法研究提供如下结论:虽然每个买方对相同产品付出的价格不同,但交易最终全都达成了,一级价格歧视并不减少社会总产出,而后者是反垄断法上衡量行为合法性的根本尺度。

2."二级价格歧视"是指对于相同产品或服务的不同消费量或"区段",厂商索取不同的价格,①也就是说,对基本的需求量采用正常价格,对边缘的需求采用低于正常的价格,以吸引边缘客户的消费需求。与一级价格歧视一样,这没有导致社会总产出减少,

---

① 李东华:《三级价格歧视策略运用分析》,《区域经济》2013年第8期。

相反,由于增加了边缘需求量,社会总产出反而增加了。折扣、返点都是二级价格歧视常用的手段,比如采用数量返点方式就是如此,购买量大的买方可以得到返点,因而其支付的平均价格低于其他买方,这可以促进买方增加购买量,从而增加社会总产出。

再如电信企业的收费由两部分构成(称为"二部定价"):所有的用户均要缴纳固定的月租,同时又按用户的实际使用时间收费(称为"从量费"),客户实际支付的价格即为"月租费+从量费",使用的时间越长,每分钟分摊的月租费就越低,因而平均价格就越低。这时,卖方根据客户的"购买量"进行了歧视,但这使生产者与消费者的福利同时得到增进,如果禁止这种歧视,则对消费者反而是有损的。

又如固定电话长途业务的"峰谷"定价方法也是如此:白天用量较大,是"峰值时段",收费较高,而夜间则为"谷值时段",收费减半。白天采用较高的价格有利于收回运营成本,并引导消费者将部分电话需求从白天转移到夜间;夜间电话费便宜,消费者的需求能够得到更充分的满足,并使网络资源得到更充分的利用。同时,由于销售量扩大,卖方更容易实现规模经济,从而进一步降低成本,消费者反过来可以得到更低的价格、更充分的服务。

这些情况下,二级价格歧视不仅没有减少社会总产出,反而使其得到增加,并增进了消费者福利。而如果禁止卖方进行价格歧视,则消费者必须付出更多的费用,这会促使其减少使用量,从而减少社会总产出,反而会使消费者福利受到损害。

3."三级价格歧视"是指对消费者进行分类,对不同类型的消费者,根据其需求弹性来确定不同的价格。这与一级价格歧视有些类似,但一级价格歧视是对每一个消费者收取其保留价格,而三级价格歧视则只能针对消费者群体,对每一群体收取其保留价格;

同样近似的是,支付较高价格的客户群体并没有放弃购买意愿,因而交易照样发生了,社会总产出没有减少。

要从事三级价格歧视,必须满足两个基本条件:(1)卖方有能力将其消费者划分为不同的群体。比如将汽车轮胎的消费者划分为汽车生产商、汽车维修商等群体,然后对前者采用较低的价格,对后者采用较高的价格。对可口可乐的消费者就无法进行这样的分类。(2)不同的消费者群体间无法进行套利。如果汽车生产商购买轮胎后可以向维修商转售,则价格歧视就无法维持,因为维修商会转而从汽车生产商那里购买轮胎,而不再接受轮胎生产商的歧视性价格。

同一级价格歧视一样,这种歧视总体上同样是增进产出的;在固定成本较高的产业,这种价格歧视还往往是收回沉没投资的基本手段。反垄断法鼓励企业按边际成本定价,在现有水平上再多销售一个单位的产品,如果其所引起的成本增加小于收益增加,则会增加企业的净利润,因而企业会增加这一单位的产出。但这一成本只包括生产成本与交易成本,而没有包括企业在进入生产环节之前所投入的沉没成本,比如研发成本。要收回沉没成本,企业的价格必须高于边际成本;但它又需要尽可能扩大销售量,因为每一单位的产出都能分摊一部分固定成本,因而企业又有降低价格的需要。这时如果能够采用差别定价,则可以满足这双重要求,而如果禁止这样做,则可能会动摇产业存在的基础。

这三“级”价格歧视的分类并不存在高级、低级的递进关系,它们描述的是价格歧视的三种表现形式,也是其全部表现形式,因此称为“三类价格歧视”会更准确;而所有这些形式下,价格歧视都不会减少社会总产出:(1)在一级价格歧视形态下,每个消费者所得到的报价都没有超出其保留价格,因而不会损害其购买意愿,每笔交易都成功了,社会总产出没有减少;(2)在二级价格歧视形态下,对边缘产量进行低价销售反而会使社会总产出增加;(3)在三级价格歧视形态下,价格歧视还经常成为维持社会总产出的必要条件。因此一般经济学研究从宏观上认为,价格歧视不仅是无害的,而且是有重大效率的。

从反垄断法角度,还可以对价格歧视总结出另外一些积极因素,比如价格歧视对垄断协议可以起到破坏作用。在价格相对透明的市场上比较容易达成垄断协议,其维持也相对容易,因为如果某个参与者背离了垄断协议所定的价格,则相对容易被发现;而如果能够对不同客户采用不同价格,则会降低价格透明度,从而使得垄断协议成员容易从事欺骗行为。由于垄断协议的整体利益与其成员的利益并不一致,成员们大多希望能够在一般性地遵守协议价格的同时,对某些大客户秘密地降低价格,从而既能享受协议价格所带来的垄断利润,又能从其他成员那里挖来一些客户。如果这种行为比较普遍,垄断协议将会崩溃;而如果法律对价格歧视一律禁止,则会间接地强化垄断协议的稳定性,阻止其崩溃。特别是在寡头垄断的市场上,市场信息高度透明,寡头间很容易发生默契,任何一方降低价格都很容易被对方觉察并跟随降价。但如果各寡头对不同客户采用不同价格,则价格透明度将大大降低,在其降价时,对方更难以觉察。因此"在寡头垄断市场上,任何禁止价格歧视的一般政策都会是对社会有害的"。[1]在对价格歧视行为进行评判时,有必要考察市场的综合情况,而不能仅仅专注于该行为本身。

---

[1]　[美]赫伯特·霍温坎普:《联邦反托拉斯政策——竞争法律及其实践》,许光耀、江山、王晨译,法律出版社2009年版,第630页。

　　问题是,反垄断法从来都不是对价格歧视一律禁止,它只禁止反竞争的价格歧视,而这有着严格的条件。因此上述为价格歧视所作的辩护在很大程度上是无的放矢的。相关经济学研究与反垄断法研究存在严重的脱节,经常不在同一个频道上对话,由此可见一斑。

二、价格歧视行为可能产生的竞争损害

　　从现有的经验来看,价格歧视只有在可能产生《罗宾逊—帕特曼法》所列的两种竞争损害的情况下,才有可能导致社会总产出减少,因此要认定其构成垄断行为,必须证明其有可能产生这两种损害中的一种。① 正如其他垄断行为的反垄断法分析一样,如果该行为能够产生足够的积极效果,则不受禁止,而积极效果的最终衡量标准是其对社会总产出的净效果。具体说来,价格歧视产生的排斥效果如果是实现其效率所必需的,并没有超出达成效率所必需的限度,则是可以允许的,这时行为人的排斥能力来源于效率,而不是市场力量。这需要在个案中对行为的损害与效率进行权衡。两类价格歧视中遇到的情况不一,其权衡要点也有所不同。

　　《罗宾逊—帕特曼法》的表述可分为两个部分:第一,"这种价格歧视的结果有可能大大减弱竞争,或有可能在任何种类的商业中造成垄断";第二,"或损害、毁灭、阻碍与那些给予这种歧视利

---

① 价格歧视行为有可能产生两种不利后果:一是对竞争产生损害,主要是指对竞争者产生排斥效果;二是对消费者构成剥削,因为部分消费者必须支付较高的价格。但根据前述的经济学研究成果,反垄断法并不反对经营者按照消费者的保留价格来定价,因而并不把价格差异本身作为负面效果。并且反垄断法虽然以维护消费者利益最终目标,但在具体行为的分析过程中并不直接关注消费者的利益,而一般是通过维护产出最大化来维护消费者的利益。

益的人之间的竞争,或与那些故意接受这种歧视利益的人之间的竞争,或与这二者的客户之间的竞争……"。这两个部分以"或"相联结,但其实质含义并不是并列关系,后者只是前者的实现方式,即,价格歧视对第二部分所说的各种主体间的竞争产生损害,从而"有可能大大减弱竞争,或有可能……造成垄断"。而从第二部分的措辞可以看出,价格歧视可能会在两个层面上对竞争产生负面影响,即它会损害"与给予这种歧视利益的人之间的竞争",也会损害"与那些故意接受这种歧视利益的人之间的竞争,或与他们的客户之间的竞争"。"给予这种歧视利益"的是卖方,而"故意接受这种利益"的则是得到其优惠价格的买方。也就是说,价格歧视有可能在上游市场损害卖方与其竞争者之间的竞争,也可能在下游市场损害买方相互间的竞争。前者往往被称为"第一类价格歧视损害",所排斥的是卖方的竞争者;后者则称为"第二类价格歧视损害",受排斥的是卖方的部分客户,受益的则是其另一部分客户。

与此相比,《欧盟运行条约》第 102 条(c)所禁止的是支配企业"对同等交易的其他交易伙伴适用不同的条件,从而使其处于不利的竞争地位;……",即仅限于第二类价格歧视。不过其判例法上并没有受此限制,对第一类价格歧视案件也经常适用第 102 条(c),因而实质上与美国法的理解是一致的。这表明欧盟竞争法早期对价格歧视行为还缺乏必要的了解,同时也表明了判例在法律发展中的重要作用。我国《反垄断法》第 17 条所禁止的价格歧视,是指支配企业"没有正当理由,对条件相同的交易相对人在交易价格等交易条件上实行差别待遇"。这一规定对两类价格歧视均直接适用,不像欧盟那样需要在司法过程中对立法条文有所背离。

（一）第一类价格歧视损害

支配企业采用第一类价格歧视行为,是指对自己原有的客户采用正常的价格,这一价格并不高于其他卖方的价格,因而这些客户不会流向其他卖方——后者也只能提供这样的价格;同时却对其他卖方的原有客户采用更优惠的价格,从而把这些客户吸引过来,使对方由于大量客户流失而无法生存。经过一番价格战之后,前一价格会趋向于按边际成本定价,那么后一价格则只能低于边际成本,因而同时构成掠夺性定价,其他卖方无力降到同样的水平,最终将被排挤出市场。这种情况下,行为人以扩大自己损失的手段(而不是以效率)来排斥对手,其意图就不是利润最大化,而是排斥竞争。在完成排挤、摆脱了竞争压力之后,他当然会把价格恢复到原有水平,甚至会进一步提高。对这种情况往往可以采用关于掠夺性定价行为的考察标准,这比采用关于价格歧视的考察标准更易于操作。

如果卖方的行为尚不构成掠夺性定价,则按价格歧视的分析方法,首先考察各种价格歧视方式的排斥性强度如何。以返点为例。一般说来,客户的购买量增加会使卖方的平均成本降低,因而卖方可以给予相应的返点,以反映后者对卖方的成本降低所作的贡献。但"忠诚返点"与"目标返点"则一般受到禁止,前者如卖方要求买方的需求中必须有一定的比例是从它这里购买,那么如果一家小企业80%的需求从它这里购买,而一家大企业的购买比例只有60%,则小企业可以获得更高比例的返点,尽管其实际购买量要小得多。这种只管比例而不管数量大小的返点方式会迫使大企业也要达到80%的购买比例,从而使其他卖方受到排斥。目标返点则是指要求买方必须达到一定的购买任务才能得到返点,而这一目标往往逐年提高,与忠诚返点有同样的束缚效果。

上述这些情况下,行为人的意图都在于排斥竞争者,而不是追求产出最大化;其排斥的能力也不是来源于效率,而是来源于行为人的市场力量,因而构成支配地位滥用行为。但不同情况下,对"意图"的证明方式不同。(1)如果较低的那个价格低于成本,因而构成掠夺性定价,则可推定其意图是排斥竞争者而予以禁止。竞争者受排挤会导致社会总产出减少;掠夺成功后行为人再将价格提高到垄断水平,将使产出进一步减少,因而这种行为基本上不可能产生效率,基本上无须进行效率分析。① (2)如果较低的那个价格等于或高于成本,则原告必须证明行为人具有排斥竞争者的意图,而各种行为方式的说明力有所不同——忠诚返点或目标返点具有强烈的排斥性,因而比单纯的数量返点更能说明行为人具有排斥意图。(3)即使是采用单纯的数量返点,卖方确定门槛的方式不同,排斥效果也不同。比如卖方规定,如果买方的年购买量达到 1000 万吨,其全部购买量均返还 20% 的货款,达不到这一购买量则得不到任何返点,则买方就要力争达到门槛,特别是在其购买量已经接近门槛时更是如此,而这会让其他卖方产生严重排斥;如果返点仅适用于超过 1000 万吨以上的部分,则排斥性较弱,因为可以得到返点的购买量基数要小得多。因此,按购买量给予返点并不必然是合法的,而需要进行个案分析。(4)采用返点以外的其他价格歧视方式(比如采用搭售、以优惠条件提供服务)时,其基本分析方法与此类似。

(二)第二类价格歧视损害

第二类价格歧视涉及上下游两个市场,行为人在上游市场拥

---

① 这时行为人只能作客观合理性抗辩,比如为处理鲜活物品而降价等(是减少损失,而不是扩大损失)。

有支配地位,并利用这种地位对下游市场的不同客户采用不同的价格,从而置某些客户于不利的竞争地位。多数情况下,行为人与受其偏袒的客户存在着一体化关系,即,受优惠的是支配企业的子公司,从而使其子公司享有价格优势。这对其他客户具有排斥性,但另一方面,母子公司之间的交易又的确可以减少一些交易成本,因而价格低一些也的确可能具有成本上的理由,并不必然是出于排斥竞争者的目的。如果一概禁止其实行差别定价,则会阻碍企业进行纵向一体化的积极性,对效率是有害的。在个案中必须区分清楚,哪些差别定价是由于成本差异引起的,哪些是由于行为人运用了其在上游市场的支配力量,并将其传导到下游市场所导致的。只有后者才会损害竞争。

如果支配企业没有进行一体化,并无子公司在下游市场从事经营,则大多没有进行价格歧视的动机,①除非是受到买方力量的压迫,即后者利用其在买方市场上的支配力量要求卖方对自己降低价格,而对其他买方采用较高的价格,从而对后者进行排斥——但这时是买方滥用了支配地位,而不是卖方。

不过由于我国目前存在行政垄断问题,因而很可能出现一种非典型性的价格歧视行为。从《反垄断法》的规定看,行政垄断的最典型形式之一是地方政府对外地企业采取歧视性措施。该法第33条规定:"行政机关和法律、法规授权的具有管理公共事务职能的组织不得滥用行政权力,实施下列行为,妨碍商品在地区之间的自由流通:(一)对外地商品设定歧视性收费项目、实行歧视性收费标准,或者规定歧视性价格;(二)对外地商品规定与本地同类

---

① 买方之间存在有效的竞争对卖方一般是有利的,而价格歧视会削弱这种竞争,使受优惠的客户有能力对抗卖方,这对卖方是不利的。

商品不同的技术要求、检验标准,或者对外地商品采取重复检验、重复认证等歧视性技术措施,限制外地商品进入本地市场;(三)采取专门针对外地商品的行政许可,限制外地商品进入本地市场;(四)设置关卡或者采取其他手段,阻碍外地商品进入或者本地商品运出;(五)妨碍商品在地区之间自由流通的其他行为。"其中第一项针对的是价格歧视行为,这类行为旨在提高外地企业的成本,从而使本地企业在竞争中居于有利地位;后四项则旨在限制外地企业进入本地市场,是在准入上的歧视,其中有些行为最终也会产生价格歧视的效果。这些"行政机关和法律、法规授权的具有管理公共事务职能的组织"与市场上的一般"卖方"有很大区别,但上述行为符合第二类价格歧视的构成要件,其目的是偏袒本地企业,对竞争者产生强烈排斥而又不可能产生效率,因而应受到禁止。①

第三节　对星巴克咖啡"价格歧视行为"的反垄断法分析

2013 年 10 月 20 日,央视新闻频道播出节目《星巴克咖啡全球市场调查》,对星巴克一款 354 毫升拿铁咖啡在北京、伦敦、纽约、孟买的价格进行比较,发现其在上述各地的价格分别相当于人民币 27 元、24.25 元、19.98 元、14.6 元,在北京的售价不仅最高,而且几乎比孟买的售价高出一倍。央视指责这构成对中国消费者

---

① 依《反垄断法》第 51 条,这种行为由行为人的上级机关责令改正,反垄断执法机构只有权向该上级机关提出处理建议。但提出建议的理由,应当是将其认定为非法的歧视行为。

的"价格歧视",应当予以制裁。① 一时间舆论哗然。

星巴克立即作出回应,它并未否认存在上述价格差异的事实,但强调这是由于在各国的经营成本不同所致。和美国市场相比,星巴克在中国市场的发展尚处于初级阶段,需要作出许多基础设施投入,而且由于门店数量较少,在物流、仓储等方面也尚未实现规模效应;②不仅如此,星巴克在中国已成为一种"小资生活方式",顾客在店内盘桓时间较长,这使得座位流转率降低,从而进一步提高了平均成本。其在中国的售价较高是由这些成本原因造成的,因而并不是违法的。

第三波参与讨论是一些在网上很活跃的财经专家,他们批评央视及一般公众的批评缺乏"专业性"和"常识",认为在没有政府权力来设置门槛的开放性市场上,企业拥有定价自由,价格应当由供需关系来决定,企业的定价只要为消费者所接受,就是合理的。很显然,星巴克所在市场并没有政府准入门槛的干预,按照这种观点,星巴克的上述定价行为就是合法的,不管它是不是构成价格歧视。

这一事件没有转化成诉讼案件或者行政执法案件,虽然它所造成的影响甚大;相关的争论后渐渐平息,没有产生任何明确的结论,不仅一般公众,甚至许多对反垄断法十分关注的人群也没有从这些争论中弄懂个所以然。此事本当能够为反垄断法理论研究及其运用提供很好的素材,通过对这一素材进行细致的分析来演示反垄断法上对价格歧视行为的调整方法,同时也为这场争论提供

---

① http://shizheng.xilu.com/20131021/1000010000118097.html.2013.12.10.

② http://news. xinhuanet. com/travel/2013 − 10/22/c _ 125575763. htm2013. 12.10.

一个明确的答案,对我国反垄断法的理论与实务都将有积极的作用。

可以看出,央视的基本观点有二:第一,星巴克的行为构成价格歧视;第二,价格歧视是违法的。后两派观点则试图表明星巴克的行为并不违法,而其各自的关注点恰好分别对应着央视的两个基本观点:星巴克试图说明其行为根本不属于价格歧视,而财经专家们隐含的台词是,在不存在"政府门槛"的市场上,价格歧视并不违法。这两个问题恰好构成对价格歧视行为进行反垄断法分析的两个基本步骤:第一步,涉嫌行为是否构成价格歧视行为,其衡量标准是价格歧视行为的构成要件;第二步,认定价格歧视行为是否合法,这需要进行大量的法律与经济分析,并不只是取决于有没有政府设置的门槛。价格歧视在有些情况下对竞争产生严重损害,的确是需要禁止的,但需要严格澄清其条件。

一、星巴克的行为是否构成价格歧视

价格歧视是对两笔"同等交易"采用不同价格,从而对竞争产生影响,那么这两笔交易至少需要发生在同一相关市场上。而星巴克的价格差异发生在北京、纽约、孟买等地之间,根据相关市场界定标准与方法的讨论可以看出,位于这些不同地点的咖啡店之间由于缺乏需求替代性,根本不属于同一相关地域市场,因此这场争论原本属于"关公战秦琼"的类型,但争论各方并没有意识到这一点。

在价格歧视的认定上,央视显然采用了《罗宾逊—帕特曼法》的立场,将价格差异误认作价格歧视,因而是不正确的。星巴克本身则着眼于价格与成本的差异,单就价格歧视的构成要件而言,这与欧盟法的理解相一致,也符合我国《反垄断法》第 17 条的理解;

接下来星巴克对其在北京、纽约等地的成本差异进行了说明,表明其在北京的价格是由于成本更高。

二、价格歧视行为是不是违法

即便上一道防线守不住,星巴克的行为也并不必然是违法的。经济学研究表明价格歧视在多数情况下是合法的,对于这一点,财经专家们当然有着一致的认识,但并没有陈述具体的理由,而且又把问题绝对化了,没有考虑到在竞争并不充分的市场上,拥有支配地位的企业可以采用价格歧视作为排斥的手段,会导致社会总产出减少的结果,在这种情况下,价格歧视就不是合法的。但只有在产生《罗宾逊—帕特曼法》所说的两类损害时,才会产生这种效果。

星巴克的行为无法产生第一类价格歧视损害,因为它不会在卖方之间产生排斥作用:它在孟买的价格再低,也无法吸引北京的皇室哥本哈根、UCC、麦斯威尔的消费者去孟买消费——要吸引这些消费者,它必须降低北京星巴克的价格,甚至要把它降到成本以下,而事实正与此相反,它在北京的价格最高。

星巴克的行为也无法产生第二类价格歧视损害,即造成买方之间在下游市场的竞争中地位不平等。星巴克的买方是终端消费者,生产—销售—消费链条到这里结束,这些消费者不从事竞争活动,对他们来说并不存在下游市场,何况支付低价的孟买消费者与支付高价的北京消费者也没有条件相互竞争——至少,他们并不属于同一相关地域市场。

可见,星巴克的行为并不符合价格歧视的构成要件,因为星巴克在北京的经营活动与在伦敦、纽约、孟买的经营活动并不属于同一相关市场,也不属于同等交易,而且星巴克在各地价格的差异是由成本的差异造成的——假如星巴克所说的那些成本差异成立的话；另一方面，即便它的行为满足了价格歧视的构成要件，由于并不产生任何一类"价格歧视"损害，因而反垄断法也没有过问的必要。因此，星巴克的所谓"价格歧视"行为并不违法，这不是因为它所在市场"没有政府设置的门槛"，而是由于它没有对竞争造成损害。

此外，价格歧视仅当行为人拥有支配地位时，才有可能构成支配地位滥用行为。从其在中国市场上的经营状况来看，星巴克也不可能拥有支配地位，当然这通常需要进行比较复杂的分析过程，包括界定相关市场、计算市场份额、考察消费者的偏好与忠诚度等，不过一般说来咖啡店市场的进入壁垒并不高，因而潜在竞争的压力应当能够防止经营者索取垄断价格，这种情况下如果星巴克的价格确实比较高，应当是由于消费者选择的原因，而不是滥用市场力量的结果。

第四节　软件产业中的价格歧视行为

软件产业中，同样会发生传统的价格歧视行为，这时也应适用通常的分析方法，但也须顾及软件产品的特点。在软件的成本主要发生在进入生产环节之前的研发环节，均属于固定成本，在进入生产环节后，它一方面需要尽快增加产出，以便有足够的产量来分摊固定成本，这需要尽可能降低价格；但由此造成利润率太低，不足以收回研发投资，因而最好能够从部分消费者身上多获得一部分利润，以便维持在研发环节的竞争力。

因此开发商有时会就同一种软件提供企业版与家庭版两种版本，分别按两类客户的保留价格来销售：对企业版定价较高，可以较快地回收研发成本,对家庭用户则按边际成本定价以扩大销售量。这在外观上符合三级价格歧视的要件:(1)两种版本的区别是人为刻意造成的,二者间成本差距不大,大致属于同等交易。(2)二者的价格差异很大,远远超过其成本间的差异。家庭版软件缺少企业所需要的某些功能,因而不会出现"套利"现象。

这种价格歧视对于维持软件产业的创新是十分必要的,如果禁止价格歧视,则只能对两类客户采用相同的定价,这一价格必定会高于家庭版的价格,而一般又会低于企业版的价格。这会使一部分家庭用户放弃购买,从而导致产出减少,没有放弃购买的家庭用户则必须支付更高的价格;而由于企业版的价格降低,开发商无法充分回收其研发投入,损害其创新能力。唯一的受益者是企业版用户,它们可以节约购买成本,但这一节约对于维持和促进软件产业的发展并无意义。因此,为了维护产业的生存发展,哪怕是支配性的软件开发商从事价格歧视行为也可以是促进效率的。

不仅如此,按照《罗宾逊—帕特曼法》的思路分析下去,可以发现这一行为并不属于反垄断法的管辖范围,因为它没有产生任何一种"价格歧视损害":

(1)它不会产生第一类价格歧视损害。支配企业的家庭版软件价格虽然较低,其他经营者也有同样的版本,同样采用低价格,因此未必能将对方的家庭版用户争夺过来;它也不能用这一版本争夺对方的企业版用户,因为这一版本不能用于企业,否则的话倒会首先吸引自己的企业版用户。

(2)第二类价格歧视损害是使受歧视的买方在下游市场处于不利的地位,但家庭版用户与企业版用户之间并无竞争关系,因而不存在下游市场。不产生上述两种损害后果之一的价格歧视行为不是垄断行为,哪怕其行为人拥有支配地位。

　　在互联网产业中存在"双边市场"现象的领域,软件及基于软件的服务是免费向用户供应的,因而不存在价格歧视问题。在以免费软件、服务获得用户数量后,以此数量在广告市场上相互竞争,这已不再是软件的竞争,而是广告服务的竞争了。

责任编辑：姜冬红

图书在版编目(CIP)数据

支配地位滥用行为的反垄断法调整/许光耀 著. —北京：
　人民出版社,2018.9
ISBN 978－7－01－019367－0

Ⅰ.①支…　Ⅱ.①许…　Ⅲ.①反垄断法-研究-中国
　Ⅳ.①D922.294.4

中国版本图书馆 CIP 数据核字(2018)第 101358 号

支配地位滥用行为的反垄断法调整
ZHIPEI DIWEI LANYONG XINGWEI DE FANLONGDUANFA TIAOZHENG

许光耀　著

人民出版社 出版发行
(100706　北京市东城区隆福寺街 99 号)

北京汇林印务有限公司印刷　新华书店经销

2018 年 9 月第 1 版　2018 年 9 月北京第 1 次印刷
开本:880 毫米×1230 毫米 1/32　印张:10.625
字数:246 千字

ISBN 978－7－01－019367－0　定价:32.00 元

邮购地址 100706　北京市东城区隆福寺街 99 号
人民东方图书销售中心　电话 (010)65250042　65289539